ASSAF ZEEVI
WIE DENN SONST, WENN NICHT gemeinsam?
Eine hoffnungsvolle Reise durch den Nahostkonflikt
SCM
Hänssler

SCM

Stiftung Christliche Medien

SCM Hänssler ist ein Imprint der SCM Verlagsgruppe, die zur Stiftung Christliche Medien gehört, einer gemeinnützigen Stiftung, die sich für die Förderung und Verbreitung christlicher Bücher, Zeitschriften, Filme und Musik einsetzt.

Die Namen einiger Personen im Buch wurden aus Gründen der Anonymität verändert.

Max-Eyth-Straße 41 · 71088 Holzgerlingen
Internet: www.scm-haenssler.de; E-Mail: info@scm-haenssler.de

Lektorat: Christiane Kathmann, www.lektorat-kathmann.de
Umschlaggestaltung: Grafikbüro Sonnhüter, www.grafikbuero-sonnhueter.de
Titelbild: Boris Diakovsky, Sopotnicki (shutterstock.com)
Autorenfoto: © Assaf Zeevi
www.assafzeevi.com; E-Mail: info@assafzeevi.com
Satz: typoscript GmbH, Walddorfhäslach
Druck und Bindung: Finidr s. r. o.
Gedruckt in Tschechien
ISBN 978-3-7751-6116-9 · Bestell-Nr. 396.116

Für die Menschlichkeit

Inhalt

Vorwort

So viele Bücher und Artikel wurden über unseren Konflikt geschrieben, Filme, Serien und Dokumentationen gedreht. Er ist so prominent, dass unter all den Konflikten im Nahen Osten nur er den Namen »Nahostkonflikt« bekam. Seit Jahrzehnten erhält er die Weltaufmerksamkeit, löst Emotionen aus und polarisiert selbst Unbeteiligte – und das, obwohl er an Fläche und an Opfern gemessen verhältnismäßig klein ist.

Als Israeli kann ich mir mein Leben ohne ihn kaum vorstellen. Seit meiner Kindheit bin ich mit ihm konfrontiert. Vielleicht gerade deswegen verwundert es mich, wie gefestigte Meinungen manche Menschen im fernen Ausland haben. Durch die Einteilung in entweder »proisraelisch« oder »propalästinensisch« verflachen viele die Diskussion. Dabei kennen die meisten die Realität vor Ort kaum und wissen nur über Segmente der Geschichte des Konfliktes Bescheid. Selbst zahlreiche Israelis und Palästinenser sehen eher Ausschnitte des Konfliktes und wissen nur wenig über die andere Seite. Viele der geschriebenen und gedrehten Werke zum Thema verteidigen jeweils eine Konfliktpartei und setzen die andere auf die Anklagebank. Manche Kommentatoren erklären, was an Lösungsvisionen alles nicht funktionieren würde. Es gibt viele Experten für das Scheitern – für Erfolge jedoch keine.

Seit 2008 arbeite ich als Reiseleiter in Israel und das hat meinen Blickwinkel noch einmal völlig verändert. Nun kann ich auch die palästinensischen Autonomiegebiete bereisen, die für die meisten Israelis unerreichbar sind. Diese Tätigkeit bringt mich außerdem in ungezwungene Kontakte mit vielen Arabern aus Israel und den palästinensischen Autonomiegebieten. Nach einer gewissen Zeit habe ich »vergessen«, dass sie Araber sind. Aus »Arabern« wurden Atrash, Razi, Khaled, Ahlam und Fadi. Im Laufe der Jahre entstanden manche Freundschaften fürs Leben. Die

Kontakte öffneten mir eine Tür in ihre Welt. Vor allem hat mich ihre Perspektive auf den Konflikt und auf uns jüdische Israelis fasziniert. Es war wie ein neuer Aussichtspunkt auf das Tal, in dem man selbst lebt. Ich verstand, dass ich den Konflikt nicht wirklich verstand.

Nach vielen Jahren im hoffnungslosen Ermüdungszustand, begleitet von Mantras, an die wir nicht mehr glauben, habe ich mich auf die Suche nach den Wurzeln des Konfliktes gemacht. Ich begab mich auf eine Reise durch die Realität und die Geschichte des Konfliktes, denn ich vermutete, dass ich nur so in der Lage sein würde, Gründe für Hoffnung auf Frieden zu finden.

Und ich bin fündig geworden. Das Erlebte und Gelernte erzähle ich in diesem Buch.

Kindheit und Jugend im Schatten des Konfliktes

Bevor wir zu den Anfängen des Konfliktes gehen, möchte ich dir aus meiner Kindheit und Jugend erzählen. Nicht um meine Person in den Mittelpunkt zu stellen. Auch nicht, weil meine Biografie besonders interessant wäre. Diese könnten in ähnlicher Form Millionen Israelis haben – und genau aus diesem Grund möchte ich diese Einblicke bieten. Außerdem wird durch diese Einblicke verständlich, weshalb ich mich der Suche verpflichtet fühle.

Chlorempfindlichkeit und PLO

Ich bin 1982 in Israel geboren. Das erste Mal, dass ich etwas über Araber gehört habe, war im Alter von drei Jahren. Draußen fuhr ein alter offener Transporter sehr langsam vorbei. Aus einem Lautsprecher hörte man: »Altisachen, Altisachen!«

»Mama, was heißt *Altisachen*?«, fragte ich meine Mutter aufgeregt.

»Schrott«, erklärte sie, »es ist ein Schrottsammler.«

»Wieso hat er ein blaues Nummernschild?«, erkundigte ich mich, denn alle anderen Nummernschilder waren gelb.

»Weil er aus den *Schtachim* kommt.«

Sicher ahnte meine Mutter, dass die nächste Frage sofort folgen würde. »Was sind die Schtachim?«

»Das sind Gebiete, wo viele Araber wohnen«, war die Antwort.

Schon wieder so ein Wort, das ich nie gehört hatte. »Was sind Araber?«

»Menschen. Sie sprechen Arabisch«, erklärte meine Mutter.

Lange glaubte ich, »Altisachen« wäre ein arabisches Wort, bis ich verstand, dass es Jiddisch war, »alte Sachen« bedeutet und mit schwerem arabischem Akzent vom Tonband des Schrottsammlers kam.

Vom Konflikt habe ich mit fünf Jahren zum ersten Mal etwas wahrgenommen. Ich war bei einem Freund zu Besuch. Wir Jungen durften oben alleine in die Badewanne gehen, während unsere Mütter sich unterhielten. Dort oben übten wir das Rutschen. Dabei maßen wir aus, wer das Wasser weiter spritzte. Das Reihenhaus in der Stadt Netanya, in dem mein Freund wohnte, war damals sehr modern. Vom offenen oberen Flur konnte man ins Wohnzimmer sehen und hören. Dort lief im Fernsehen gerade das Nachrichtenjournal von 17 Uhr.

Zwischen den Spritzwellen hörten wir Stimmen aus dem Fernseher, die darüber sprachen, Gespräche mit Aschaf seien verboten. Ich hatte keine Ahnung, wer Aschaf war, aber die Ähnlichkeit mit meinem Namen fiel mir auf. Nach jedem Rutschen schrie ich laut: »Und jetzt ist Aschaf dran!«

Irgendwann kamen unsere Mütter. Sie waren verärgert über die Spritzerei. Das ganze Bad stand unter Wasser, unsere Hintern waren rot.

Auf die Frage, was wir da machten, behauptete ich, es wäre nicht ich, sondern Aschaf gewesen. »Wer?«, fragte die Freundin. »Aschaf«, gab ich meine klare Antwort. Unsere Mütter lachten und fragten, wer Aschaf sei. Ich sagte, es wäre der, mit dem man nicht reden darf. Mit Lachtränen in den Augen erklärte die Freundin meiner Mutter, man dürfe Aschaf nicht laut sagen, weil es böse Leute seien, Terroristen. Auch dieses Wort hörte ich nun zum ersten Mal.

Ich stellte keine weiteren Fragen, weil mir der Popo brannte. Die Freundin meiner Mutter putzte ihre neue Badewanne mit dem damals in Israel üblichen Generalputzmittel Ekonomika, einem Bleichmittel aus Chlor. Mein Po wurde glühend heiß und ich musste weinen.

Ein Jahr später wurde ich eingeschult. In der ersten Schulwoche sah ich abends in den Nachrichten Bilder von steinewerfenden vermummten Männern. Man sprach über Brandsätze. Während ich von meinem Vater wissen wollte, was Brandsätze seien, hörte ich den Namen Jassir Arafat und seinen Titel »Kopf von Aschaf«. So erhielt ich von meinem Vater neben der Erklärung zu Brandsätzen noch eine weitere Information: Aschaf ist der hebräische Name der Organisation zur Befreiung Palästinas, PLO.

Es waren die Tage der Ersten Intifada. Kampagnen brachten uns Kindern bei, herrenlose Taschen nicht anzufassen. Einmal sahen wir in einem Aufklärungsfilm in der Schule eine auf einem Schulhof deponierte Wassermelone, die eine getarnte Bombe war. Auch Colaflaschen sollten wir immer vor dem Öffnen kontrollieren. Wenn sie nicht ganz verschlossen waren, könnte jemand Glaspulver hineingeschüttet haben. Sowohl die Wassermelonenbombe als auch die tödliche Cola hatte es leider wirklich schon gegeben.

Ein Ausflug in die Gebiete

Eines Tages fragte mich mein Vater, ob ich mit ihm einen Kollegen besuchen wolle. Er wohne in einem Ort, an dem wir noch nie gewesen waren, und die Fahrt dorthin führe durch eine schöne Landschaft. Ich war acht Jahre alt und hatte eine ausgeprägte Liebe zu Natur und Landschaft und eine spürbare Abenteuerlust. Natürlich sagte ich Ja. Im Auto zeigte mir mein Vater eine Handpistole. Ich hatte noch nie vorher eine Pistole gesehen und war von ihrer geringen Größe überrascht. Ich wunderte mich, dass wir überhaupt eine Pistole hatten. In meiner Welt besaßen nur Polizisten oder Diebe so etwas.

Als ich mich erkundigte, wieso die Pistole so klein sei, antwortete mein Vater: »So kann ich sie besser verstecken.« Auf die Frage, wozu wir überhaupt eine Pistole bräuchten, erklärte er: »Wir fahren in die Schtachim.« Den Ausdruck kannte ich aus der Schrotthändlerdiskussion, jetzt fragte ich genauer nach.

Mein Vater erzählte, die Armee hätte diese ehemals jordanisch besetzten Gebiete vor über zwanzig Jahren eingenommen, aber eigentlich sei es die Region, in der sich die Geschichte des Volkes Israel abgespielt und in der zur biblischen Zeit unsere Vorfahren gelebt hatten. Er erklärte: »Die Gebiete bestehen aus zwei Hauptlandschaften, Judäa und Samarien, und wir befinden uns auf dem Weg in den Ort Kdumim im Herzen Samariens.«

Mein Vater bat mich darum, meiner Mutter weder etwas von den Schtachim noch von der Pistole zu verraten, sie würde sich sonst zu viele Sorgen machen.

Die felsigen Hügel, durch die wir nun fuhren, gefielen mir besser als das bebaute Flachland zuvor. Die Straße wurde kurvig und mein Vater legte sich die Pistole auf den Schoß. Schließlich sagte er, ich solle mich ducken. Besonders an solchen Kurven könnten sich Terroristen verstecken und Steine werfen. Geduckt auf dem Boden vor dem Beifahrersitz unseres Opel Kadett wirkten die Bedenken meiner Mutter auf einmal nicht so übertrieben. An jeder Kurve rechnete ich mit Steinen. Ich stellte mir vor, wie mein Vater mit der winzigen Pistole aus dem Auto schoss und die Terroristen nur über ihre geringe Größe lachen.

Wir kamen jedoch ohne Zwischenfälle an. Der bärtige Kollege meines Vaters, ein Physiklehrer, zeigte uns stolz Haus und Hobby. In mehreren Reihen baute er Blaubeeren an, denn das örtliche Klima war kühl genug. Die Pflanzen standen in schwarzen Säcken auf dem kahlen Kalkboden. Schwarze Plastikschläuche bewässerten mit einem Tropfsystem die kleinen Sträucher. Unser Gastgeber trug eine Kippa, Quasten, ein kariertes Hemd, eine Hose mit Bügelfalten und Sandalen.

Mein Vater war sehr angetan von der Pflanzung, denn sie erinnerte ihn an seine Kindheit in Budapest, wo es in den Wäldern Pilze, Kirschen, Brombeeren und natürlich Blaubeeren gegeben hatte. All das fand man in den israelischen Wäldern nicht.

Gasmasken und Kakaotüten

Im nächsten Winter brach der Golfkrieg aus. Er fand weit weg in Kuwait statt, aber trotzdem fuhr unsere sechsköpfige Familie zur Gasmaskenstation. Junge Soldatinnen nahmen uns in Empfang. Meine Eltern bekamen Erwachsenen-Masken und den 13-jährigen Zwillingen passte die Jugendmaske sofort. Meine dreijährige Schwester erhielt einen »Bardas«, der für mich wie ein Astronautenanzug aussah. Sie hatte sogar ein eigenes Gebläse mit Knopf.

Ich wäre genau im Übergangsalter, sagten die Soldatinnen, und setzten auch mir einen Bardas auf. Der Wind vom eigenen Gebläse war herrlich. Ich wollte nichts anderes. Leider war ich doch zu groß und bekam eine Jugendmaske aufgesetzt. Beim Test kam seitlich Luft rein. Ich war zu klein. So bekam ich eine Jugendmaske mit einer angeklebten Plastiktüte. Die Enttäuschung war groß, lieb habe ich das Teil nie gewonnen. Aber eine gute Sache hätte meine Gasmaske, versuchten die Soldatinnen mich zu überzeugen. An der Seite könne man einen Strohhalm einstecken und trinken, während man die Maske trägt.

Im Karton mit dem Tragegurt lagen auch Atropinspritzen. Diese dürften wir Kinder uns nie einspritzen, erklärten die Soldatinnen streng, denn dann würden wir sterben. Das hatte ich auch nicht vor, aber den Gedanken an ein Experiment mit der Nachbarskatze konnte ich lange nicht abstellen.

Zu Hause gestalteten wir das Kinderzimmer in einen Luftschutzraum um, denn einen Bunker hatten wir nicht. Die Außenwände des ärmlichen Hauses aus den Vierzigerjahren waren nicht stärker als zehn Zentimeter, die Holzfenster einfach verglast, die Decke aus Leichtbeton. Meine Eltern beklebten alle Spalten am Fenster mit Paketband und Plastikfolien, um sie abzudichten. Mein Vater erzählte, wir hätten Glück gehabt. Das Paketband war überall ausverkauft, aber er hatte es im arabischen Dorf doch noch bekommen.

Meine Mutter kaufte viele Konservendosen und H-Milch ein und wir holten einen Fernseher und ein Radio ins Zimmer. Meine Mutter stellte außerdem einen Eimer mit Backsodawasser und einem Putzlumpen neben die Tür, so wie alle instruiert wurden.

Der Alarm kam immer nachts, in der tiefsten Schlafphase. Dann rannten wir ins Zimmer und ich achtete stets darauf, dass unsere Hündin Pizi nicht vergessen wurde. Im Kopf entwarf ich eine Gasmaske für Hunde. Während meine Mutter der Kleinen die Gasmaske aufsetzte und unsere Gasmasken kontrollierte, klebte mein Vater die Tür zu und legte den in Backsodawasser getränkten Putzlumpen vor den Türschlitz. Ich fühlte mich geschützt und vorbereitet.

Einmal wackelte jedoch das ganze Haus und die Fensterscheiben wären beinahe zersprungen. Da verstand ich, dass wir es mit Paketband und Plastikfolien nicht allzu weit bringen würden. Als der Alarm vorbei war und der Armeesprecher mit ruhiger Stimme darum bat, den Luftschutzraum nicht zu verlassen, überraschte uns meine Mutter mit H-Kakaotüten, die wir sonst nie zu Hause hatten. Das lenkte uns von der Sorge ab.

Am nächsten Morgen sahen wir im Fernsehen, wie Männer in der Nacht auf einem Dach in Tulkarm aus Freude tanzten, als sie die Raketen im Anflug sahen. Sie sangen ein Loblied auf Saddam Hussein, der die Raketen hatte abfeuern lassen.

»Wo ist denn Tulkarm«, fragte ich und bekam zur Antwort: »In den Schtachim.«

»Die müssen uns wirklich hassen, Saddam Hussein und die Menschen in den Schtachim«, dachte ich. Ich verstand damals nur nicht, warum.

Friedenstauben an der Wand

In den Neunzigerjahren lief der Friedensprozess auf Hochtouren und war in aller Munde. Meine politische Wahrnehmung wuchs mit mir. Als Palästinenserführer Jassir Arafat nach Gaza kommen durfte, wo gerade ein palästinensisches Autonomiegebiet entstand, beeilte ich mich nachmittags auf dem Heimweg von der Schule, um die Live-Übertragung zu sehen. Es war aufregend, ich sah lange zu und freute mich für die Palästinenser. Als Arafat jedoch immer wieder rief: »In Blut und Feuer werden wir dich einlösen, Palästina!«, war ich verwirrt. Ich hatte mit freundlicheren Worten gerechnet. Der Kommentator erklärte etwas über Arafats Verpflichtung zur kämpferischen Rhetorik. Das verstand ich nicht ganz, aber als Kind ist man gewohnt, nicht alles zu verstehen. Ich freute mich trotzdem.

Ein Friedensvertrag wurde mit Jordanien geschlossen. Es liefen Friedensverhandlungen mit Syrien. Es schien so, als würde der Friedenstraum bald Realität. Im Literaturunterricht analysierten wir Friedenslieder, in den Klassenzimmern hingen von uns gebastelte Friedenstauben.

Die Hoffnung zerplatzt

Zeitgleich bebte das Land immer wieder. Statt vor herrenlosen Taschen fürchteten wir uns nun vor Selbstmordattentätern. Wir hatten Angst, mit öffentlichen Verkehrsmitteln zu fahren und an Bushaltestellen zu stehen. Am Schultor stand ein bewaffneter Sicherheitsmann.

An einem Januarsonntag im Jahr 1995, zu Beginn der ersten Stunde des Werkunterrichts, hörten wir einen Knall. Wir spürten ihn auch in der Luft, aber nur leicht. Einige Minuten später folgte ein zweiter. Kurz darauf informierten uns die Lehrerinnen, dass es an der drei Kilometer entfernten Kreuzung Beit Lid einen Anschlag gegeben hatte. Ein Selbstmordattentäter hatte sich an einer Bushaltestelle in die Luft gejagt. Während man sich um die Verletzten kümmerte, sprengte sich ein zweiter in die Luft. 22 Menschen waren getötet worden, fast alles Soldaten auf dem Rückweg in die Kaserne nach dem Wochenende zu Hause.

Auf dem Heimweg blieb ich auf dem Hügel stehen, von dem aus die Hügel Samariens im Osten zu sehen waren. Am Fuße der Hügel, in sieben Kilometer Entfernung, lag Tulkarm. Ich blickte auf die palästinensische Stadt und war von der Gewaltbereitschaft und der Barbarei angewidert. Nach einer Weile versuchte ich, mich in die Lage der Palästinenser hineinzuversetzen, und wünschte ihnen, sie würden bald ihren Staat bekommen, so wie wir unseren Staat hatten. Mir ging der Gedanke durch den Kopf, dass die Unabhängigkeit eines Volkes nicht die Verhinderung der Unabhängigkeit eines anderen Volkes bedeuten darf. Noch im gleichen Jahr wurde Tulkarm Autonomiegebiet.

Am Tag des Anschlags kam Premier Jitzchak Rabin zu dem Ort, wo er verübt worden war. Er erklärte, den Anschlag hätten die Feinde des Friedens verübt und wir dürften uns nicht auf dem Weg zum Frieden aufhalten lassen. In den kommenden Monaten hatte jeder eine Meinung über Landabgabe. Viele äußerten sie auf Aufklebern auf dem Auto. Auch ich hatte eine Aufklebersammlung, aber auf der Innenseite meines Kleiderschrankes, sodass nur ich sie sah. Rechte warnten vor noch mehr Terror, Linke vor der Kapitulation auf dem Weg zum Frieden. Es war für mich, wie für viele andere auch, nicht auf Anhieb verständlich, weshalb in Zeiten des Friedens immer mehr Anschläge kamen.

Dann kam die Nachricht über Rabins Ermordung. Der Schockzustand dauerte mehrere Tage an.

Kurz vor dem Purimfest 1996 wollte ich mit zwei Freunden nach Tel Aviv fahren, um originelle Kostüme auf dem Flohmarkt zu kaufen, denn Purim feiert man ähnlich wie Fasnacht. Doch meine Mutter meinte, es sei jetzt zu gefährlich, mit dem Bus zu fahren, besonders in Tel Aviv. Ich hätte sie vermutlich überreden können, aber die Mutter meines einen Freundes legte ebenfalls ihr Veto ein und sie hatte schon immer eine ausgeprägte diktatorische Neigung. Wir fuhren nicht.

Nur wenig später jagte sich ein Selbstmordattentäter an der Fußgängerampel an der Dizengofstraße in Tel Aviv in die Luft, wo wir sicher vorbeigekommen wären. Die Nachricht hörte ich aus dem Radio eines vorbeifahrenden Autos, als ich auf dem Fahrrad unterwegs war. Ich fuhr schnell nach Hause, um den Live-Bericht zu schauen. Ein Augenzeuge erzählte, dass der Kopf des Attentäters bis zum Geldautomaten geflogen sei und Innereien von Menschen überall herumlagen. Ich ekelte mich zutiefst.

Ich konnte nicht verstehen, wie tief der Hass in einem Menschen sein muss, der sich bewusst in den Tod begibt, um möglichst viele Unbekannte umzubringen. »Hassen sie uns wirklich so sehr?«, fragte ich mich. »Haben sie so viel Schlimmes erlebt, dass sie zur Märtyrerrache bereit sind? Sind sie vom Leben so verzweifelt?«

Langsam wurden die ersten Namen der Opfer bekannt gegeben. Unter den 13 Ermordeten waren auch drei 14-jährige Freundinnen aus einem Nachbarort. Sie hatten wie wir Purim in Tel Aviv feiern wollen. Sie waren bei den Pfadfindern, wie wir. Wir kannten sie nicht persönlich, wussten aber, dass wir im letzten Juli im selben Sommerlager bei Nazareth gewesen waren. Auch wir hätten unter den Opfern sein können.

Im Fernsehen folgten Videoausschnitte aus palästinensischen Städten. Frauen verteilten Baklava auf der Straße. Menschen klatschten mit ausgestreckten Fingern in runden Bewegungen in der typischen arabischen Freudengeste, Frauen ululierten. Ich war erschüttert, wütend. Meine Gedanken waren nun von Zorn geprägt, von schmerzhafter Enttäuschung und Trauer. Ich radelte zu dem Hügel, obwohl es schon fast dunkel war, und blickte wieder nach Samarien hinüber. In den israelischen Dörfern sprang gerade die gelbe Straßenbeleuchtung an, in der Ferne schimmerte Tulkarm in seinen weißen Neonlichtern. »Dann eben nicht«, dachte ich. »Es wird keinen Frieden mit Menschen geben, die solche monströsen Taten ausführen und es anschließend feiern. Lieber sollten wir uns voneinander trennen. Wenn wir die Gebiete, in denen sie leben, sowieso abgeben, sollte es eine richtige Grenze geben.«

Wie viele Jugendliche hörte ich gern den Rockstar Aviv Geffen. In seinem Lied »Shalom« drückte er die Skepsis für mich treffend aus:

Hallo Frieden, gut, dass du schon gekommen bist,
weil wir hier Angst hatten.
Hallo, Frieden, die Toten würden sterben, um dich heute zu sehen.
Kannst du jedoch die Klagemauer vom Blut reinigen?

Kannst du jedoch alle nach Hause zurückbringen?
Hallo, Frieden, bist du heute mit der Linie 5 hergefahren?
Hallo, Frieden, dich findet man nirgendwo mehr.[1]

Nichts rechtfertigte in meinen Augen die Ermordung von Zivilisten, erst recht nicht von Jugendlichen. Wenn palästinensische Extremisten die Autonomiegebiete als Angriffsbunker ausnutzten, durfte es mit der Landabgabe nicht weitergehen. Ich wollte etwas dagegen tun.

Zwischen rechts und links

Vor den bevorstehenden Neuwahlen lud mich ein Klassenkamerad zur Likud-Jugend ein. Zusammen standen wir auf dem Unabhängigkeitsplatz in Netanya und verteilten Flyer. Wir trugen T-Shirts mit dem Aufdruck »Netanjahu. Wir machen einen sicheren Frieden«. Von der Notwendigkeit eines »sicheren Friedens« war ich überzeugt.

Anlässlich des Festes »Lag BaOmer« nahmen wir an einem zweitägigen Ausflug der Likud-Jugend zum Berg Meron teil. Benjamin Netanjahu kam ebenfalls und bedankte sich bei uns. Ihn live zu sehen, machte mich stolz, aber als ich die anderen Teilnehmer betrachtete, verstand ich, dass ich weder wirklich zu dem Profil der Likud-Jugend noch zu dem der Berg-Meron-Besucher passte. Die Feier besuchten fast nur Orthodoxe und die meisten Mitglieder der Likud-Jugend waren orientalisch-stämmig. Aufgrund meines aschkenasischen Aussehens und der fehlenden Kippa zeigte sich auf den Gesichtern der anderen eine gewisse Überraschung, als sie mich sahen.

Im Mai gewann Netanjahu die Wahlen. In den kommenden Jahren bis 2000 pendelten meine Positionen. Anschläge waren immer wieder wie Ohrfeigen im Halbschlaf, wurden aber seltener. In mir war die Hoffnung auf Frieden nicht gestorben und wir glaubten weiterhin, uns in einem Friedensprozess zu befinden. Auf der Innenseite meiner Schranktür überklebte ich die Aufkleber der Likud mit denen der linken Partei Merez.

Ein Unterricht für das Leben

Am Ende des neunten Schuljahrs an unserer Kibbuzschule mussten wir für die Bagrut, die israelische Hochschulreife, zwei Leistungskurse wählen. Die Arabisch-Grundkenntnisse aus den drei Pflichtjahren reichten mir nicht, denn ich wollte meine Nachbarn verstehen können, deshalb wählte ich den Arabisch-LK.

Im letzten Schuljahr machte unser Arabisch-LK eine Exkursion nach Wadi Ara, wo Araber und Juden nahe beieinanderleben. Wir setzten uns mit der Lebensrealität und mit der Frage der Identität auseinander. Unter anderem waren wir in Barta'a, einem geteilten arabischen Dorf. Die eine Hälfte befindet sich auf israelischem Boden, die andere im palästinensischen Autonomiegebiet.

Als ein örtlicher Redner zu lange vor der Moschee sprach, verschwand ich mit einem Freund in den Tante-Emma-Laden nebenan. Beim Kauf einer Coladose und einer Tüte *Bamba* – das sind Erdnussflips, die in Israel als Nationalsnack gelten – wurde ich mit zwei Tatsachen konfrontiert. Erstens: In den palästinensischen Gebieten waren die Produkte fast alle israelisch. Zweitens: Die gleichen Produkte kosteten etwa ein Viertel. Dass Bamba nebenan nur 1,5 Schekel kostete, ließen wir gleich die ganze Klasse wissen. Zwar verhinderte die Lehrerin, dass daraufhin alle Schüler in den Laden rannten, aber wir hatten etwas Wichtiges fürs Leben gelernt: Einkaufen bei Palästinensern lohnt sich.

An einem Aussichtspunkt erzählte unser Gastgeber, die roten Ziegeldächer würden sofort verraten, dass wir auf jüdische Ortschaften schauen. »Die Juden kommen aus Europa und dort sind Ziegeldächer typisch, zum Beispiel in Deutschland oder in der Schweiz«, erklärte er. Die Juden hätten diese Bauweise mitgebracht und daran könne man sehen, dass sie hier eigentlich ortsfremd seien. In den arabischen Orten gäbe es nur Flachdachhäuser, ergänzte er. Das klang im ersten Moment richtig. Während ich jedoch die weitläufige arabische Bebauung im Tal betrachtete, zählte ich viele rote Ziegeldächer. In einer der beiden jüdischen Ortschaften befanden sich dagegen zwei Häuserreihen mit flachen Dächern im Neubaugebiet.

Bei einem Jugendaustausch in Südwestfalen hatte ich ein paar Monate zuvor nur schwarze Ziegeldächer gesehen. Daher stellte ich unserem Gastgeber die Frage, ob die Häuser mit den roten Ziegeldächern unten nicht arabisch wären. Mit den Farben der Dächer in dem Teil Deutschlands, den ich kannte, wollte ich ihn nicht konfrontieren. Er lächelte und sagte, im arabischen Sektor in Israel würden die modernen Araber inzwischen auch rote Ziegeldächer wollen. Es wäre ein Statussymbol und letzten Endes ein Einfluss der Juden. In den palästinensischen Gebieten würden die Araber aber keine roten Ziegeldächer bauen. Dort wollten sie den Juden nicht zu sehr ähneln. Die Palästinenser in den Autonomiegebieten, fuhr er fort, würden über die israelischen Araber wegen ihrer roten Ziegeldächer lachen und sie als »veraschkenasierte Araber« bezeichnen.

Ich war erstaunt, dass die Araber uns besser zu kennen schienen, als wir dachten. Die Frage, ob die Juden im Neubaugebiet vom arabischen Baustil beeinflusst waren oder ob ihre neue Bauweise eher bedeutete, dass sie im Land »angekommen« waren, hat mich später noch länger beschäftigt.

Zurück an der Schule fragten wir unseren Lehrer Hassan, ob er uns mitnehmen würde, denn unser Wohnort lag auf seinem Heimweg. Er nickte und wir stiegen in seinen grünen Honda Civic. Kurz vor der Schnellstraße fuhr plötzlich ein Traktor auf die Straße, obwohl wir Vorfahrt hatten. Geschickt wich Hassan ihm aus und schimpfte: »Wo kam dieser Sohn einer Hure her?« Auf Hebräisch.

Mir wurde bewusst, dass Hassan sehr tief im Hebräischen lebt. Er war ein gutes Zeugnis für seine Integration. Ich dachte über das umgekehrte Verhältnis nach und bemerkte, dass sehr viele Schimpfwörter, die wir Juden verwenden, arabisch sind. Im Schimpfen also klappte es wunderbar.

Im Auto lachten wir alle, samt Hassan. Ihm war aber nicht bewusst, dass wir aus zweierlei Gründen lachten. Abgesehen von der außergewöhnlichen Schimpferei aus dem Mund eines Lehrers war sein Satzbau so korrekt, dass ein Muttersprachler es nie so gesagt hätte. Ganz wie ein Jude war Hassan also doch nicht.

Mit dem Wind weggeflogen

Eine andere Lehrerin kannte meine politische Neugier. Nachdem ich mich bei Arbeiten für Themen wie »Die Rolle des Flüchtlings-Daseins in der palästinensischen Identität« entschieden hatte, wäre es auch schwer gewesen, diese zu übersehen. Eines Tages kam sie auf mich zu und erzählte, dass die Soziologielehrerin an einer Reihe von Begegnungen mit palästinensischen Kollegen und Kolleginnen teilnehmen würde. Meine Lehrerin fragte mich, ob ich zu ihrem nächsten Treffen nach Jerusalem mitfahren wolle.

Die Soziologielehrerin kannte ich nicht persönlich. Ich wusste nur, dass sie ihren Pudel überallhin mitnahm, sogar zur Toilette. Auf eine Fahrt mit dem Pudel hatte ich nicht wirklich Lust, aber die Gelegenheit schien mir interessant. Ich fuhr mit.

Die 100 Kilometer im Renault Clio waren schlimmer als erwartet. Der Hund kam vom Regen nass ins Auto, doch das war nicht das Schlimmste. Der arme Renault musste viel mitmachen, die Lehrerin benutzte nämlich nur die ersten drei Gänge. Nach 20 Kilometern auf der vierspurigen Schnellstraße nahm ich all meinen Mut zusammen und fragte, ob es einen besonderen Grund gäbe, dass sie nicht hochschaltete. Ich hatte Angst, bald in einer Qualmwolke stehen zu bleiben.

»Als ich den Führerschein gemacht habe, hatten die Autos nicht so viele Gänge«, erklärte sie. Mit dieser Antwort verblüffte sie mich fast mehr, als es die Fähigkeiten des Autos taten.

In Jerusalem zeigte sich, dass auch das Navigieren nicht die Stärke dieser Lehrerin war, denn wir landeten mitten im ultraorthodoxen Viertel Me'a Sche'arim. Ich kannte Jerusalem nicht gut und konnte nicht helfen. Als wir endlich einen altstadtnahen arabischen Stadtteil erreichten, war die Lehrerin richtig erleichtert – normalerweise reagieren Juden eher umgekehrt.

Das Treffen hatte schon längst begonnen und ich durfte mich den etwa vierzig Lehrerinnen und Lehrern kurz vorstellen. Die Moderatorin lächelte mich an und sagte, ich könne Fragen aufschreiben und diese später stellen. Für meine Arbeit wollte ich die Meinung palästinensischer Teilnehmer zum Thema Demokratie in den palästinensischen Autonomiegebieten hören. Ich formulierte Fragen zur Pressefreiheit, zur Meinungsfreiheit, zu Rechten der christlichen Minderheit, zur Lage der Frau und zur Machtregulation des Präsidenten Arafat. Ich dachte, die palästinensische Gesellschaft hätte sicher eine gute Ausgangslage, denn sie bauten ihren zukünftigen Staat gerade erst auf.

In der Pause erwischte mich die kühle Jerusalemer Bergluft ganz unvorbereitet. Bei uns an der Küstenebene blieb es abends viel wärmer. Die Lehrerin schaute nach ihrem Pudel, ich blickte auf die Altstadtmauer und war von den schönen Lichtern fasziniert. Als ich in den Raum zurückging und meine Fragen nochmals durchgehen wollte, lag mein Spiralheft anders, als ich es hinterlassen hatte, und die Seite mit den Fragen war verschwunden. Ich schaute nach rechts und links. Ein älterer arabischer Mann mit Sakko sah in meine Richtung. Meine Frage, ob er vielleicht jemanden bemerkt habe, der mein Heft in die Hand genommen hatte, verneinte er. Ich erklärte, dass eine Seite fehlte. Er meinte, ich hätte doch noch genug Seiten übrig. »Ja«, antwortete ich, »aber gerade auf der Seite hatte ich mir Fragen für heute notiert.« Der Mann machte eine Handbewegung, die »weg« bedeutet, und sagte auf Arabisch »tachalak ma'a er-rikh« (»mit dem Wind weggeflogen«). Ich verstand nicht, was er damit meinte.

Eine jüdische Lehrerin nahm mich zur Seite und erklärte, jemand wolle wahrscheinlich die peinliche Situation vermeiden, die solche direkte Fragen verursachen würden. Ich solle es nicht persönlich nehmen, es sei bei den Arabern wohl anders.

Hiermit hatte ich meine erste Lektion über Tabus in der palästinensischen Gesellschaft und den Umgang mit ihnen erhalten.

Das Ende der Jugend

Im September 2000 war ich gerade mit der Schule fertig und fuhr mit meiner künftigen Ehefrau für eine Woche in die Schweiz. Als wir im malerischen Kanton Waadt unterwegs waren, kam im Radio eine Meldung über Unruhen während des Besuches von Ariel Scharon auf dem Tempelberg. Die folgenden Tage brachten eine Hiobsbotschaft nach der anderen.

Am nächsten Morgen erschoss ein palästinensischer Polizist seinen israelischen Kollegen auf einer gemeinsamen Patrouille, ein Kopfschuss, dem kein Streit vorangegangen war. Nach dem Mittagsgebet warfen Massen Steine auf Juden vor der Klagemauer. Vier Steinewerfer wurden von der Polizei erschossen, 25 Polizisten verletzt. Ein zwölfjähriger palästinensischer Junge im Gazastreifen wurde erschossen. Palästinensische Polizisten bestürmten Josefs Grab, belagerten es und ließen nicht zu, dass ein verblutender israelischer Grenzschutzpolizist evakuiert wurde. Israels Generalstabchef beobachtete das Geschehen vom Berg Garizim und bekam vom Premier Ehud Barak kein grünes Licht zum Eingreifen, damit die Lage nicht eskalierte. Der Polizist, ein Druse, starb nach drei Stunden.

Auch israelische Araber warfen Steine auf Autos, die Polizei setzte scharfe Munition ein und zwölf israelische Araber wurden erschossen. In einem Telefongespräch erzählte meine Mutter von einer Gruppe junger Araber, die durch unseren Ort gelaufen waren und Sachen beschädigt hatten, bis die Polizei sie festnahm. So etwas hatte es bei uns noch nie gegeben. Meine Mutter hatte Angst und schloss alles ab, auch das Gartentor. Ich verstand nicht, wie sich die Lage so schnell hatte verändern können.

Aus der Schweiz kamen wir ins Haus meiner künftigen Schwiegereltern in Deutschland. Um mich herum war alles ruhig, verschlafen, friedlich, normal. Die

Meldungen aus Israel ließen die Distanz zwischen den Ländern noch viel größer erscheinen. Es war wie eine Parallelwelt.

Als mein künftiger Schwiegervater einen Geschäftstermin in Erfurt hatte, nahm er uns mit. Mit Anbruch der Dunkelheit tauchten plötzlich mehrere Dutzend Skinheads auf. Sie liefen in Gruppen herum und hatten Hunde der eher weniger zärtlichen Rassen bei sich. Ich verstand noch kein Deutsch und meine künftige Frau konnte noch kein Hebräisch, sodass wir Englisch miteinander sprachen. Damit ich nicht als Ausländer auffiel, sprach ich, sobald mich jemand hätte hören können, kein Wort mehr. Das Gefühl, an einem sicheren Ort zu sein, war verschwunden.

Am nächsten Morgen zeigten fast alle Zeitungen das gleiche Foto auf dem Titelblatt: Ein Mann streckt seine blutverschmierten Hände aus einem Fenster, den Mund zu einem Ruf geöffnet. Eine schreckliche Gewalttat war geschehen. Zwei israelische Reservisten, einer von ihnen war neun Jahre zuvor aus Russland eingewandert und seit einer Woche verheiratet, waren in ihrem Pkw auf dem Weg zur Kaserne falsch abgebogen und versehentlich nach Ramallah gekommen. Im Stau wurden sie mit langen Waffen an ihrer Schläfe aus dem Auto geholt und zur palästinensischen Polizeistation gebracht. Schon in der Polizeistation wurden sie mit Messern und scharfen Gegenständen gestochen.

Zunächst ließen die Polizisten die versammelte Menge draußen warten. Dann machte ein Polizist die Türen auf. Mit brutaler Gewalt wurden die beiden Männer ermordet. Mehrere palästinensische Polizisten waren direkt am Mord beteiligt. Einen Körper warfen sie durchs Fenster im vierten Stock hinunter, den anderen schoben sie durch die Tür. Sie stachen den Reservisten die Augen aus. Draußen sprangen Männer auf die leblosen Körper und rissen ihre inneren Organe mit den Händen heraus. Mit den Organen in ihren ausgestreckten Händen tanzten sie einen Freudentanz. Über 1 000 Palästinenser waren dabei. Eine der Leichen zündeten sie an. Die Überreste der beiden Männer zogen sie später hinter einem Auto über die Straßen Ramallahs. Als die Ehefrau des einen Reservisten versuchte, ihn auf seinem

Handy zu erreichen, nahm einer der Mörder ab und sagte: »Deinen Mann habe ich gerade geschlachtet.«

Die Horrorszenarien der Skeptiker waren Realität geworden. Die Rechten hatten recht gehabt, als sie auf ihren Aufklebern schrieben: »Gebt ihnen keine Gewehre«.

Ab diesem Zeitpunkt konnte mich keine Nachricht mehr überraschen. Nicht der Beschuss der Gruppe israelischer Ausflügler auf dem Berg Ebal durch die palästinensische Polizei, nicht die Schießerei aus Beit Jala auf den Jerusalemer Stadtteil Gilo und nicht die 122 Selbstmordanschläge in den kommenden fünf Jahren, nicht die Erschießung eines zehn Monate alten Mädchens im Kinderwagen durch einen Scharfschützen der Fatah, nicht das Foltern und die Steinigung zweier 14-jährigen Siedlerkinder in einer Höhle südlich von Bethlehem, wo die Mörder die Köpfe der Kinder mit Steinen zerschmetterten und mit ihren Händen die Wände der Höhle mit Blut beschmierten, nicht die zahlreichen Schießereien auf fahrende Autos beim Überholen und nicht die vielen Messer-, Axt-, Auto-, Mörser- und Raketenangriffe. Ich war innerlich zerbrochen.

Mir kam der Verdacht, dass diese barbarische Brutalität keine Sache von Individuen war, sondern ein Gruppenphänomen. Solche blutbeschmierten Hände kann keiner als Hände eines Friedenspartners drücken.

Der Traum vom Frieden rückte immer weiter in die Ferne und erschien als eine naive Illusion. Meine Jugend war zu Ende.

Im Laufe der Jahre ist mein innerer Trieb, den Konflikt besser zu verstehen, immer stärker geworden. Dafür mache ich mich nun auf eine Reise durch seine Geschichte. Ich fahre zu den Stellen, an denen die wichtigsten Ereignisse des Konfliktes stattgefunden haben, denn die Geschichte bildet das Fundament für das Verständnis der Gegenwart. Kommst du mit?

Eine Reise
DURCH DIE
GESCHICHTE

AM ANFANG (bis 1948)

Arabisches Land

Das Meer ist heute außergewöhnlich ruhig. Die Fischer sind schon längst wieder zurück. Ihre bunten Boote liegen in dem winzigen Hafen. An Land stehen einfachste Hütten aus Blech, Stein und Holz, muckelig-gemütlich.

Oft habe ich versucht, mir das Land vorzustellen, bevor die Juden in Massen eingewandert sind. Ja, es gab hier nie einen unabhängigen arabischen Staat, aber Israel oder Palästina – nenne das Land, wie du möchtest – war damals ein arabisches Land. Nicht politisch, aber die damaligen Bewohner waren in der arabischen Kultur beheimatet.

Damit mir die Vorstellung leichter fällt, fahre ich ins Fischerdorf Dschiser ez-Zarqa, unweit von Cäsarea. »Blaue Brücke« bedeutet der Name. Direkt hinter dem Hafen mündet der Fluss ins Meer. Früher hat er Sümpfe gebildet, von denen die Dorfbewohner gelebt haben. Sie fingen Fische, produzierten Töpfe aus dem Lehmboden und Körbe aus den Papyrusstauden und züchteten Büffel. Bestimmt ist meine Vorstellung idealisiert. Der Alltag war mühsam, das Leben hart und kurz. Auch damals wurde der verschlafene Ort gelegentlich von Konflikten durchgeschüttelt. Aber das war berechenbar und bekannt. Es war ihre Welt.

Ich setze mich ins Strandcafé und lese die Geschichte des Dorfes. Schnell stellt sich heraus, dass auch diese Menschen nicht immer hier waren. Vor 150 Jahren gab es 15 Häuser im Dorf. Nur die Großfamilie Dschamusin (dt. »Büffelzüchter«) lebte hier. Zu ihnen kam die Großfamilie Dschurban aus dem Jordantal, die Amaschs aus Kafr Kadum in Samarien, dann die Nadschars aus Ägypten, die Schihabs aus Syrien und die Twatchas und die Um Baschis aus dem Sudan.

Nicht nur in dieses Dorf gab es arabische Zuwanderung. Der Wirtschaftsboom, den die jüdischen Einwanderer verursachten, zog viele Araber in dieses Land, besonders zur Küstenebene, wo die jüdischen Orte entstanden, und in die gemischten Städte. In nur sechs Jahren wuchs die arabische Bevölkerung Jerusalems um 37 Prozent, die Jaffas um 62 Prozent und die Haifas um 86 Prozent.[2]

Manche Nachnamen arabischer Großfamilien im Land verraten bis heute ihre Herkunft. Die Halabis stammen aus Aleppo, die Mughrabis aus Marokko und die Massarwas aus Ägypten. Jeder Großfamilie können mehrere Zehntausend Köpfe angehören. Doch der Großteil der Araber war über viele Generationen im Land verwurzelt. Wo sind sie hergekommen?

Als die Araber Juden waren

Im 5. Jahrhundert florierte noch das jüdische Leben in Galiläa. Bis ins 7. Jahrhundert standen dort und in Judäa viele Synagogen. Was ist mit den antiken Juden passiert? Uns ist kein Massaker bekannt, auch keine Deportation. Im neuen muslimischen Reich des 7. Jahrhunderts verbreiteten die neuen Herrscher aus dem heutigen Saudi-Arabien den Islam und kassierten Steuern, aber Siedler brachten sie keine. Nur wenige der eroberten Bevölkerungen behielten ihre Sprache dauerhaft, fast alle erlebten einen jahrhundertelangen Arabisierungsprozess. Warum sollte es in diesem Land anders gewesen sein?

Dorfälteste in der Nähe von Hebron erzählten noch vor wenigen Jahrzehnten, sie seien Juden gewesen und vor 300 Jahren Muslime geworden.[3] In mehreren anderen arabischen Orten werden bis heute Bräuche gepflegt, deren Wurzeln in der Bibel und der jüdischen Tradition liegen, wie Schwagerehe, Kerzenzünden am Sabbatabend, kein Verzehr von Kamelfleisch, bestimmte Begräbnissitten und die Verehrung von Gerechtengräbern. Manche Rabbinergräber sind bis heute auch für diese Muslime heilige Stätten.

Im galiläischen Pki'in blieben etliche Bauernfamilien bis zum 20. Jh. jüdisch. Ihren Alltag führten sie jedoch auf Arabisch und äußerlich konnte man sie von anderen Arabern nicht unterscheiden. Die anderen Bewohner sind offensichtlich in einem leisen Prozess arabisiert worden. Wie es aussieht, gab es keine Bevölkerungsverschiebung im Land, sondern eine Identitätsverschiebung.

Dem jüdischen Spitzenpolitiker David Ben Gurion war das klar und Ariel Scharon soll gesagt haben: »Das ganze arabische Hebron ist jüdischer als die Juden in Kirjat Arba.«

In den letzten Jahren haben genetische Untersuchungen das Vermutete bestätigt: Europäische Juden und Palästinenser sind nah verwandt, näher als z. B. Palästinenser und Syrer. Manche Beduinen unserer Zeit sind Nachkommen der Menschen, die vor 1400 bis 2000 Jahren in derselben Gegend begraben wurden, als dort Juden und Christen lebten.

Vielleicht bringt unsere Verwandtschaft eine dramatische Komponente in den Konflikt, aber sie hilft nicht weiter. Streit gibt es bekanntlich am häufigsten innerhalb der Familie.

Ein Volk erwacht

Wenn Theodor Herzl hier einen Parkplatz suchen müsste, hätte er es sich mit dem Zionismus zweimal überlegt.

Nicht weniger als fünf Runden musste ich heute Morgen durch das Zentrum von Rischon LeZion drehen, bis ich die ersehnte Parklücke gefunden hatte. Nur 100 Jahre vor meiner Geburt gegründet, leben hier schon 250000 Juden, die gefühlt 500000 Autos abstellen.

»Erstes zu Zion« wäre der Name der Stadt auf Deutsch. Tatsächlich ist es die erste Ortschaft, die Zionisten gegründet haben – so nannte man ab dem 19. Jahrhundert die Ideologen, die dieses Land besiedeln und hier einen Judenstaat aufbauen wollten. Als Herzl eine politische Bewegung aus ihren Vereinigungen in Europa machte, war Rischon LeZion 15 Jahre alt.

Ich spaziere durch die alte Dattelpalmenallee und sehe mir den Wir-haben-Wasser-gefunden-Brunnen an (ja, er heißt wirklich so), die Große Synagoge, die erste hebräische Schule, das erste Orchesterhaus und die erste industrielle Kellerei im Land. Ich stelle mir vor, an welcher Ecke wohl die Flagge zum ersten Mal gehisst wurde, die 63 Jahre später zur Fahne des neugeborenen Staates Israel wurde. Unsere Nationalhymne erweist sich als hartnäckiger Ohrwurm, nachdem ich gelesen habe, dass auch sie zum ersten Mal hier gesungen wurde. Die rumänische Volksmelodie ist nicht die einzige Verbindung zu Osteuropa. Alle historischen Gebäude könnten genauso gut in jeder rumänischen Altstadt stehen.

Vor der Stadt bestätigen glänzende Industriegebiete mit nagelneuen Hightech-Bauten den riesigen Erfolg des Zionismus. Israels Wirtschaft gehört zu den stärkeren. Mit einem Bruttoinlandsprodukt von 45 000 U$ pro Kopf bietet Israel seinen Bewohnern einen Lebensstandard, der mit den entwickelten Ländern Westeuropas mithält. Unser Human-Development-Index ist höher als in vielen europäischen Ländern. Es gibt keinen multinationalen Konzern, der in Israel kein Entwicklungszentrum hat. Unsere Währung ist stabil, die Inflation und die Arbeitslosigkeit gering, das Wirtschaftswachstum höher als in den meisten Industrieländern, die Zahlungsbilanz positiv. In Bezug auf die Gesundheit liegen Israelis international in den Top 10. Nur eine Sache hat der Zionismus noch nicht geschafft: Frieden.

Ich bin hergekommen, weil ich mir die ersten vier Jahrzehnte des zionistischen Werkes vor Augen halten möchte. Wie war es hier vor dem Ausbruch des Konfliktes?

Das zionistische Werk beginnt

Am Vorabend der zionistischen Einwanderung lebten 26 000 Juden im Land, die fünf Prozent der Bevölkerung stellten.[4] Die Zionisten nannten diese Juden »Altgemeinde«. Sie lebten meistens in Städten und waren fromm. Fast alle anderen Bewohner waren Araber.

Damals regierten die Türken das Land. Juden brauchten ihre Bewilligung zur Einwanderung, für Landerwerb und Siedlungsbau. Obwohl der Zionismus sein Ziel, einen Judenstaat, nicht verbarg, gab es von den Arabern damals scheinbar keinen Widerstand. Politisch waren sie nicht organisiert. Landbesitzer verkauften Ländereien an zionistische Organisationen, die deren Besiedlung im großen Stil vorantrieben. Dort lebten häufig landlose Araber, die für ihre Duldung seit Jahrhunderten mit Ertragsabgaben zahlten. Da die neuen Käufer die Ländereien selbst bewirtschaften und bewohnen wollten, gab es manchmal lokale Konflikte, aber insgesamt waren die Beziehungen zwischen den jüdischen Pionieren und ihren arabischen Nachbarn gut.

Bis zum Ersten Weltkrieg wuchs die jüdische Bevölkerung auf 60 000 Einwohner und machte damit 12 Prozent der Gesamtbevölkerung aus. Innerhalb von dreißig Jahren gründeten Zionisten sechzig Ortschaften. Die Landkarte veränderte sich massiv und mit ihr die Realität.

Die Unsicherheiten des Ersten Weltkrieges stoppten die jüdische Einwanderung zunächst. Doch der Krieg änderte alles, denn nun waren die Briten die neuen Herren des Landes und gegen Kriegsende kam der diplomatische Durchbruch der zionistischen Bewegung. Die Briten erklärten ihre Absicht, den Aufbau eines jüdischen Nationalheims im Land zu unterstützen (Balfour-Deklaration von 1917). Die Rechte der Araber sollten dabei unverletzt bleiben. Wie das möglich sein sollte, verrieten die Briten nicht. Die Juden waren euphorisch, die Araber empört. Aber nicht alle.

Für den Sharif und Emir von Mekka war das jüdische Nationalheim in Ordnung, wenn er dadurch sein eigenes Königreich von Syrien bis Arabien bekommen und die Zionisten dessen Wirtschaft auf Vordermann bringen würden. Von diesen Plänen ist nur der Gedanke geblieben, wie es hätte sein können, wenn alles friedlich geblieben wäre. Aber das blieb es nicht.

Die Wiege des palästinensischen Nationalismus

Das malerische Steingebäude mit den vielen weißen Kuppeln liegt inmitten der Judäischen Wüste. Auf dem benachbarten Hügel habe ich das Sonnensegel vor das Auto gespannt. Von hier aus blicke ich auf ein Gebäude, das wie eine muslimische Variante eines Klosters aussieht. Nebi Musa heißt es auf Arabisch (»Prophet Mose«). Die muslimische Tradition sieht hier das Grab Moses. Eigentlich könnte man sagen, er sei daran schuld, dass wir Juden so an diesem Land kleben. Aber anstatt ihn zu beschuldigen, huldigen ihm die Araber hier als einem der großen Propheten.

Nebi Musa wirkt heute verlassen und in Vergessenheit geraten. Der Zustand ist symbolisch, denn dieser Ort ist nichts weniger als die Wiege des palästinensischen Nationalismus. Von hier ging auch die erste politisch motivierte Gewalt aus.

Wie jedes Jahr kamen 1920 muslimische Pilger hierher, um am Nebi-Musa-Fest teilzunehmen. Nachdem der Sohn des Muftis von Jerusalem, Amin el-Husseini, seine Rede gehalten hatte, liefen Tausende hinauf nach Jerusalem und überfielen jüdische Häuser. Viele Male war das Fest schon in Gewalt entartet, aber dieses Mal war sie politisch. Am Folgetag wurde das deutlich, als sich 60 000 Araber vor dem Rathaus versammelten.[5] Der Bürgermeister ließ die Massen schwören, dass sie ihr Blut für Palästina vergießen würden. Ein einflussreicher Politiker warnte: »Wenn wir keine Gewalt gegen die Zionisten und die Juden einsetzen, werden wir sie nie los.« Er rief immer wieder: »Wir werden das Blut der Juden trinken!« Auch Christen waren unter der Volksmenge. »Werden wir unser Land an die Mörder unseres Gottes Jesus ausliefern?«, stand auf ihren Plakaten.[6]

Nach dem Ruf »Schlachte die Juden« rannten die Massen in jüdische Stadtteile. Juden wurden gesteinigt, erstochen und erschlagen, Frauen vergewaltigt, Geschäfte geplündert, Synagogen in Brand gesteckt, Grabsteine zerschlagen. Übergriffe folgten im ganzen Land. 28 Juden wurden ermordet.

Ich schaue erneut auf Nebi Musa. Bei dieser Totenstille fällt mir die Vorstellung der Massen schwer. Ich verstehe aber, weshalb diese arabischen Führer geglaubt haben, dass sie mit Gewalt auf die Einwanderung antworten müssten. Sie hatten erkannt, dass der Zionismus die arabische Vorherrschaft bedrohte. Ihre Rechnung war einfach: Im Land (das Gebiet des heutigen Jordanien eingeschlossen) lebten 600 000 Araber. Weltweit gab es 14 Millionen Juden. Wenn nur jeder zwanzigste Jude einwanderte, wären die Araber bald in der Minderheit.

Nun gründeten die Araber das Arabische Exekutivkomitee, ihr erstes politisches Organ, mit dem Hauptziel, den Zionismus zu stoppen. Nach dem ersten Schock gründeten die Juden die Hagana (»Verteidigung«). Aus dieser Organisation wuchs später die israelische Armee.

Gewalt gegen Einwanderung

Wenn man dem Knatschen der Boote an den Stegen länger zuhört, wird es zur Musik. Ich stehe am Hafen von Jaffa und konzentriere mich auf die Klänge. Kaum zu glauben, dass dieser kleine Hafen einst das wichtigste Tor des Landes war. Und schwer zu verstehen, dass diese ruhige Altstadt zum nächsten Brennpunkt in der Geschichte unseres Konfliktes wurde.

Im Jahr 1898 hatte Jaffa 32 000 Einwohner, davon 3 000 Juden. 1921 waren es 42 000 Einwohner, darunter 16 000 Juden. Sie überfluteten die Stadt geradezu. Kein Wunder, viele der Neueinwanderer blieben erst einmal dort, wo sie ankamen.

Ich laufe durch die schmalen Gassen zur Hauptstraße, bis ich vor dem unscheinbaren Haus Nr. 34 stehe. Hier erreichte die Gewalt am 1. Mai 1921 ihren Höhepunkt. Nachdem Massen arabischer Männer jüdische Passanten angriffen, Mädchen vergewaltigt und Wohnungen und Einrichtungen geplündert hatten, bestürmten sie dieses Haus. Damals war es eine Unterkunft für jüdische Neueinwanderer. Mit Äxten und Messern wurden 14 Juden ermordet, die sich im Erdgeschoss befanden. Die anderen konnten sich im Obergeschoss verbarrikadieren, bis britische Polizisten die Angreifer verscheuchten. Wenn dieser Überfall kein Zufall war, hatte er eine klare Botschaft: »Die jüdische Einwanderung muss aufhören.« 47 Juden wurden an diesem Tag insgesamt ermordet.[7]

In den folgenden Tagen wurden mehrere jüdische Orte überfallen. Doch dort war man schon alarmiert, sodass die Briten und die Hagana sofort eingriffen. Auch am Jahrestag der Balfour-Deklaration rechnete man mit Angriffen, und diese kamen. Aber die Juden hatten bereits Schusswaffen, sodass sich die Angreifer nach wenigen Stunden zurückzogen.

Nach dieser Gewalt verließen die meisten Juden Jaffa, auch solche, die über Generationen dort gelebt hatten. 9 000 der Geflüchteten siedelten in den Vorort Tel Aviv über, dessen Einwohnerzahl sich nun mehr als verdreifachte. Tel Aviv entwickelte sich zum urbanen Zentrum der Juden. Vorher war die Stadt wirtschaftlich von Jaffa abhängig gewesen, jetzt kehrte sich das Verhältnis um.

Kein Zweifel

Von Jaffa fahre ich nach Jerusalem. Vor der Klagemauer setze ich mich hin und lasse die Geschichte Revue passieren. 1922 gibt der Völkerbund den Briten das Mandat über Palästina. Auch er verpflichtet sich zum jüdischen Nationalheim. Gleichzeitig stellt er die Unabhängigkeit der heimischen Bevölkerung in Aussicht. Mindestens eine Seite kann nur enttäuscht werden, wenn nicht beide. Kurz darauf trennen die Briten 80 Prozent vom Land ab und geben es unter dem Namen »Emirat Transjordanien« einem verbündeten arabischen Anführer. Später wird aus diesem Emirat Jordanien. Für den Zionismus verbleiben 27 000 Quadratkilometer, eine Fläche etwas kleiner als Brandenburg.

In den 1920er-Jahren wandern mehr als 100 000 Juden ein. Ihr Anteil an der Bevölkerung steigt auf 17 Prozent, 48 jüdische Orte werden gegründet.

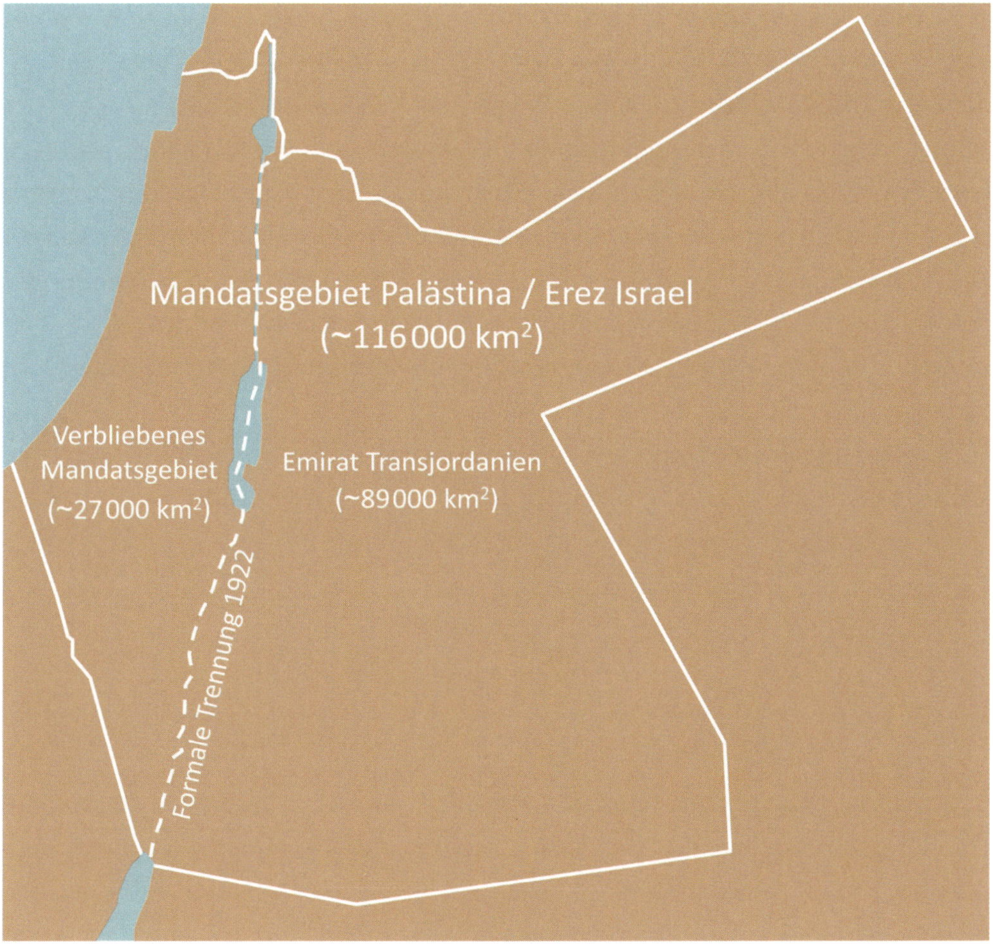

Mandatsgebiet

In der Zwischenzeit kann der Sohn des Muftis nach viel Druck selbst Mufti werden. Zum Jom Kippur 1928 stellen fromme Juden eine provisorische Trennwand zwischen dem Männer- und dem Frauenbereich vor der Klagemauer auf. Der Mufti verlangt die Entfernung, die Briten reißen die Trennwand ab. Vorher hat die Klagemauer die Muslime nicht interessiert, in der »Enzyklopädie des Islam« wurde sie nicht einmal erwähnt. Doch nun werden Flyer mit dem Felsendom unter der zionistischen Fahne gedruckt, die angebliche Pläne der Juden entlarven sollen. Der Mufti verlangt die Einschränkung jüdischer Präsenz an der Klagemauer, die Briten bestätigen aber das (gekaufte) Recht der Juden, dort zu beten. Der Mufti erklärt, Mohammed hätte einst sein zauberhaftes Reittier an der Klagemauer angekettet. Dadurch wird sie ein islamisches Heiligtum. Nachdem der Mufti gepredigt hat, dass jedem, der Juden tötet, ein Platz im Paradies sicher sei, bestürmen Hunderte Araber jüdische Wohnquartiere, morden, plündern und stecken Synagogen in Brand.

Ich schaue mir alte Bilder der Klagemauer an. Früher gab es davor nur eine schmale Gasse, die den Mufti vermutlich nicht wirklich interessierte. Aber er nutzte sie als Anlass, zum gewaltsamen Kampf aufzurufen, weil es für ihn die einzige Chance war, den Zionismus zu stoppen.

Mein nächstes Ziel ist Hebron. Hier besuche ich das Museum im ehemaligen jüdischen Krankenhaus, das bis zu seiner Zerstörung Juden und Araber gratis behandelt hat. Ein ganzer Raum ist einem einzigen Tag gewidmet, dem Tag nach dem Überfall in Jerusalem. Die Geschichten erschüttern mich.

An diesem Tag greifen Tausende Araber die jüdischen Häuser in Hebron an. Hebron gehört zur nicht zionistischen Altgemeinde, die Hagana ist nicht hier. Männer, Frauen, Alte und Kinder werden mit Schwertern ermordet, viele zu Tode gefoltert, einige lebend verbrannt. Ein Baby wird geköpft, Körperglieder abgehackt. Mädchen werden vergewaltigt, manche von Dutzenden, bevor sie erstochen werden. Eltern werden vor den Augen ihrer Kinder geschlachtet, Kinder vor den Augen ihrer gefesselten Eltern. Die Angreifer lachen und singen. Insgesamt werden 66 Hebroner Juden ermordet.

In den kommenden Tagen werden viele weitere jüdische Orte überfallen. In der Altgemeinde Safed werden innerhalb von 20 Minuten 18 Juden ermordet.

Die Briten evakuieren daraufhin alle Juden aus Hebron, Gaza, Nablus (Sichem), Dschenin, Ramla und Akko. Hebron, die antike Gemeinde, die in alttestamentlicher Zeit gegründet worden ist, kommt vorerst zum Ende ihrer Existenz.

Rabbiner und Politiker rufen als Antwort auf die Gewalt zur Besiedlung auf. Dieses Prinzip begleitet uns bis heute. Oft werden nach Anschlägen neue Dörfer gegründet.

Die Abwehrerfolge der Hagana bestätigen die Notwendigkeit der Selbstverteidigung, aber manchen ihrer Mitglieder reicht das nicht. Sie wollen jüdische Angriffe als Abschreckung. Nur der Kampf könne zum Staat führen, so meinen sie. Diese ersten militanten Juden werden abgelehnt und gründen deshalb die Etzel (Irgun), die von den Briten und der regierungsähnlichen Jüdischen Agentur zu einer terroristischen Vereinigung erklärt wird.

1924 hat Ben Gurion noch gedacht, es gäbe keine arabische Nationalbewegung im Land. Nun ändert er seine Meinung.[8] Die Gewalt lässt sich nicht mehr mit anderen Gründen erklären, es ist leider offensichtlich: Die beiden Völker befinden sich in einem gewaltsamen politischen Konflikt.

Zunächst führen die Gewaltakte für die arabische Bevölkerung zum Erfolg. Nicht nur, dass die Juden von überall vertrieben werden, wo sie eine kleine Minderheit sind, die Gewalt überzeugt außerdem die Briten, die Handbremse zu ziehen. Die neuen Erlasse (Passfield-Weißbuch) schränken die Einwanderung und den Landkauf für Juden ein und das angekündigte jüdisch-arabische Parlament erschwert den Weg zum Judenstaat.

Aufstand

Die Kinder, die das wellige Holzdeck mit Scootern auf und ab fahren, die jungen Eltern mit Kinderwagen und die schlendernden Shopping-Heroes im Hafen von

Tel Aviv stellen vermutlich die Erfüllung der Träume der alten Zionisten dar. Genau diese Normalität wollten sie für ihr Volk schaffen. Aber selbst diese Visionäre hätten sich unmöglich die Sushi-To-Go-Boxen vorstellen können, mit denen wir modernen Juden hier entlangspazieren.

Ich bin wieder in Tel Aviv, weil die Geschichte hier weitergegangen ist. Ohne den arabischen Generalstreik wäre dieser Hafen nie gebaut worden. 1936 wurde das regierungsähnliche »Arabische Hohe Komitee« gegründet und am selben Tag rief es zum Generalstreik auf: »Wir rufen dich, den Araber, zum Opfern auf, deine Arbeit und dein Geschäft zu beenden, dich mit Brot zu begnügen ... all dies, um dir die Existenz deines Landes zu sichern, damit das arabische Palästina nicht verloren geht, sodass du es nicht als Flüchtling ins Exil, in Zerstörung und Schande verlassen wirst.«[9]

Das britische Entgegenkommen hatte die Araber zunächst besänftigt, aber dann kamen die Juden wieder in Rekordzahlen, denn in Europa wurde es für sie gefährlich. 1936 lebten hier schon 400 000 Juden, ihr Anteil erreichte 30 Prozent. Viele Araber verdienten am Landverkauf, und die Wirtschaft blühte auf wie noch nie. Gleichzeitig mussten die Araber aber zusehen, wie ihre Heimat jüdisch wurde.

Durch den Generalstreik sollten die Briten unter Druck gesetzt werden und die wirtschaftlichen Beziehungen zwischen Juden und Arabern abbrechen. Doch nach der Sperrung des Hafens in Jaffa für Juden bauten sie einen eigenen Hafen in Tel Aviv und in der boomenden Baubranche ersetzten Juden die arabischen Arbeiter. Der Boykott drängte sie zur wirtschaftlichen Unabhängigkeit.

Aus dem Generalstreik entwickelte sich der sogenannte Arabische Aufstand. Es gab Anschläge überall. »Die Briten ins Meer, die Juden ins Grab«, hieß die Parole. 10 000 Araber traten bewaffneten Banden bei. Einen Großteil der Finanzierung besorgte der Mufti aus Nazideutschland, wie der deutsche Historiker Matthias Küntzel belegt.[10] Die Ergebnisse waren verheerend. Im ersten Jahr starben 91 Juden, es gab 19 Angriffe auf jüdische Schulen, neun Angriffe auf Kibbuz-Babyhäuser und Waisenheime, 900 Angriffe auf jüdische Orte, 380 Angriffe auf jüdische Fahrzeuge,

1700 Hektar vernichtete jüdische Felder mit 200000 entwurzelten Bäumen, mehrere Hundert zerstörte jüdische Häuser und drei verwüstete jüdische Friedhöfe. Außerdem griffen die Araber Patrouillen und Polizeistationen an und zerstörten Brücken, Eisenbahngleise und Telefonleitungen. Nachdem der Mufti Briefe an Zeitungsverleger im arabischen Ausland gesandt hatte, in denen er vom »jüdischen Terror« und der »Grausamkeit der Briten« schrieb, publizierten diese Berichte über angebliche Entweihungen von Moscheen und Massaker durch Juden und Briten.[11] Den Geldern folgten Kämpfer aus dem arabischen Ausland.

Bald fingen die Bewaffneten an, die eigene Bevölkerung zu missbrauchen. Nach Erpressung und Diebstahl folgte die Ermordung Kollaborationsverdächtigter und politischer Gegner. Da muslimische wie christliche Geistliche (aus Angst oder Überzeugung) nicht bereit waren, die Ermordeten zu beerdigen, blieben Leichen häufig auf offener Straße liegen, während ein Schuh in ihrem Mund steckte, ein arabisches Symbol der Erniedrigung.

Die Geburtsstunde der Zweistaatenlösung

Früher bin ich wegen der Archäologie zum antiken Ansiedlungshügel von Gezer gefahren, heute nutze ich ihn als Aussichtspunkt. Im Westen ragen die Wolkenkratzer an der Küste hoch, im Osten liegen Jerusalem und Bethlehem auf den Bergen. Doch ich bin nicht allein wegen der Romantik hier, sondern auch, weil dieses Gebiet beinahe britisch geworden wäre.

Die Briten fürchteten nach dem arabischen Aufstand, ihre Interessen in der Region nicht mehr wahren zu können, deshalb suchten sie nach einer Lösung. »Zu asiatisch« seien die Araber, »zu europäisch« die Juden, sodass sie nicht gemeinsam in einem Staat leben könnten, so ihre Analyse. Daher müsse das Land folgendermaßen geteilt werden:

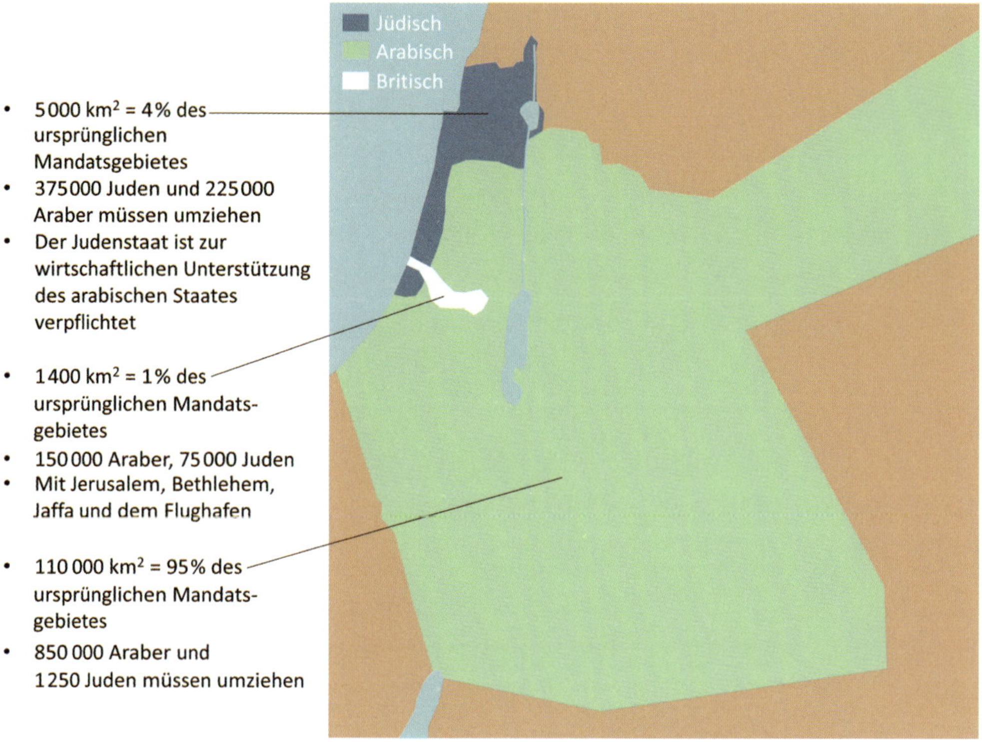

Peel-Plan (1937)

Die Juden nahmen den Plan an, die Araber lehnten ihn ab, und die Gewalt entflammte erneut. Die Briten verhängten gegen die Kämpfer die Todesstrafe, lösten das Arabische Hohe Komitee auf und schickten die Anstifter der Ausschreitungen ins Exil. Der Mufti konnte ins Ausland fliehen. Wieder wurden jüdischen Quartiere überfallen. Die Fotos verbrannter Babys und zerfetzter nackter Frauenkörper schockierten die jüdische Öffentlichkeit und die Etzel verübte Racheanschläge.

1939 versuchten die Briten, den Arabern einen besseren Vorschlag zu machen.

Diesmal lehnten auch die Juden den Plan ab, denn das Gebiet hätte ihren Einwanderungsbedürfnissen bei Weitem nicht entsprochen.

Woodhead-Plan (1938)

Siedlungen vom Laster

Am Straßenrand wechseln sich Sonnenblumen- und Baumwollfelder mit Fischzuchtteichen ab. Mein Ziel ist Kibbuz Nir David in Nordisrael, in dem eine besondere Form des Siedlungsbaus aus den 1930er-Jahren rekonstruiert wurde. Dort angekommen besteige ich den Holzturm inmitten der Barackenanlage und schäme mich dafür, dass sie mich an deutsche KZs im Mikroformat erinnert. Andererseits ist sie einfach Kind ihrer Zeit.

Als klar war, dass das Land geteilt werden würde, handelten die Juden schnell. Was von Juden besiedelt ist, wird dem künftigen Judenstaat gehören, dachten sie. Neue Siedlungen sollten deshalb für jüdische Siedlungskontinuität im möglichst großen Raum sorgen. Jeder Ort sollte binnen Stunden stehen und sofort verteidigbar sein, sonst hätte er keine Chance. Die Bauteile wurden vorgefertigt: eine doppelwandige Mauer aus Holz mit Kiesfüllung, ein Wachturm, ein paar Baracken und Zelte. Laster brachten alles an Ort und Stelle und ein paar Stunden später war das Lager bewohnt. Anschließend konnten die tausend Quadratmeter großen Festungsanlagen ausgeweitet werden. In drei Jahren wurden so 52 Siedlungen gegründet, fast alles Kibbuzim, die bis heute existieren.

Die Annahme der Juden war richtig gewesen. In späteren Plänen waren diese von Juden besiedelten Gebiete für den Judenstaat bestimmt.

Eine neue Art der Einwanderung

Wenn die Mauer-Turm-Siedlung wie ein Mikro-KZ aussieht, ähnelt das Internierungslager Atlit bei Haifa den echten. Zwischen Stacheldraht, Wachturm, Desinfizierungsduschen und Holzbetten will ich genauer wissen, wie es zu diesem traurigen Zustand gekommen ist.

Mit dem Aufstieg des Dritten Reiches bekam die Einwanderungsbeschränkung eine dramatische Dimension. Anfangs war die jüdische Führung gegen Haapala, so nannte man die unbewilligte Einwanderung. Als die Briten ihre Verpflichtung zum jüdischen Nationalheim beendeten, befahl Ben Gurion jedoch die organisierte Haapala. In den Jahren des Zweiten Weltkriegs wurde sie zum Rettungswerk. Über 120 000 Juden kamen auf diesem Weg ins Land, die meisten auf Schiffen. Wenn Schiffe von den Briten entdeckt wurden, schickten sie deren Insassen in Internierungslager auf Zypern – oder sie kamen nach Atlit.

Das Ende des Aufstands

Nicht nur gegen Juden führten die Briten eine Politik der Härte. Ausgangssperren, Häuserabrisse und Kollektivstrafen waren ihre Methoden gegen den arabischen Aufstand. Parallel bemühten sie sich um eine politische Lösung. Ihre Erkenntnis:

- Die Araber lehnen die Landesteilung so vehement ab, dass die Vision des jüdischen Nationalheims unmöglich ist.
- Die Juden sind aber nicht bereit, tatenlos ihrer Unterminierung zuzuschauen, und schaffen schnell Fakten.

Die Lösung (St.-James-Konferenz): ein binationaler Staat. Die neue Palästinapolitik (Weißbuch 1939) beschränkte die jüdische Einwanderung auf 15 000 Personen jährlich und verbot Landverkauf an Juden. Der Aufstand hatte die Araber an ihr Ziel gebracht und wurde beendet. Die Briten begruben den Traum von einem Judenstaat. Der Mandatsausschuss des Völkerbundes erklärte, die neue Politik der Briten stehe im Widerspruch zur Mandatsschrift. Die empfohlene Sondersitzung fand jedoch nie statt, weil der Zweite Weltkrieg ausbrach.

Als Folge des Aufstands baute die Hagana ihre eigene Aufklärung auf und gründete Spezialeinheiten. Es gab 25-mal so viele jüdische Polizisten wie zuvor (später bildeten diese die israelische Polizei). Die Bauarbeiten für sechzig britische Polizeifestungen führte eine jüdische Baufirma, bis heute eine der größten Israels, wodurch die Juden ihre Baufähigkeiten im Hochsicherheitsbereich erweiterten. Jüdische Arbeiter bauten im Auftrag der Briten den ersten Grenzzaun (zu Syrien und Libanon) und wurden dabei von jüdischen Sicherheitsleuten beschützt. So sammelten die Juden professionelle Erfahrungen in Sachen Sicherheit.

Die Araber dagegen waren mit internen Kämpfen beschäftigt und die meisten arabischen Aufstands-Toten kamen in innerarabischen Kämpfen um. Noch Jahre danach gab es Rachemorde. Der Hass war so groß, dass das Arabische Hohe Komitee von den heimischen Arabern nicht wieder gegründet wurde, bis es die arabischen Staaten später für sie taten.

Von Palästina nach Berlin und zurück

Vor einigen Jahren nutzte ich eine Geschäftsreise nach Berlin als Gelegenheit für einen Abstecher zum Schlachtensee. Ich wollte die Villa sehen, in der der Mufti während des Zweiten Weltkrieges residiert hatte. In dieser Villa, deren jüdische Besitzer enteignet worden waren, war er Hitlers persönlicher Gast.[12] Neben der Villa und viel Geld bekam er auch »junge und sehr hübsche deutsche Frauen«[13] zur Vergnügung, wie sein Gastgeber später erzählte. Im Radio rief er: »Araber, steh auf und kämpfe für deine heiligen Rechte. Töte die Juden, wo immer du sie findest. Dies befriedigt den Willen Gottes, die Geschichte und die Religion. Es rettet deine Ehre. Gott ist mit dir.«

Ich stellte mir damals vor, wie es wäre, wenn ich eine Tasse Kaffee mit dem Mufti trinken könnte. Ich würde ihm vieles vorwerfen. Und dennoch könnte ich nicht sagen, dass er allein am Konflikt schuld war. Er hatte eine Hauptrolle, aber er war Teil eines Prozesses. Aus seiner Sicht kämpfte er für sein Volk.

Aus Berlin floh der Mufti später nach Kairo, wo er unter den Muslimbrüdern tätig war. Mitgebracht hat er rassen- und verschwörungstheoretische Ideen, die sich im Boden des Nahostkonfliktes verwurzelt haben. Die Hamas setzt diese Linie bis heute fort. In ihrer Charta bedient sie klassische antisemitische Verschwörungstheorien, die früher in Europa verbreitet waren. Sie bezieht sich auf die (vor 100 Jahren als Fälschung entlarvten) »Protokolle der Weisen von Zion« und beschreibt, wie Zionisten die Weltmedien beherrschen und den Völkerbund sowie die UN gegründet haben. Sie macht Zionisten verantwortlich für alle Revolutionen (einschließlich der

Französischen und den kommunistischen) und für beide Weltkriege und erläutert, wie sie »geheime Organisationen« wie Freimaurer, Rotary Clubs und Lions einsetzen und Gifte und Drogen verteilen. Alles, um ihre angeblichen Ziele zu erreichen, nämlich erst Palästina, dann den Nahost und schließlich weitere Teile der Welt zu verschlingen und überall Werte zu vernichten.[14]

Der jüdische Aufstand

Vor Jerusalems Altstadt thront das Palazzo-Gebäude des bekanntesten Hotels in Israel: King David. Vom Stadtpark nebenan versuche ich, anhand alter Aufnahmen zu erkennen, an welcher Seite sich die verheerende Explosion von 1946 ereignet hat. Dieser Anschlag der Etzel gegen das britische Hauptquartier symbolisiert einen Höhepunkt im jüdischen Kampf gegen die Briten. Doch weshalb bekämpften die Juden ihre einstigen Schutzgeber?

Der Zweite Weltkrieg brachte den arabisch-jüdischen Konflikt zum Stillstand. 1945 gab es in Europa noch rund vier Millionen Juden. Ihre Lebensumstände machten das jüdische Problem akuter denn je. Allein in DP-Camps warteten 250 000 Juden und auch auf Zypern waren viele in Internierungslagern inhaftiert. Als klar wurde, dass die Briten die Tore des Landes verschlossen lassen, begann ein neues Kapitel: der kämpfende Zionismus. Die Hagana und die Untergrundorganisationen Etzel und Lechi fingen an, zu kooperieren. Sie griffen britische Ziele an und schmuggelten Juden ein.

In die Hände der UN

Ratlos wandten sich die Briten an die Vereinten Nationen. Diese entschieden sich mit einer Zweidrittelmehrheit für zwei Staaten. Ihre Resolution ist vielen als der UN-Teilungsplan bekannt.[15]

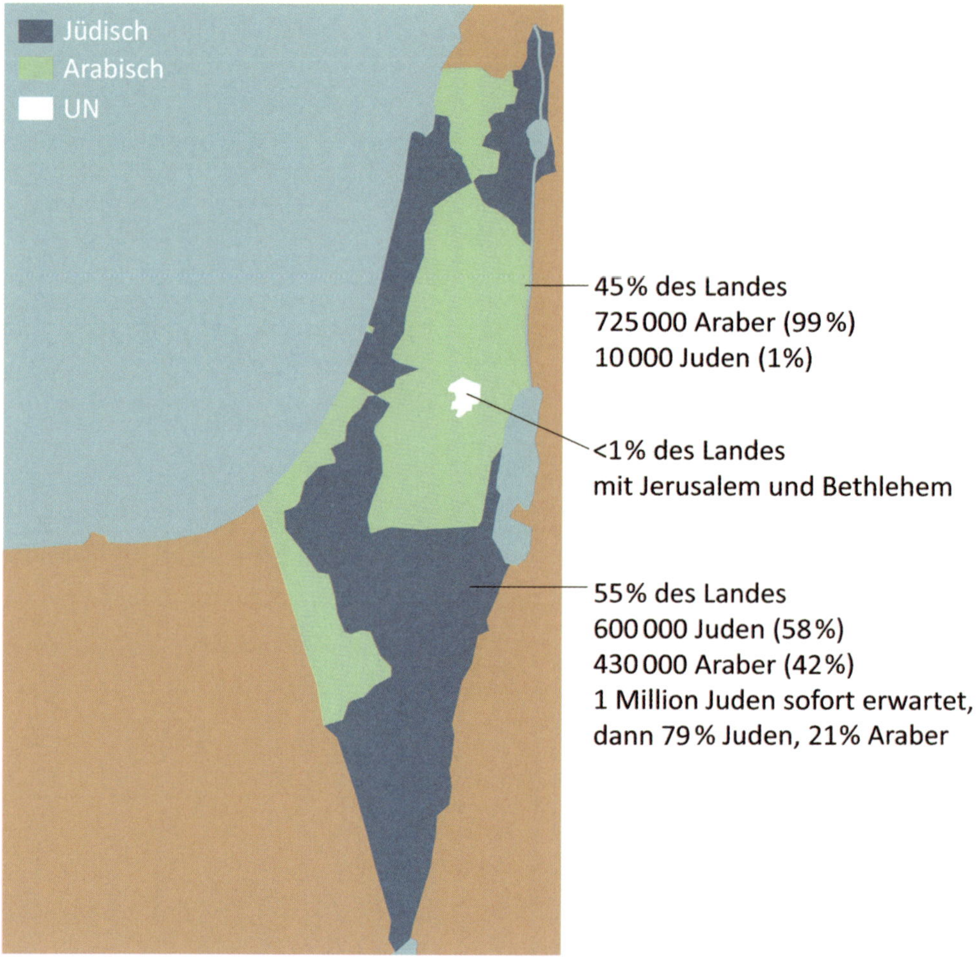

UN-Teilungsplan (1947)

Allerdings war es nicht möglich, das Land wirklich zu teilen. Beide Völker lebten über fast das gesamte Gebiet verteilt, zu viele Menschen hätten ihre Häuser verlassen müssen. Deswegen sollten nach dem UN-Plan Araber im Judenstaat wählen dürfen, in welchem der beiden Staaten sie eingebürgert werden möchten. In jedem Fall hätten sie ein unbefristetes Bleiberecht im Judenstaat. Die Wirtschaft beider Staaten sollte mit einer gemeinsamen Währung und einem gemeinsamen Zoll vereint bleiben.

Wieder nahm die jüdische Führung den Plan an, doch die arabische wollte kämpfen: »Die Teilungslinie wird keine andere sein als die des Feuers und des Blutes«,[16] informierte sie die UN.

Bürgerkrieg

Die Weiterentwicklung der Geschichte führt mich nach Petach Tikwa. An einer Tankstelle am Rande der Stadt lese ich die altmodische Gedenktafel. An dieser Stelle lauerten arabische Bewaffnete am Morgen nach der UN-Abstimmung. Versteckt im Zitrushain, den es damals hier gab, schossen sie auf zwei jüdische Linienbusse. Ihre Kugeln waren der wortwörtliche Startschuss eines bitteren Kapitels unserer Chronik, eines blutigen Krieges. Dieser Krieg änderte das Land dramatisch und beeinflusste beide Völker mehr als alle anderen Ereignisse im Konflikt.

Ein Bürgerkrieg brach aus. Arabische Milizen aus dem In- und Ausland wollten den UN-Teilungsplan verhindern. Die Juden versuchten, Fernstraßen und gemischte Städte zu erobern. Die Briten zogen sich immer mehr zurück und gaben bekannt, dass sie am 15. Mai 1948 das Mandat vorzeitig beenden würden.

Die Lage der Juden wurde kritisch. Es gab Enklaven, Jerusalem wurde unerreichbar. Zu diesem Zeitpunkt waren sie spärlich gerüstet. Sie hatten kaum Munition, zu wenige Gewehre, keine Panzer, keine Kanonen, keine Militärflugzeuge und keine Kriegsschiffe. Sie rechneten mit der Invasion arabischer Armeen und entschieden sich gerade deswegen für die Offensive.

Der Beginn der Flucht und Vertreibung

Kein Argument kann den Torwächter der psychiatrischen Klinik am Rande Jerusalems überzeugen, mich hineinzulassen. Hier werden Touristen mit dem berühmten Jerusalemsyndrom behandelt. Sie sind auf einmal sicher, selbst Jesus, David, Maria oder eine andere biblische Person zu sein. Im Kopf entwerfe ich den perfekten Plan, um doch eingelassen zu werden, und muss grinsen.

Über den Grund, weshalb ich hier bin, kann ich hingegen nicht lachen. Ich möchte in die Monate rund um die Staatsgründung eintauchen. Was »Hebron 1929« für Juden ist, ist »Deir Jassin 1948« für Araber. Ein paar der alten Häuser dieses einstigen arabischen Dorfes kann ich hinter dem Zaun der psychiatrischen Klinik erkennen.

Schon im März 1948 verließen Araber aus Angst Dörfer inmitten jüdischer Gebiete. Vertreibungsaktionen aus diesen Wochen sind nicht bekannt. Ab April arbeiteten die Juden nach einem zuvor gefassten Plan (Dalet). Mit einzelnen Militäroperationen wollten sie die im UN-Teilungsplan für sie bestimmten Gebiete und einen Korridor nach Jerusalem einnehmen. Laut den Historikern gab es dabei vereinzelt lokale Befehle, arabische Zivilisten zu vertreiben, aber keinen generellen Plan.

Die erste Operation war bei Jerusalem. Deir Jassin lag strategisch. Die jüdischen Untergrundorganisationen bereiteten in Absprache mit der Hagana einen Angriff vor, obwohl dieses Dorf ein Nichtangriffsabkommen mit dem benachbarten jüdischen Stadtteil hatte. Kinder, Frauen, Alte und Kriegsgefangene sollten verschont werden.[17] Die Angreifer ließen bewusst einen Fluchtweg offen, damit die Araber in andere Gebiete fliehen konnten.

Frühmorgens wurden die Angreifer entdeckt. Zu ihrer Überraschung gab es rund hundert Bewaffnete im Dorf. Es kam zu einem Blutbad. Hunderte Einwohner flüchteten. Über hundert Araber wurden getötet. Auch Unbeteiligte wurden erschossen, darunter ganze Familien. Häuser wurden mit Menschen darin gesprengt. Handgranaten wurden in Häuser geworfen, ohne zu prüfen, wer drinnen war. Angreifer betraten Häuser mit Schüssen aus Sturmgewehren.

Die Nachricht über das Massaker verbreitete sich im ganzen Land. Angst und Schrecken verursachten den Beginn einer Massenflucht aus vielen arabischen Dörfern und Städten. Deir Jassin verkörpert vielleicht mehr als alle anderen Orte die palästinensische Katastrophe.[18]

Bis zum Mandatsende hatten die Juden alle gemischten und einige arabische Städte eingenommen, dazu viele Dörfer. Manche Dörfer fanden die jüdischen Eroberer bereits leer vor, aus anderen und auch aus manchen Städten wurden die Araber vertrieben. Einzelne Orte wurden durch arabische Streitkräfte evakuiert, damit sie dort kämpfen konnten, ohne Rücksicht auf die Bevölkerung nehmen zu müssen.

Diese Flucht und Vertreibung waren der Beginn des palästinensischen Flüchtlingsproblems.

IM GETEILTEN LAND (1948–1967)

Krieg zwischen Staaten

Die Ergebnisse von 1948

Acht Stunden vor Mandatsende riefen die Juden den Staat Israel aus, ohne Staatsgrenzen festzulegen. Der Krieg lief auf Hochtouren. Mit dem Einmarsch von fünf arabischen Armeen am nächsten Tag wurde aus dem Bürgerkrieg ein Krieg zwischen Staaten.

Die Arabische Liga benutzte klare Worte. Sie sprach von einem Vernichtungskrieg und einem großen Massaker.[19,20] Den Soldaten versprach sie hohe Gewinne. Sie erklärte, all die Millionen, die die Juden für Ländereien und Entwicklung ausgaben, seien leicht zu plündern, denn es sei einfach, die Juden ins Meer zu werfen. Den Arabern riet sie, temporär in eines der benachbarten Länder zu gehen, »damit nicht sie die arabischen Kanonen abernten«[21].

Es kam anders. Aus der Hagana wurde die israelische Armee. Diese konnte ihr Gebiet auf 78 Prozent des Landes vergrößern, 23 Prozent mehr, als der UN-Teilungsplan vorsah. Mit jedem Nachbarland wurde ein Waffenstillstandsvertrag unterzeichnet. Obwohl die Waffenstillstandslinien nicht als internationale Grenzen anerkannt wurden, bilden sie bis heute die Fläche, die von den meisten Staaten als israelisches Staatsgebiet anerkannt wird, das sogenannte 48er-Gebiet. Weil die Linie mit einem grünen Stift in die Vertragskarten gezeichnet wurde, bekam sie den Namen »Grüne Linie«. Das 48er-Gebiet ist so groß wie Hessen und halb so groß wie die Schweiz. 21 Prozent des Landes fielen unter jordanische und 1 Prozent unter ägyptische Kontrolle. Der arabische Staat, der im UN-Teilungsplan vorgesehen gewesen war, entstand nicht.

Gebietsaustausch 1949

Beim Vertrag mit Jordanien kam es zum Gebietsaustausch. Israel zog aus einem Gebiet bei Hebron ab und verzichtete auf seinen Anspruch auf das jüdische Viertel in der Jerusalemer Altstadt (laut Vereinbarung sollten Israelis zwar einen freien Zugang zur Klagemauer und den heiligen Stätten haben, aber das wurde nicht eingehalten). Dafür übergab Jordanien kleine Hügel am schmalsten israelischen Gebiet nahe Tel Aviv. Dort befanden sich 22 arabische Dörfer mit einigen Zehntausend Bewohnern. Ohne dass sie gefragt worden wären, sahen diese Menschen eines Morgens die jordanische Armee abziehen und die Israelis kommen. Es fiel kein einziger Schuss.

»22 Dörfer« klingt nach einer kleineren Grenzkorrektur, aber heute leben im sogenannten »Dreieck« 300 000 Menschen, knapp 20 Prozent der arabischen Minderheit in Israel.

Nakba

Nach Kriegsende lebten über 700 000 Araber nicht mehr in ihren Heimatorten, die sich nun in Israel befanden,[22] etwas mehr als jeder Zweite. Die meisten gingen in die Nähe arabischer Städte im Land, 300 000 in das von Jordanien und 230 000 in das von Ägypten eingenommene Gebiet. Der Rest floh nach Jordanien, in den Libanon und nach Syrien, manche wanderten in weiter entfernte Länder aus. Einige verließen ihre Dörfer, blieben aber im israelischen Gebiet, andere blieben in ihren Häusern. Nach Kriegsende befanden sich nur noch 156 000 Araber in Israel.[23]

Hinter der trockenen Bilanz verbirgt sich eine Katastrophe. Schon damals bekam sie den Namen Nakba (ursprünglich Naturkatastrophe). Nakba steht für den Land- und Heimatverlust der arabischen Bevölkerung.[24] Kein Ereignis prägte die Palästinenser mehr. In vielen Hinsichten ist die Nakba die Geburtsstunde der palästinensischen Identität. Premierministerin Golda Meir sagte einmal, zum Zeitpunkt ihrer Einwanderung habe es keine Juden, Araber und Palästinenser gegeben, sondern nur Juden und Araber. Niemand hatte sich vor dem Konflikt als Palästinenser gesehen. Die Menschen betrachteten sich als Araber in Palästina und unterschieden sich nur wenig von anderen Arabern der Region. Der Zionismus und vor allem die Nakba drängten sie dazu, eine Nation zu werden, ein Volk mit einer eigenständigen Identität.

Die Flüchtlinge rechneten mit ihrer baldigen Rückkehr, aber Israel zerstörte einige arabische Stadtteile, über 400 Dörfer und mehr als 100 Weiler. Vielerorts gab es keine Häuser mehr, in die die Araber hätten zurückkehren können. Ihre Bitte, zurückkommen zu dürfen, half bis auf wenige Ausnahmen nicht.

Israel
Jordanisch oder ägyptisch kontrolliert
Zerstörter arabischer Ort oder Stadtteil (>400 Dörfer u. 100 Weiler)

Nakba

Die vergessene Million

Die Staatsgründung öffnete die Tore für Massen von Juden. Nicht nur in Europa hatten sie darauf gewartet, denn in den arabischen Ländern war ihre Lage bedrohlich. Der Krieg im Land machte sie in den Augen ihrer Mitbürger zu Feinden. In manchen Ländern ernteten sie brutalen Zorn. Ihr Eigentum wurde beschlagnahmt oder für Spottpreise zwangsverkauft. Fast eine Million Juden verließen die arabischen Länder, 850 000 von ihnen kamen nach Israel.

Jahre später nannte der Palästinenserpräsident Abbas das Verhalten der arabischen Regime gegenüber ihren jüdischen Untertanen eine Schande. Er warf ihnen vor, den Juden nur zwei Optionen geboten zu haben: entweder die Auswanderung nach Palästina oder den Tod.[25]

Bei Friedensverhandlungen argumentierte Israel, es gäbe mehr jüdische Flüchtlinge aus den arabischen Ländern als palästinensische Flüchtlinge, und der Wert ihres zurückgelassenen Eigentums würde den Wert des zurückgelassenen palästinensischen Eigentums deutlich übersteigen.

Natürlich kann man die Palästinenser nicht für die Flucht und Vertreibung dieser Juden direkt verantwortlich machen. Aber während die palästinensischen Flüchtlinge von der Weltöffentlichkeit wahrgenommen werden, spricht kaum jemand über die jüdischen Flüchtlinge, die wegen desselben Konfliktes in ihren Heimatländern alles verloren haben. Deswegen bezeichnen sich einige von ihnen als »die vergessene Million«.[26]

Die neue Identität der israelischen Araber

In Israel waren die Araber nun eine kleine Minderheit. Zunächst wurden sie (außer in Haifa) einer Militäradministration unterstellt. Um die Checkpoints um ihre Wohnorte zu passieren, brauchten sie eine Bewilligung. Doch sie wurden rasch eingebürgert, bis 1966 wurde die Militäradministration schrittweise abgeschafft, alle Checkpoints verschwanden.

In einem recht schnellen Prozess verwoben diese Araber ihr Leben mit dem der Juden in Israel, wirtschaftlich wie politisch. Schon bei den ersten Wahlen schaffte es eine arabische Partei in die Knesset. In Israel nennen die Juden sie »israelische Araber«, selbst bezeichnen sie sich meistens als »48er-Araber«, »Araber Israels«, »Araber in Israel«, »Araber von Innen« oder »Palästinenser mit israelischer Staatsbürgerschaft«.

Das Westjordanland entsteht

Die 21 Prozent des Landes unter jordanischer Kontrolle hatten mit 5 800 Quadratkilometern in etwa die Größe des Kantons Bern oder die doppelte Größe des Saarlandes. Im nördlichen Teil liegt das Gebirge Samarien, im südlichen das Gebirge Judäa. Manche beurteilen den Namen »Judäa und Samarien« als politisch, der Israels Anspruch auf die beiden Gebiete bestätigen soll, dabei sind es seit Jahrtausenden die hebräischen Namen dieser Landschaften, in der Bibel werden sie in allen Sprachen so genannt. Auch im UN-Teilungsplan heißen sie so und selbst die Araber haben früher die Bezeichnung Samara verwendet.

Noch im Krieg berief der jordanische König Abdallah den »Ersten palästinensischen Kongress« mit mehreren Tausend palästinensischen Vertretern. Sie legitimierten ihn dazu, das Palästinaproblem (das heißt Israels Staatsgründung) zu lösen. Im anschließenden »Jerichoer Kongress« erhielt er unter Beteiligung von über 2 000 palästinensischen Delegierten den Titel »König von Jordanien und Palästina«.

Nach Kriegsende lebten 800 000 Menschen im Gebiet unter jordanischer Kontrolle, fast 40 Prozent waren Flüchtlinge. Ein Palästinenserstaat auf nur 21 Prozent des Landes mit so vielen Flüchtlingen war weder für Jordanien noch für die Palästinenser eine Option. Ein baldiger Sieg gegen Israel erschien ebenfalls nicht reell.

Eine dritte Option musste her: der Anschluss an Jordanien. 1950 rief der König die Palästinenser dazu auf, sich an den jordanischen Parlamentswahlen zu beteiligen. Ihre Wahlbeteiligung war hoch. Die Hälfte der Sitze bekamen nun Palästinenser aus Judäa und Samarien, dies entsprach ihrem Anteil an der gesamtjordanischen Bevölkerung.

Im gleichen Jahr entschieden sich König und Parlament, das Gebiet zu annektieren und dessen Bevölkerung einzubürgern. Jordanien war der erste (und ist bis heute der einzige) arabische Staat, der Palästinenser grundsätzlich eingebürgert hat. International wurde die Annexion jedoch nicht anerkannt und auch die Arabische Liga verurteilte sie.

Bei der Annexion wurde der neue Verwaltungsname Ad-Dafa el-Gharbija eingeführt (»das westliche Ufer«). Im Deutschen wurde aus diesem Namen »Westjordanland«, im Englischen die »Westbank«. Der neue Name sollte die Zugehörigkeit beider Seiten des Jordans zueinander vermitteln und dadurch die jordanische Annexion legitimieren. Die viele Jahre später gegründete Palästinensische Autonomiebehörde versuchte, diesen Namen zu ändern, doch der neue Name blieb nur auf dem Papier. Heute nennen die Palästinenser das Gebiet meistens kurz Ad-Dafa (»das Ufer«). In diesem Buch verwende ich je nach Kontext »Judäa und Samarien« und »Westjordanland« synonym und apolitisch.

In den ersten zwei Jahrzehnten erlebte die Bevölkerung des Westjordanlandes wirtschaftliche Schwierigkeiten. Sie war von den Hafenstädten und Wirtschaftszentren des Landes abgeschnitten, die nun in Israel lagen. Die meisten fruchtbaren Gebiete des Landes befanden sich ebenfalls in Israel. Trotz einer hohen Geburtenrate schrumpfte die Bevölkerung durch Auswanderung im Durchschnitt um ein Prozent jährlich. Die jordanischen Investitionen waren gering, nur wenige Orte wurden beispielsweise an Wasserleitungen angeschlossen. Es war keine gezielte Benachteiligung, Jordanien war ein armes Land.

Der Gazastreifen entsteht

Im Krieg nahm Ägypten Gaza und seine Umgebung ein, das entspricht einem Prozent des Landes. Der Waffenstillstandsvertrag (mit einer Korrektur 1950) definiert den Gazastreifen bis heute. Es ist ein 6 bis 12 km breiter und 40 km langer Küstenstreifen. Vor 1948 lebten hier 70 000 Menschen, jetzt kamen 230 000 dazu. Drei Viertel der Bevölkerung waren Flüchtlinge! Anders als Jordanien annektierte Ägypten das Gebiet nicht und führte eine Militäradministration ein. Die Bewohner des Gazastreifens durften nicht einmal frei nach Ägypten einreisen. Die Bevölkerungsdichte, die geschlossenen Grenzen und der Verlust vieler Anbauflächen führten schnell zu Armut.

Die Entwicklungen im Gazastreifen und im Westjordanland liefen parallel. Am Tag des ersten palästinensischen Kongresses rief in Gaza eine Gruppe palästinensischer Politiker (»Ganz-Palästina-Regierung«) den Staat Palästina mit der Hauptstadt Jerusalem aus. Ihr Präsident war der aus dem Ausland zurückgekehrte Mufti. Der Kongress erklärte die Ganz-Palästina-Regierung für schädlich. Es sollte keine palästinensische Regierung geben, bevor das Land befreit sei, hieß es.

Aufbau

In seinem ersten Jahrzehnt bewältigte Israel große Aufgaben. Für die Einwanderermassen liefen Wohnungsbauprojekte im riesigen Ausmaß. Masterpläne wurden für einen gesamten Staat umgesetzt und zahlreiche Orte gegründet. Neue Infrastrukturen ermöglichten das Leben unzähliger Menschen in einem Land, dessen Kapazität für viel kleiner gehalten worden war. Eine neue Generation, Israelis von Geburt, kam zur Welt.

Bis heute betonen wir Israelis, wie herausragend der Aufbau verlief. Zwar waren es Spitzenleistungen, aber wir übersehen oft, dass der Aufbau auf den Ruinen einer anderen Nation geschah. 350 von 370 Orten, die in den ersten sechs Jahren gegründet wurden, lagen auf Ländereien ehemaliger arabischer Dörfer. 250 000 Israelis zogen in Wohnungen ein, die vorher Arabern gehört hatten. Dort, wo andere Dörfer zerstört worden waren, wurden Wälder gepflanzt. Im Prozess wurden die arabischen Ortsnamen durch hebräische, oft die alten biblischen Namen, ersetzt. Gleiches geschah mit Bergen, Bächen und Quellen. Die Landschaft wurde hebräisiert.

Kein Weg zurück

Flüchtlinge versuchten immer wieder, an ihren zurückgelassenen Besitz zu kommen. Die Israelis nannten es »Infiltration«. Was harmlos begann, wurde bald gefährlich. Ägypten organisierte Angriffe (Fedajin) und sein Präsident erklärte: »Es wird keinen Frieden an Israels Grenze geben, weil wir Rache fordern, und Rache ist die Zerstörung Israels.«[27] Insgesamt wurden mehr als eintausend Israelis bei diesen Aktionen ermordet.

1956 änderte sich vieles, als Israel im Bündnis mit Großbritannien und Frankreich die ägyptische Halbinsel Sinai mit dem Gazastreifen eroberte (Sinai-Feldzug). Nach zwei Monaten zog es wieder ab, aber den Angriffen setzte der Feldzug ein Ende.

In dieser Zeit besuchten israelische Journalisten zum ersten Mal Flüchtlingslager im Gazastreifen.[28] Sie berichteten, wie die Dörfer, die es nicht mehr gab, noch in der Erinnerung der Menschen existierten, und dass die Lagerabschnitte nach den Ursprungsorten der Familien benannt worden waren. Der Flüchtling Fatchi erkannte einige der Journalisten, weil sie früher ihre Fahrräder in Jaffa bei ihm hatten reparieren lassen. Alle wollten wissen, ob ihre Häuser noch stehen und ob es eine Chance gäbe, zurückzukehren. »Ihr wisst ja genau, wer die Randalierer waren und wer die Messer rausholte, wer hetzte und wer ermordete. Eure Aufklärung führt genaue Listen. Diese und nur diese sind an unserer Katastrophe schuldig. Sie sollten nachschauen und uns zurück zu euch kommen lassen. Wir werden gute und loyale Staatsbürger sein«, sagte Fatchi.

Fatah und PLO

Unweit des traditionellen Grabs des Propheten Habakuk führt ein Trampelpfad zum Zaun der nationalen Wasserleitung, aus der Israel bis zum Beginn des Entsalzungszeitalters sein Wasser bezogen hatte. Sie brachte Wasser vom See Genezareth bis in den Negev. Ich bin hergekommen, weil diese Leitung das Ziel des ersten Anschlags der Fatah war. Der Anschlag scheiterte, aber ein anderes Ziel hatte die Organisation trotzdem erreicht: Sie wurde berühmt.

Die Fatah begann mit einer kleinen Gruppe palästinensischer Studenten in Kairo, die einen Ausweg nach Israels Machtverfestigung im Sinai-Feldzug suchten. Einer von ihnen war Jassir Arafat. 1957 gründeten sie eine Bewegung zur Befreiung Palästinas, die Fatah. Das Land könne nur im Kampf befreit werden, auf die arabischen Staaten sei kein Verlass, so dachten sie.

In den ersten Jahren blieben die Gedanken eine Vision. Aber 1964 gründete die Arabische Liga die PLO (Palästinensische Befreiungsorganisation). Für die Fatah war die PLO ein Versuch der arabischen Staaten, den Kampf der Palästinenser zu kontrollieren. Daher war sie darauf angewiesen, schnell berühmt zu werden. Dies gelang. Bald nach dem Anschlagversuch konnte die Fatah die Führung der PLO übernehmen.

ZWANZIG ENTSCHEIDENDE JAHRE (1967–1987)

Sechstagekrieg

Kein Satz symbolisiert für Israelis den Sechstagekrieg mehr als: »Der Tempelberg ist in unserer Hand«, wie er im Militärfunk aufgenommen wurde. Während ich über den Tempelberg spaziere, stelle ich mir vor, wie sich es für die Soldaten damals angefühlt haben muss. Dann versetze ich mich in die Lage eines Palästinensers. Erinnerten sich manche von ihnen an die Hetzflyer, die 38 Jahre zuvor die zionistische Fahne über dem Felsendom dargestellt hatten?

1967 versuchte eine Gruppe arabischer Staaten, Israel einzunehmen. Ihre Absichten, Israel zu vernichten und die Juden zu töten, gaben sie wie schon 1948 bekannt. Als schwere Kriegsapparate in Richtung Israel rückten, lähmte die Israelis Todesangst. Durch eine brillante Kriegstaktik verwandelte sich die Bedrohung jedoch in die erfolgreichste militärische Operation der Moderne. In sechs Tagen hatte Israel seine Fläche verdreifacht. Über die UN garantierte Israel dem jordanischen König, seine Gebiete nicht anzugreifen, solange er nicht das Feuer eröffnete. Die größte Angst hatte Israel vor jordanischen Angriffen, da sie die israelischen Ballungsräume direkt erreichen würden. Jordanien eröffnete das Feuer trotzdem und verlor daraufhin alle Gebiete im Land. Seine Armee zog sich hinter den Jordan zurück, so wie es vor 1948 gewesen war. Im Süden eroberte Israel den Gazastreifen. Zum ersten Mal war das ganze Land unter israelischer Kontrolle. Zudem nahm Israel von Ägypten den Sinai und von Syrien den Golan ein.

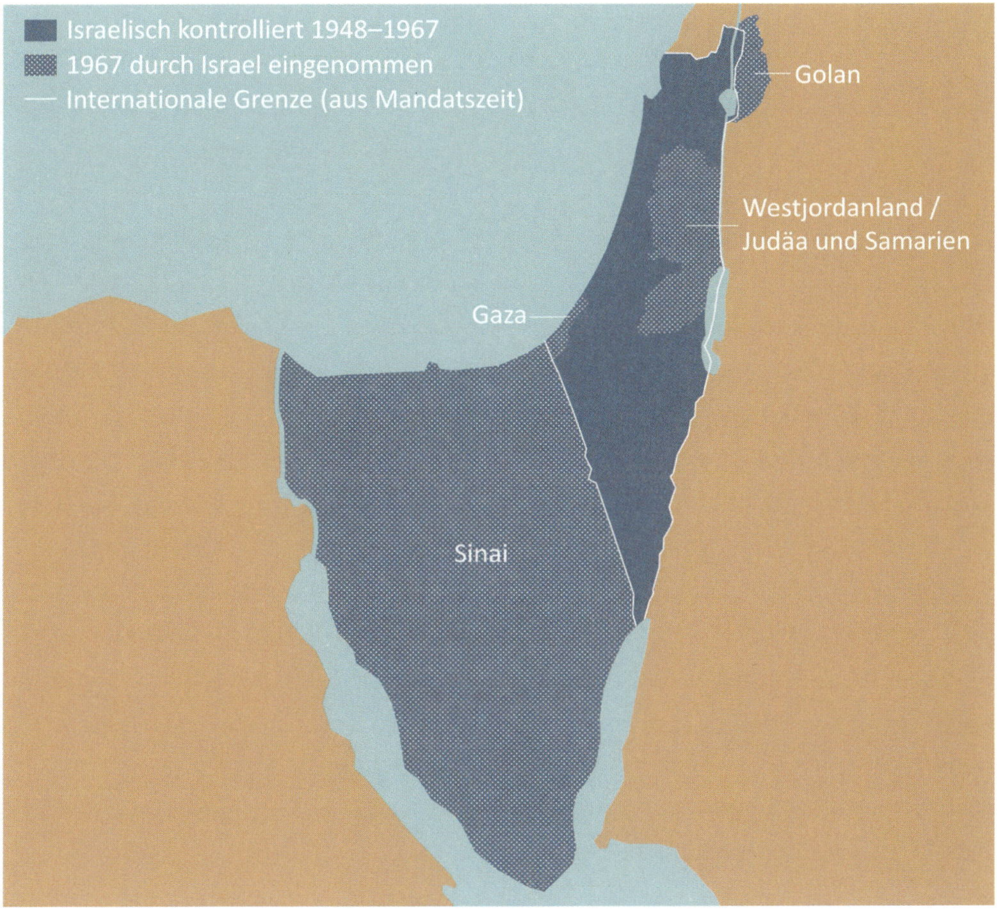

Die Ergebnisse von 1967

Die arabische Niederlage war größer denn je. Im sudanesischen Khartum formulierten die Führer acht arabischer Staaten ihre berühmten »Drei Nein«: Nein zum Frieden mit Israel, Nein zu seiner Anerkennung, Nein zur Verhandlung mit Israel.

Euphorie und Romantik

Die israelische Angst verwandelte sich in Euphorie und Neugier. Massenweise strömten Israelis in Autos in die eingenommenen Gebiete, um sie zu entdecken oder wiederzuentdecken.

Als Landschaften der Bibel hatten Judäa und Samarien eine besondere Anziehungskraft mit Jerusalem an der Spitze. Religiöse wie Säkulare erkundeten die heiligen Stätten, die seit 1948 unzugänglich gewesen waren: die Klagemauer, der Ölberg, die Gräber der Erzväter, Rahels und Josephs. Biblische Ausgrabungsstätten waren der Hit. In Amerika und Europa sangen die Hippies Lieder von den Beatles. Unsere Hippies sangen über Hesekiel – mit E-Gitarre. Die Renaissance des biblischen Landes und das Siegeswunder brachten auch den ersten Touristenstrom aus dem Ausland.

Viele Israelis waren vom »arabischen Charme« in den »unberührten Gebieten« bezaubert. Arabische Restaurants wurden zur ersten Wahl, arabische Elemente in die Popmusik integriert, orientalische Muster fehlten in keiner Frauenmode. Hummus aus Ramallah und exotische Souvenirs aus Sichem waren übliche Mitbringsel vom Wochenendausflug.

Für die israelischen Araber war die Trennung von ihren Volksgenossen auf einmal beendet. Familien konnten einander wiedersehen. Nach 19 Jahren konnten sie wieder auf dem Tempelberg beten.

Was tun mit Land und Leuten?

In den Tagen nach dem Krieg liefen in der Knesset Diskussionen über die Zukunft der gewonnenen Gebiete. Der Sinai und der Golan sollten den Nachbarstaaten für Friedensverträge angeboten werden, Judäa, Samarien und Gaza hingegen nicht. Der Gazastreifen sollte zu Israel gehören, für Judäa und Samarien sollte in erhoffter Kooperation mit Jordanien eine Sonderregelung gefunden werden.

In Judäa und Samarien lebten damals 700 000 Menschen, im Gazastreifen 356 000. Über eine Million Palästinenser waren nun unter israelischer Kontrolle, fast doppelt so viele wie israelische Araber vor dem Krieg. Was wollte Israel mit ihnen machen? Ihre Einbürgerung würde den jüdischen Anteil auf 50 Prozent zurücksetzen, die höhere Geburtenrate in der Zukunft eine arabische Mehrheit sichern. Premier Eschkol suchte einen Weg, dieser Entwicklung auszuweichen. Für Verteidigungsminister Mosche Dajan kam die Vergabe des Knesset-Wahlrechts an Palästinenser nicht infrage. Stattdessen schlug er eine Militäradministration und den Aufbau einer lokalen Führung vor. Der Politiker Menachem Begin plädierte für die Annexion. In seiner Vision sah er einen Staat, in dem alle Menschen gleichberechtigte Staatsbürger sind. Angst vor einer größeren arabischen Minderheit hatte er keine, vor einem palästinensischen Staat aber schon.

Dajans Linie wurde zur Regierungspolitik. Schnell baute Israel eine Militäradministration auf. Diese stellte den Palästinensern Ausweise aus, nahm ihre Bauanträge entgegen und baute die Infrastruktur.

1981 wollte Verteidigungsminister Scharon die Armee entlasten und die Dienstleistungen an die palästinensische Bevölkerung verbessern. Daher führte er die Ziviladministration ein. Sie blieb dem Verteidigungsministerium unterstellt, beschäftigte aber anstatt Soldaten Fachleute in den Ämtern für Arbeit, Soziales, Kommunikation, Verkehr, Energie, Wasser, Landwirtschaft, Archäologie, Umwelt, Kataster, Vermessung und Naturschutz. Bis heute ist das Israels Verwaltungsapparat in Judäa und Samarien.

Ostjerusalem wird annektiert

Trotz Verkehrslärm bleibe ich in dieser Straßenbahnstation etwas länger sitzen. Ein paar Meter weiter unten stand das Mandelbaumtor, bis 1967 der einzige Übergang zwischen dem israelischen und dem jordanischen Jerusalem. Ich suche die

Gebäude aus den alten Aufnahmen, entdecke aber nur eins. Die anderen wurden abgerissen, als die innerstädtische Grenze fiel. Ich stelle mir vor, wie es war, als nur Diplomaten und Pilger zu Weihnachten dieses Tor passieren durften, aber meine Vorstellungskraft reicht nicht.

Jerusalem und Umgebung heute

Israel hat von Judäa und Samarien nur Jerusalem annektiert. Schon 1967 erklärte es alle Stadtteile mit einigen Dörfern zum Vereinten Jerusalem. Das annektierte Gebiet nennt man bis heute »Ostjerusalem«, aber der Name täuscht, denn in Ostjerusalem liegen auch der Norden und der Süden der Stadt. 1967 lebten 70 000 Menschen im annektierten Gebiet, 27 Prozent der Bevölkerung der vereinten

Stadt. Sie bekamen den Einwohnerstatus, so etwas wie eine unbefristete Aufenthaltsbewilligung. Damit hatten sie alle Rechte und Pflichten mit zwei Ausnahmen: Sie konnten nicht zur Knesset wählen und mussten nicht zum Militär. Wer die Staatsbürgerschaft wollte, konnte sie beantragen. In dieser Rechtslage leben die Ostjerusalemer bis heute.

Für die Juden war die Annexion die Befreiung der Stadt, für die Araber eine andere Form der Besatzung. Die meisten Staaten erkannten die Annexion nicht an. Dennoch entwickelten sich die Beziehungen zwischen den jüdischen und den arabischen Einwohnern Jerusalems rasch wieder, hauptsächlich in der Wirtschaft. Die gemeinsamen Infrastrukturen waren ein Katalysator der Kontakte.

Bald nach dem Krieg baute Israel neue jüdische Stadtteile im annektierten Gebiet, die eine spätere Teilung unmöglich machen sollten.

Vor 1967 galt Jerusalem unter Israelis als wenig attraktiver Wohnort, denn die provinzielle Stadt lag in einer gefährlichen Grenzsackgasse. Doch nun wurde die Altstadt restauriert, Infrastrukturen entstanden, neue Stadtteile sprossen überall. Die Bevölkerung wuchs stark, Juden wie Araber.

Der Allon-Plan

Hoch über dem Jordantal bietet die Allon-Straße atemberaubende Ausblicke in die kaum besiedelte Steppenlandschaft. An einem Aussichtspunkt zwischen zwei Olivenbäumen genieße ich die Weite, die Wildnis und die Luft, bevor ich meinen Standort in der Landkarte suche.

Die Straße ist bedeutender, als man denkt. Sie trägt den Namen des Spitzenpolitikers, der den ersten Plan für die Zukunft der 67er-Gebiete vorlegte. Die besiedelten Gegenden des Westjordanlands sollten den Palästinensern überlassen werden. Ob sie sich autonom regieren oder zu Jordanien gehören wollten, sollten sie selbst entscheiden. Dünn besiedelte und strategische Gebiete sollte Israel annektieren. Dort würde Israel die Palästinenser einbürgern. Die Straße wurde entlang der angedachten Naht gebaut. Was unterhalb lag, sollte annektiert werden.

Allon sprach sich gegen Besatzung und für besser verteidigbare Grenzen aus. Kurz zusammengefasst lautete seine Idee: Maximum Land, Minimum Araber. Formal wurde der Plan nie angenommen, aber er bestimmte Israels Politik bis 1977.

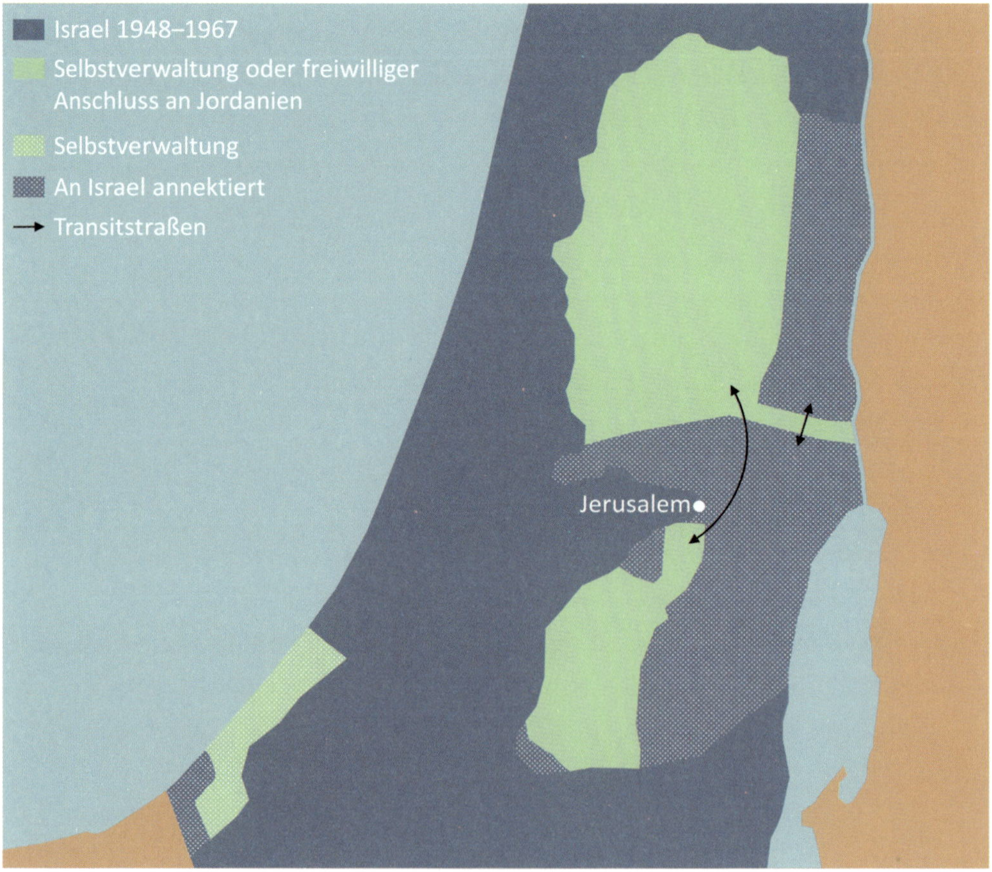

Allon-Plan

Die ersten Siedlungen

Im modernisierten Besucherzentrum im Kibbuz Kfar Etzion endet gerade ein Film. Dann geht das Licht in der Grube an, in der 130 Gefangene mit Schüssen und Sprengstoff getötet wurden, einen Tag vor der Staatsgründung. Ich wollte die erste Siedlung im 67er-Gebiet sehen, aber ihre Geschichte hat mich zurück nach 1948 geworfen. Kfar Etzion existierte vor dem Staat Israel und fiel unter jordanische Herrschaft. 1967 gingen die Witwen mit ihren inzwischen erwachsenen Kindern zum Premier und verlangten die Erlaubnis, in ihren Kibbuz zurückzukehren. Darauf gab Eshkol seine berühmte Antwort: »Nu, Kinderlach, wenn ihr hinaufsteigen wollt, steigt hinauf.« Das taten sie.

Auch der Kibbuz Kalia am Toten Meer war vor 1948 entstanden und wurde 1968 wiederaufgebaut. Mit viel Druck auf die Regierung durften aus Hebron vertriebene Juden die jüdische Gemeinde der Stadt erneuern. Im Gazastreifen wurde ebenfalls eine Siedlung wieder gegründet, die es vor 1948 gegeben hatte.

Wie die ersten Tropfen den Regen verkündeten die ersten Siedlungen einen immer stärker werdenden Siedlungsbau. Bis 1977 wurden knapp dreißig Siedlungen gegründet, alle in Gebieten, die der Allon-Plan zur Annexion bestimmt hatte.

In denselben Jahren brachte der für den Gazastreifen zuständige Militär Ariel Scharon seinen »Fünf-Finger-Plan« voran, unterstützt von mehreren Ministern. Jeder »Finger« war ein Siedlungsblock, der die arabische Siedlungskontinuität unterbrechen sollte. Viele der ersten Siedlungen wurden durch die Sondereinheit des Militärs Nachal als Stützpunkt gegründet und später in einen zivilen Ort verwandelt.

König Hussein im Zickzack

Die Allenby-Brücke über dem Jordan ist nicht weit. Dieses Mal bin ich auf der jordanischen Seite. An einer Straßenkreuzung besuche ich das »Denkmal des unbekannten Soldaten«. Auf einem Panzer und zwei anderen Militärfahrzeugen sind die israelischen Kennzeichen gut zu sehen. Das israelische Militär hat sie 1968 bei einer Jagd auf die Fatah hier verloren. Ich möchte mir die Beziehung zwischen Jordanien und der PLO in den 20 Jahren nach 1967 anschauen und komme zu dem Schluss: Sie war entscheidend und ähnelte einer Achterbahnfahrt.

Ab 1967 nutzten palästinensische Organisationen jordanisches Gebiet als Ausgangspunkt für Angriffe auf Israel. Nach ihrem Mordversuch am König und Flugzeugentführungen entschied der König sich für einen Militärschlag. Israelische Jets hielten syrische Panzer davon ab, die Fatah zu unterstützen. Mehrere Tausend palästinensische Kämpfer kamen im jordanischen Feuer um.

In der palästinensischen Chronik heißt der September 1970 »Schwarzer September«. Die Fatah verließ Jordanien und erklärte es zu einem Teil Palästinas. Zwei Jahre später versuchte der König, das Westjordanland durch eine jordanisch-palästinensische Föderation wiederzuerlangen, die PLO lehnte jedoch sofort ab und rief zu seiner Absetzung auf. 1983 überraschten König Hussein und Arafat mit ihrer Versöhnung und der Ankündigung einer gemeinsamen Konföderation, aber dann zog sich Arafat zurück. Wütend wechselte der König seinen Kurs und unterschrieb 1987 das geheime »London-Abkommen« mit Israels Außenminister Peres. Das Westjordanland würde autonom verwaltet werden und Jordanien gehören. Als Peres Premier Schamir den Entwurf nicht zeigen wollte, torpedierte dieser den Plan.

Die Wende vom Jom-Kippur-Krieg

Der Jom-Kippur-Krieg (1973) war der dritte Krieg arabischer Staaten gegen Israel. Er traf das Land unvorbereitet, doch Israel konnte sich verteidigen. Ägypten erzielte die Rückeroberung des Sinai, Syrien die des Golan.[29] Der jordanische König hielt sich diesmal raus und warnte, Israel sei unbesiegbar.

1948 und 1967 hatten diese Länder Israel vernichten wollen, 1973 wollten sie nur ihre Gebiete zurückerobern. Diesen gravierenden Unterschied darf man nicht übersehen. Aus dem ethnischen Konflikt zwischen den Juden und Arabern des Landes war für die Nachbarstaaten ein Grenzstreit geworden. Die Palästinenser blieben ohne Unterstützung zurück.

Aber auch innerhalb Israels eröffnete der Jom-Kippur-Krieg ein neues Kapitel. Wenn die Nachbarländer nur Gebiete beanspruchen und Israels Existenz akzeptieren würden, würden die Chancen für Landabgaben wachsen. Für manche bedeutete dies eine Gefahr. Sie fürchteten israelische Verzichte auf die biblisch bedeutenden Gebiete Judäa und Samarien samt Jerusalem und wollten schnell handeln. Ihr Prinzip lautete wie das der frühen Zionisten: Wo Juden leben, wird das Land jüdisch. So wurde die neue Siedlerbewegung Gusch Emunim (»Getreuen-Block«) geboren. Siedlungsbau war für sie eine Glaubenssache, aber auch unter Säkularen fand sie Begeisterung.

Anfangs schlug der Gusch Emunim Zelte in der Nähe der biblischen Stadt Sichem (Nablus) auf und forderte eine Bleibegenehmigung. Prominente Politiker waren dabei: Begin, Scharon und Olmert. Das Militär räumte das Lager mehrfach, doch dann genehmigte Verteidigungsminister Peres den Aktivisten, in einer verlassenen jordanischen Kaserne zu übernachten. Daraus wuchs die erste Siedlung außerhalb des Allon-Plans (Ofra). Bald durfte die Bewegung eine andere verlassene jordanische Kaserne und eine alte Polizeistation bewohnen. Daraus wuchsen Kdumim und Elkana.

Premier Rabin war nicht begeistert. Nachträglich nannte er Kdumim »verschissener Ort« und »aufgeblasener Furz«. Für den Gusch Emunim war Begins Sieg in den Wahlen von 1977 ein Segen. Dutzende Siedlungen wurden gegründet.

Die vermutete Wende der arabischen Länder bestätigte sich. Ägypten schloss Frieden mit Israel und bekam den Sinai zurück, auf den Gazastreifen bestand es nicht. Im Vertrag (Camp David) wurde die palästinensische Selbstverwaltung – von einem Staat war nicht die Rede – als künftige Lösung formuliert. Damit trennte der erste arabische Staat die Palästinenserfrage von seiner Außenpolitik. Für die Palästinenser muss es wie ein Messerstich gewesen sein.

Bergrücken-, Komfort- und ultraorthodoxe Siedlungen

1979 genehmigte die Regierung den Siedlungsplan des Ministers Scharon. Städte sollten auf den Bergrücken Judäas und Samariens entstehen und die Ballungsräume der Küstenebene schützen. Die bekannteste ist Ariel.

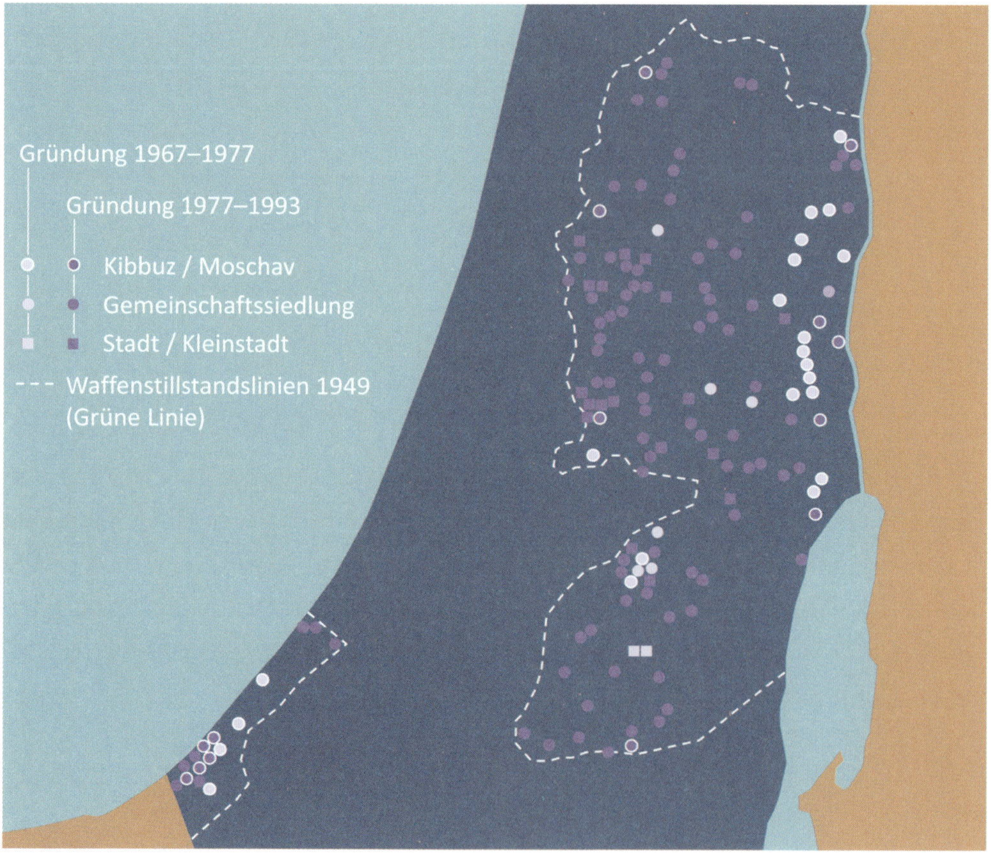

Siedlungen

Bald wurden mehrere Siedlungen gegründet, die ein neues Siedlerprofil anzogen: Gemeinschaftssiedlungen, das sind Wohnungsbaugenossenschaften im Ausmaß einer gesamten Ortschaft. Diese lagen meistens unmittelbar an der Grünen Linie und das Leben im Einfamilienhaus in einem überschaubaren Ort mit reichem Sozialleben für viele attraktiv. Die neuen Siedler bekamen daher den Namen »Komfortsiedler«.

Im selben Jahrzehnt gründeten Privatinitiativen drei Siedlungen für eine völlig andere Bevölkerung: ultraorthodoxe Juden.

Die vergessene Friedensinitiative

Kaum jemand erinnert sich daran, dass Ende der 70er-Jahre im Westjordanland die »Dorfvereinigungen« auftauchten.

Ihre »Demokratische Bewegung zum Frieden« wollte die palästinensische Selbstverwaltung im Sinne der Camp-David-Vision voranbringen. Sie wollten Israel anerkennen und auf das Rückkehrrecht der Flüchtlinge verzichten. Bei 70 000 Mitgliedern [30] war das keine kleine Sache.

Die PLO erklärte sie jedoch zu Verrätern, Aktivisten wurden ermordet und Korruptionsaffären schädigten ihr Image. Israelische Linke sahen in der PLO den einzigen Vertreter der Palästinenser, für Rechte waren sie eine Gefahr, die zu Landabgabe führen konnte. Die Militäradministration verbot sie schließlich und die Vereinigungen bröckelten auseinander.

Libanesischer Schlamm

Die Sicht ist heute so klar, dass man bis Tyros sehen kann. Zwischen mir und der Stadt am Mittelmeer liegt der gesamte Südlibanon. Ich überblicke das Gebiet, das unfreiwillig in unseren Konflikt gezogen wurde. Anhand der Tafel kann ich die einstigen Stützpunkte erkennen, deren Namen früher jeder Israeli kannte.

In diesem Gebiet ließ sich die PLO nach dem Schwarzen September nieder, was einer der Auslöser des libanesischen Bürgerkriegs war. Von hier aus schoss sie Raketen auf Israel. Mehrfach konnten ihre Kämpfer eindringen und Israelis ermorden. Irgendwann entschied sich die Regierung für den Einmarsch (1982). Die Operation entwickelte sich zum Ersten Libanonkrieg. Arafat und die PLO flüchteten nach Tunis in ein 5-Sterne-Hotel. Mit libanesischen Christen und Drusen alliiert schuf Israel einen Sicherheitsstreifen entlang der Grenze. 150 000 Libanesen lebten in ihm. Siedlungsbau war hier nie ein Thema. Auf dieses Gebiet hatte Israel nie einen Anspruch und israelische Zivilisten durften den Streifen nicht mal besuchen. Libanesen hingegen arbeiteten, besuchten Krankenhäuser und Heiligtümer in Israel.

Der Aufenthalt im Südlibanon war gefährlich. Bei jeder Fahrt rechnete man mit Hinterhalten und Sprengstofffallen der neu entstandenen Hisbollah. In Israel nannte man die gefährliche Lage, in die es immer weiter versank, »libanesischer Schlamm«.

US-Präsident Reagan forderte, Israel solle abziehen, dafür würden die USA Jordanien zur palästinensischen Selbstverwaltung verhelfen und die arabischen Staaten Frieden mit Israel schließen. Begin wollte eine längere Ruhephase abwarten und der palästinensische Nationalrat lehnte den Plan ab.

Verwachsen

Rückblickend lässt sich sagen: Die Jahre zwischen 1967 bis 1987 haben die Realität unumkehrbar geprägt. Die Samen für das Verwachsen der Israelis und der Palästinenser wurden gelegt. Auch wenn es 1987 erst 50 000 Siedler gab, nur 1 Prozent der Israelis, waren diese zwei Jahrzehnte die Geburtsstunde der meisten Siedlungen. Die wirtschaftliche Entwicklung war aber noch entscheidender. Palästinenser konnten ziemlich frei ins 48er-Gebiet kommen. Die meisten arbeiteten in Israel.[31] Kaum ein Kibbuz, ein landwirtschaftlicher Betrieb, eine Baufirma, ein

Restaurant oder eine Stadtreinigung kam ohne palästinensische Arbeiter aus. Beide Seiten entwickelten eine wirtschaftliche Abhängigkeit voneinander.

Die palästinensische Wirtschaft ging steil bergauf. Ihr BIP erreichte Rekordzahlen, die Arbeitslosigkeit Tiefstwerte. Die meisten palästinensischen Universitäten wurden in dieser Zeit gegründet. Wirtschaftlich ging es den Palästinensern besser als dem durchschnittlichen Einwohner der Nachbarländer. Die Auswanderung ebbte ab, die Kindersterblichkeit ging zurück, es gab einen Bevölkerungsboom.

EXPERIMENTIEREN UND SCHEITERN (seit 1987)

Nach den beiden eher ruhigen Jahrzehnten begann eine turbulentere Zeit. Die Palästinenser änderten mehrmals ihre Route, worauf Israel unterschiedlich reagierte. In diesem erzwungenen Tangotanz trat man sich immer wieder schmerzhaft auf die Füße.

Der Weg des bewaffneten Kampfes

Für den Ausbruch der Gewalt von 1987 gab es mehrere Gründe. Wirtschaftlich ging es den Palästinensern vielleicht besser als den Arabern in den benachbarten Ländern, aber sie verglichen sich nicht mit diesen, sondern mit den Israelis, und im Vergleich zu ihnen waren sie bitterarm. Selbst die jungen palästinensischen Akademiker bekamen nur die einfachsten Jobs in Israel angeboten. Ohne Aussichten auf Selbstbestimmung oder volle Bürgerrechte wuchs die Frustration. Die neue Generation kannte nichts anderes, als unter Militärbesatzung zu leben. Diese Generation war der Motor des Volksaufstands, der Intifada (»Abschüttelung«).

Auslöser war ein Verkehrsunfall bei Gaza, bei dem ein israelischer Lkw den Tod von vier Palästinensern verursachte.[32] Wie ein Brand im Dornenfeld entfachte dies Krawalle in vielen palästinensischen Orten. Die PLO schmückte sich zwar mit den Federn, aber die Intifada hatte spontan angefangen. Händler stoppten Steuerzahlungen, der Kollaboration mit Israel Verdächtigte wurden ermordet. Dann militarisierten die Fatah und die junge Organisation Islamischer Dschihad die Intifada mit Schusswaffen, Sprengstoff und Handgranaten. Nach der israelischen Schockstarre wurde viel Militär in die Städte entsandt. Es gab Ausgangssperren, Verhaftungen, Häuserversiegelungen und -abrisse.

König Hussein bewegte die Intifada zum Schlussstrich. Er erklärte das Ende der jordanischen Affinität zum Westjordanland, obwohl dort die Palästinenser die jordanische Staatsbürgerschaft hatten. Ausgebürgert wurde keiner, aber neue Pässe wurden nicht mehr ausgestellt. Alle Gehaltszahlungen von Beamten hörten schlagartig auf. Von ihrem Sitz in Tunis aus rief die PLO den Staat Palästina aus. Keiner erklärte jemals das Ende der Intifada, sie klang einfach nach und nach aus.

Die Intifada war das erste Mal seit 1948, dass sich die Palästinenser für den gewaltsamen Weg entschieden. Die jordanische Option (Wiederanschluss an Jordanien) fiel damit vom Tisch. Unter israelischen Arabern und Ostjerusalemern blieb es während der Intifada insgesamt friedlich. Dies vertiefte die Kluft zwischen ihnen und den Palästinensern in den 67er-Gebieten noch mehr.

Die wichtigsten palästinensischen Organisationen

Die Fatah war und ist eine eher säkulare Bewegung. Nationalismus ist ihr Motor. Lange saß sie allein am palästinensischen Steuer.

Inspiriert von links-militanten Revolutionären, insbesondere von Che Guevara, entstand in den 50er-Jahren die Volksfront zur Befreiung Palästinas. Für sie ist die Vernichtung Israels keine religiöse oder nationale Frage, sondern Teil des Kampfes im gesamten arabischen Raum gegen den westlichen Kapitalismus.

Gestärkt durch die islamische Revolution im Iran wurde in den 80er-Jahren der Islamische Dschihad gegründet. Sein Ziel ist die Befreiung des gesamten Landes (samt 48er-Gebiete) und die Errichtung des Scharia-Staates Palästina. Die Religion ist sein Weg zum nationalen Ziel.

Während der Intifada machte sich ein Ableger der Muslimbrüder selbstständig: die Hamas. Ironischerweise unterstützte Israel die Hamas anfänglich, weil es die Bewegung, die sich damals auf Wohlfahrt konzentrierte, für eine mögliche Alternative zur Fatah hielt. Verzögert entschloss sich die Hamas, dem Kampf beizutreten.

Ein Palästinenserstaat ist nicht ihre oberste Priorität, Teil eines großen Kalifats zu sein, würde sie zufriedenstellen. Seit ihrer Gründung versucht sie, die traditionelle Führungsposition der Fatah zu erben.

Während die Fatah und die Hamas Volksbewegungen geworden sind, sind die anderen kleine Organisationen am Rande der palästinensischen Gesellschaft geblieben.

Kursänderung zum diplomatischen Weg

Der Golfkrieg mischte die Karten neu. Die arabischen Staaten und die Lokalführung der Palästinenser saßen mit Israel am Verhandlungstisch (Madrider Konferenz), ohne Arafat. Dass er Saddam Hussein unterstützte, hatte ihn völlig isoliert. Daher versuchte er es nun mit Diplomatie. Heimlich nahm er Kontakt zum israelischen Oppositionsvorsitzenden Peres auf. Zusammen umgingen sie die offiziellen Gespräche und traten mit dem Durchbruch auf: Oslo.

Wenn Israelis und Palästinenser Oslo hören, denken sie nicht an die norwegische Hauptstadt, sondern an die Friedensverträge der 90er-Jahre. Der erste Vertrag (Oslo I) wurde 1993 in Oslo ausgearbeitet, daher der Name. Israel erkannte die PLO als Vertreterin der Palästinenser an, die PLO verpflichtete sich zur Anerkennung des Existenzrechts Israels und zum Verzicht auf Gewalt. Zusammen zeugten sie ein gemeinsames Kind: die Palästinensische Autonomiebehörde (PA). Diese sollte das Leben der Palästinenser im 67er-Land regeln (Steuern, Polizei, Schulen, Parlament usw.). Für die Außengrenzen und die Sicherheit der Siedler blieb Israel zuständig. Fünf Jahre lang sollte es diese Regelung geben, bis ein Endvertrag vereinbart würde. Aus den fünf Jahren werden bald dreißig, bis heute wurde kein Endvertrag erreicht.

Die meisten freuten sich über den Durchbruch, aber nicht alle. Israels Generalstabschef sah ein Sicherheitsrisiko. Aus der palästinensischen Lokalpolitik kamen Warnungen vor Blut, Korruption und Vetternwirtschaft, die Arafat mitbringen würde.[33] König Hussein warnte, Israel mache Geschäfte mit dem schlimmsten Mann.[34] Der Islamische Dschihad und die Hamas erschütterten die Öffentlichkeit mit den ersten Selbstmordanschlägen. Ein Israeli erschoss Muslime im Patriarchengrab. Die Extremisten wollten Oslo stoppen. In der Intifada wurden 84 Israelis getötet, in den ersten drei Oslo-Jahren 197. »Was haben wir dann vom angeblichen Frieden?«, fragten sich viele.

Aber nach Oslo I gab es weitere Verträge. Obwohl die Auslands-PLO die Wirtschaftsbeziehung zu Israel beenden wollte, bestanden palästinensische Geschäftsleute auf dem Zugang zum israelischen Markt. Die Verzollung über Israel wurde vereinbart (Pariser Protokoll). Bald kam der Vertrag zur ersten Landübergabe (»Kairoer Vertrag«): Gaza und Jericho wurden erste Autonomiestädte. 1 400 palästinensische Häftlinge wurden freigelassen, darunter viele nationalistische Mörder. Arafat kam nach Gaza. Wenn Oslo I der Kompass im politischen Schiff war, war Oslo II (1995) die Karte. Der neue Vertrag machte das 67er-Land zum Flickenteppich mit drei Kategorien: A, B, C. A-Zonen sind vollautonom (palästinensische Verwaltung und Sicherheit), B-Zonen sind teilautonom (palästinensische Verwaltung, israelische Sicherheit) und C-Zonen blieben unter voller israelischer Kontrolle.

Für die A-Zonen wurden 10 000 palästinensische Polizisten einberufen und mit Kalaschnikows ausgerüstet. Vor der Knesset versprach Rabin ein palästinensisches politisches Wesen, das weniger als ein Staat ist, ohne zur Grünen Linie zurückzukehren und ohne Jerusalem zu teilen. Dennoch waren die Landabgabe und das Risiko für viele zu hoch. Es gab große Pro- und Kontra-Demos. Auf einer von ihnen wurde Rabin von einem Rechtsradikalen erschossen, der Oslo stoppen wollte.

Gelegentlich hört man, er hätte es geschafft, aber nach Rabin übernahm Peres das Premiersamt. Er war es, der Oslo II umsetzte. Und auch der nächste Premier Benjamin Netanjahu blieb Oslo verpflichtet und übergab Hebron. Allerdings stellte er eine neue Bedingung, die er immer wieder öffentlich wiederholte: »Geben sie, bekommen sie – geben sie nicht, bekommen sie nicht.« Damit koppelte er weitere Landabgaben an Leistungen der PA. Sie sollte den Terror bekämpfen und die Aufstachelung zum Hass in Schulen und Medien stoppen, was die PA jedoch gänzlich ablehnte.

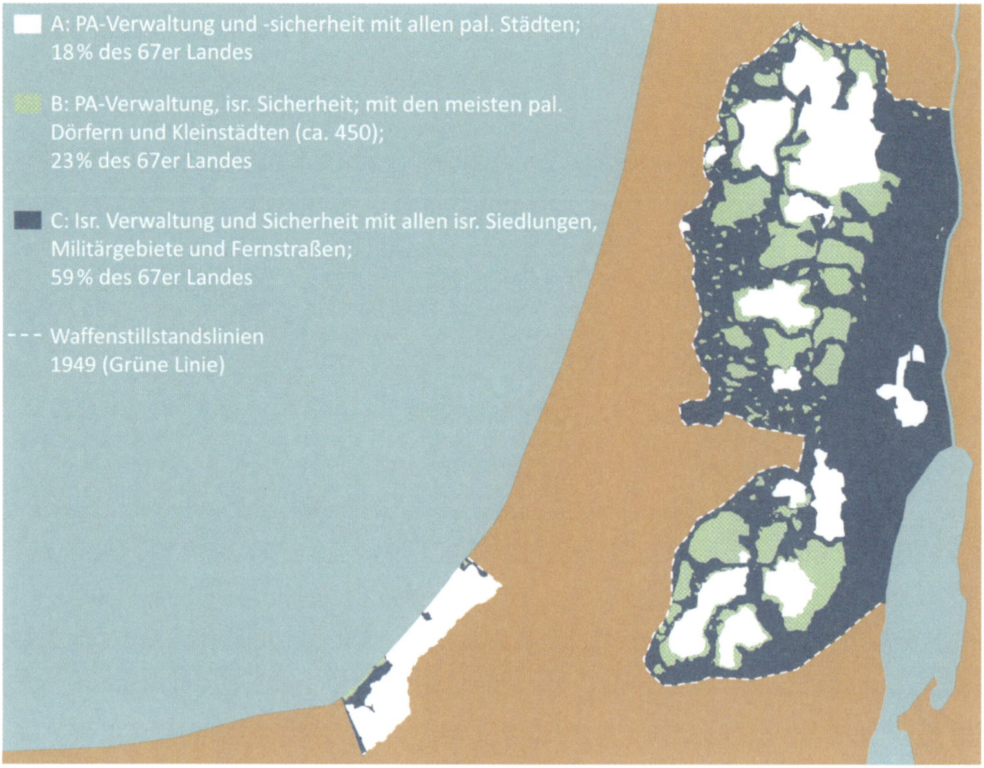

Oslo II (1995)

Frieden als Zwischenschritt

Als ein Friedensnobelpreis für Oslo angekündigt wurde, sagte man in Israel zynisch, Arafat würde mit dem Revolver zur Abholung kommen. Die Pistole hatte er vielleicht in der Militäruniformtasche versteckt, seine Absichten aber nicht. Tage vor der Unterzeichnung von Oslo I sagte Arafat in seiner Rede im jordanischen Fernsehen, Oslo sei ein Teil des Zehn-Schritte-Programms. Dieses PLO-Programm[35] bevorzugt den bewaffneten Kampf, legitimiert aber die Diplomatie als Zwischenschritt bis zum Palästinenserstaat und zur Rückkehr aller Flüchtlinge in ihre früheren Häuser. Arafats Frieden war für ihn ein Zwischenschritt, kein Ziel.

Wenige Monate später forderte er in Johannesburg die islamische Nation auf, zu kämpfen und »den Dschihad für die Befreiung Jerusalems« zu beginnen. »Dieser Vertrag ist für mich nicht mehr als der, der zwischen dem Propheten Mohammed und dem Quraisch-Stamm unterzeichnet wurde«, machte Arafat deutlich.[36] Er bezog sich dabei auf den Hudaibiya-Waffenstillstandsvertrag, den Mohammed mit Mekka unterschrieben hatte.[37] Der Vertrag verhinderte die Hilfe der Mekkaner an die mit ihnen verbündeten Juden von Chaibar, was Mohammed den Sieg über diese ermöglichte. Anschließend erklärte er den Vertrag für vorzeitig beendet und überfiel Mekka.

Als ein neuer Tunnelausgang von den Ausgrabungen an der Fortsetzung der Klagemauer zur Via Dolorosa eröffnet werden sollte, rief Arafat mit Koranzitaten zu Gewalt auf. Die kürzlich ausgerüsteten palästinensischen Polizisten schossen auf israelische Kollegen, 17 Israelis und mehrere Dutzend Palästinenser wurden getötet. Nach einem Telefonat mit Netanjahu gab Arafat den Befehl, nicht mehr zu schießen. Bald unterzeichneten die beiden zwei weitere Verträge (Hebron- und Wye-Vertrag).

Baraks gescheiterter Palästinenserstaat

Der neue israelische Premier Ehud Barak setzte die Landabgaben fort. US-Präsident Clinton lud ihn und Arafat nach Camp David ein. Verlassen sollten sie die Erholungsanlage nur mit einem Endvertrag. Barak machte das großzügigste Angebot seit der Staatsgründung, doch dieses reichte nicht.

Baraks Angebot (Camp David 2000)

Arafat verlangte das Rückkehrrecht für alle Flüchtlinge und deren Nachkommen nach Israel, zur Zeit der Verhandlung vier Millionen Menschen. Barak machte seine berühmte Aussage, die bald israelischer Konsens wurde: »Es gibt keinen Partner.« Clinton und der saudische Prinz warfen den Palästinensern ebenfalls vor, ohne aufrichtige Absichten gekommen zu sein.[38]

Der palästinensische Spitzenpolitiker Saeb Erekat meinte dazu: »Baraks Problem ist, dass er das Alleinrecht auf das ganze Wissen zu haben meint. Ob die Parteien bereit zur Konferenz sind oder nicht, entscheidet er. Am Ende beschuldigt er die Palästinenser. Aus meiner Sicht ist er der Mann, der den Friedensprozess zerschlagen hat.«[39]

Israelischen Journalisten und Politikern sagte Arafat vor seiner Abreise, er verstehe nicht, wozu die Gespräche nötig seien.[40] Arafat wollte zu den Gesprächen gar nicht kommen.

Ein Ja zum bewaffneten Kampf

Zwei Monate später brach eine furchtbare Welle von Anschlägen aus. Sie bekam den Namen »Zweite Intifada«. Oft hört man, Scharons Besuch auf dem Tempelberg sei der Grund für den Ausbruch gewesen. Ein genauer Blick zeigt einen komplexeren Hintergrund.

Drei Wochen vorher hatte das Forschungsinstitut Palestinian Media Watch gewarnt, dass in palästinensischen Medien die Atmosphäre eines Kriegs-Vorabends geschaffen werde. Antiisraelische Gewaltinhalte wurden von fünf bis zehn Minuten am Tag auf eine bis zwei Stunden erhöht. Die Gewalt in den Beiträgen wurde extremer und war von Aufrufen zum Aufstand begleitet. Aufnahmen aus der Ersten Intifada wurden neu geschnitten und in Dauerschleife gezeigt. Zu Klängen emotionaler Musik erklärten Prediger Oslo für temporär und den Krieg gegen Israel für ewig. Den ersten Toten gab es einen Tag vor Scharons Besuch. Später bezeugte der PA-Außenminister, Arafat habe alle Widerstandsorganisationen angewiesen, Anschläge zu verüben. Rückblickend erzählte Arafats Witwe: »Er kam aus den Camp-David-Gesprächen und sagte mir, er müsse in Paris bleiben, weil er eine breite Konfrontation plane.« Er würde »eine Intifada beginnen«, weil »in den Gesprächen von ihm verlangt worden sei, das palästinensische Volk zu verraten«[41].

Die PA ließ alle Gefangenen der Hamas und des Islamischen Dschihads frei. In Israel wurde der Alltag zur Hölle. 2001 gab es 31 Selbstmordanschläge, 2002 waren es 47, dazu unzählige Anschläge in anderen Formen. Allein im März 2002 wurden 135 Israelis bei Selbstmordanschlägen getötet. Die PA bestellte ein Schiff voller Kampfmittel (Karine A) im Iran. Arafats Leibwächtereinheit (Macht 17, 7000 Mann) schoss auf Israelis. Die Fatah-Miliz (Tanzim, 10000 Mann) schoss und verübte Selbstmordanschläge. Persönlich beschaffte Arafat Geld für eine Fatah-Miliz (Al-Aqsa-Märtyrerbrigaden), die sogar Kinder als Selbstmordattentäter rekrutierte.

Nach einem Anschlag mit 30 Toten entschied sich Israel für die militärische Option. 20000 Reservisten wurden eingezogen, die »Operation Schutzschild« begann. Tausende Terror-Verdächtigte wurden festgenommen, Kampfmittel beschlagnahmt, Sprengstofflabore und Waffenschmieden zerstört. Das Militär saß wieder in allen palästinensischen Städten. Mancherorts erlebte die Zivilbevölkerung wahre Kriegstage. Die Anzahl der Anschläge sank rasant.

Die Anschläge der Oslo-Jahre führten zum Zaunbau am Gazastreifen. Die Zweite Intifada führte zum Zaunbau (mit Mauerabschnitten) am Westjordanland. Was unter Rabin begann (und auf Eis gelegt wurde), wurde unter Premier Scharon fortgesetzt. Lange war Scharon ein Zaungegner, denn er beanspruchte das ganze Land. Der öffentliche Druck bezwang ihn. In fünf Jahren wurden 430 km Zaun mit 34 Grenzübergängen fertiggestellt. Für den Verlauf erntete Israel Kritik, weil er nicht auf der Grünen Linie liegt. Manche palästinensischen Ländereien sind vom Westjordanland abgeschnitten. Doch mit der Fertigstellung ging die Zahl der Selbstmordanschläge auf null zurück.

Die Zweite Intifada forderte das Leben von 4200 Palästinensern und 1000 Israelis. Dass Oslo die Zweite Intifada ermöglicht hatte, dachten nicht nur Israelis, sondern beispielsweise auch das palästinensische Regierungsmitglied Ziad Abu Ain.

Nach Arafats Tod (2004) wurde Mahmud Abbas Palästinenserpräsident und proklamierte das Ende der Zweiten Intifada. Scharon zog das Militär von den A-Zonen ab.

Das Siedlungswerk in den Oslo-Jahren

Um die neuen A- und B-Zonen wurden viele Umgehungsstraßen gebaut. Wo die Anbindung sicherer und bequemer wurde, stieg die Nachfrage. Viele Siedlungen wuchsen. Neue Siedlungen wurden seit Oslo I nicht gebaut. Zumindest offiziell, denn manchmal wurde ein neuer Ortsteil später selbstständig.

Ende der 1990er-Jahre fanden Siedler einen neuen Weg, dennoch neue Orte zu gründen: Außenposten. Ohne Baugenehmigung. Als Lückenschließer, Fernstraßen-Absicherer und Platzhalter. In der Praxis gab es oft Absprachen mit den Behörden. Ministerien finanzierten Infrastrukturen und das Militär sorgte für Schutz. Der ehemalige Verteidigungsminister Jaalon sagte beim Besuch eines Außenpostens vor Kameras: »Alle Außenposten sind mit Bewilligung errichtet, nur ihr Planungsprozedere ist nicht vollendet worden.«[42]

Bei der Unterzeichnung von Oslo I gab es 115 000 Israelis im 67er-Land, 1997 waren es 150 000 und 1999 fast 180 000.

Option einseitiger Abzug

Scharon wollte vorwärtskommen. Sein neuer Weg war das Loslösen dicht besiedelter Palästinensergebiete von Israel, auch einseitig, sollte die PA nicht kooperieren. Um die Sicherheit der jüdischen Bewohner dieser Gebiete zu gewährleisten, sollten sie umgesiedelt werden. Der »Vater der Siedlungen« machte eine 180-Grad-Wende. Seinen Plan nannte er »Abkopplung«: 22 Siedlungen mit 8 600 Einwohnern im Gazastreifen und vier Siedlungen mit 680 Einwohnern in Nordsamarien wurden 2005 geräumt.

Die Räumung verlief insgesamt friedlich, aber viele Familien fanden keine Wohnungen und blieben länger in Hotels, bei Verwandten und in Zelten. Die meisten Landwirte fanden kein Ersatzland. Ein Jahrzehnt später war die Arbeitslosigkeit unter den Evakuierten vielfach höher als im restlichen Israel. Viele leben bis heute im Posttrauma. Der Rechtswissenschaftler Prof. Yedidia Stern verurteilte die Abkopplung als größte Menschenrechtsverletzung in der Geschichte des Staates Israel. Sie kostete laut Angaben der Knesset umgerechnet ca. 322 000 Euro pro Kopf.

Elf Tage nach der Räumung wurden Raketen auf die 1,5 Kilometer entfernte israelische Kleinstadt Sderot abgefeuert. Das Kabinett entschied sich, nicht zu reagieren. Am Folgetag fiel im Hamas-Siegeszug eine Rakete aus einem Wagen, 19 Personen kamen um. Obwohl das palästinensische Innenministerium von einem Arbeitsunfall sprach, erklärte die Hamas Israel für schuldig und feuerte Dutzende Raketen ab. Israel zerstörte als Antwort Hamas-Ziele aus der Luft.

Drei Monate später wurde die Großstadt Aschkelon beschossen. Israel ließ erneut zentrale Hamas- und Islamischer-Dschihad-Führer gezielt töten. Bewaffnete versuchten, nach Israel einzudringen. 2005 wurden 179 Raketen aus Gaza abgefeuert, 2007 waren es schon 946.

Bei den palästinensischen Wahlen 2006 wurde die Hamas die größte palästinensische Partei. Gaza stand am Rande der Anarchie. Zusammen mit zwei anderen Organisationen konnte die Hamas einen Soldaten vom Grenzposten auf israelischer Seite entführen. Gilad Shalit wurde zum Kind aller Israelis. Was ihm passierte, konnte jedem Sohn passieren. Lieder wurden komponiert, Poster auf Linienbusse geklebt. Seine Freilassung wurde zur emotionalen Staatsaufgabe.

Parallel spitzte sich der innerpalästinensische Streit zu und führte zum Blutbad. Über hundert Fatah-Aktivisten und Hunderte Zivilisten flüchteten zum israelischen Grenzübergang und verlangten Asyl. Die absurde Situation stellte das Feind-Freund-Bild auf den Kopf. Gaza lag gänzlich unter der Kontrolle der Hamas. Alle Vereinbarungen mit Israel und Ägypten erklärte sie für irrelevant. Israel deklarierte den Gazastreifen zum Feind, schränkte die Warenzufuhr ein und stoppte den Export über sein Staatsgebiet. Einreisen waren nur noch aus humanitären Gründen erlaubt. Die Küste im Gazastreifen wurde abgeriegelt, begründet wurde dies mit der

Bekämpfung des Waffenimports. Im Westjordanland begann die Fatah einen Krieg gegen die Hamas-Miliz (Kassam-Brigaden).

Mit weiteren Raketen versuchte die Hamas, die Belagerung aufzuheben. Als der Druck der Öffentlichkeit wuchs, reagierte die Regierung mit Militäroperationen. Zusammen kosteten »Gegossenes Blei« (2008), »Wolkensäule« (2012), »Starker Fels« (2014) und »Mauerwächter« (2021) das Leben von bis zu 4300 Palästinensern. Unter den Toten waren zahlreiche bewaffnete Kämpfer, wobei die Angaben zu ihrem Anteil sehr variieren. Israelische Tote gab es 111, darunter 82 Soldaten.

Der Fall Shalit hatte ein Happy End. Nach fünf Jahren und vier Monaten kam er lebend zurück. Seine Freilassung war teuer: 1027 Gefangene (mehrheitlich nationalistische und islamistische Mörder) wurden gegen ihn eingetauscht. Kein Staat hat sich zuvor auf einen solchen Deal eingelassen. Gleichzeitig bestätigte der Fall die Horrorszenarien, in die ein israelischer Abzug führen kann. Auch der PA-Innenminister sagte, die Abkopplung hätte geholfen, Shalit zu verstecken.

Kurz nach der Abkopplung wollte Scharons Nachfolger Ehud Olmert einseitig von Großteilen Judäas und Samariens abziehen (Konvergenzplan). Doch die Idee war sehr schnell vom Tisch.

Laut Umfragen dachten schon zwei Jahre nach der Abkopplung 60 Prozent der Israelis, sie wäre ein Fehler gewesen. Statt besser wurde es viel schlimmer. Im geräumten Nordsamarien, wo das Militär weiterhin präsent war, blieb es hingegen ruhig. Gaza sorgte dafür, dass die breite israelische Mitte zur Überzeugung gelangte, dass die Palästinenser nicht für Sicherheit sorgen können und Abzüge in eine Katastrophe führen. Künftige Abzüge in Judäa und Samarien würden das Schicksal des Gebietes rund um den Gazastreifen auf ganz Israel übertragen.

Und noch etwas lernten viele Israelis: Eine wahre Abkopplung gibt es nicht – Gaza ist immer noch da.

Die Zweistaatenpläne der 2000er-Jahre

Während und nach der Zweiten Intifada erzielten verschiedene Zwei-Staaten-Pläne einen Endvertrag: Clinton-Parameter, Roadmap, Arabische Friedensinitiative und Olmerts Angebot. Die Unterschiede waren gering. In allen war die Landesteilung die Lösung. In allen sollte die Grüne Linie die Grundlage der Grenze mit Gebietsaustauschen sein. Die meisten sprachen über einen entmilitarisierten Palästinenserstaat und gaben Israel Freiraum in Sachen Sicherheit. In allen würden die arabischen Staaten ihre Beziehung mit Israel normalisieren. Und in allen mussten die Palästinenser direkt oder indirekt auf das Rückkehrrecht nach Israel verzichten. Die Arabische Friedensinitiative nahm Israel nicht an, alle anderen Pläne nahmen die Palästinenser nicht an.

Der neue Weg: Umgehung

2013 machte Israel unter Netanjahu den Palästinensern Angebote, die einen Endvertrag ermöglichen sollten,[43] doch die Verhandlungen verliefen im Sand. Nie würden die Palästinenser einen jüdischen Staat anerkennen, so Abbas. Noch während der Verhandlung und entgegen der getroffenen Vereinbarung wandte sich die PA an eine Reihe internationaler Organisationen (einschließlich UN) und beantragte die Mitgliedschaft. Seitdem verwendet sie in allen Dokumenten den Namen »Staat Palästina«. Die neue Strategie hieß: Israel umgehen.

- Israel mit 30% Judäas und Samariens / des Westjordanlandes (Hälfte der C-Zonen)
- Palästina mit 70% Judäas und Samariens / des Westjordanlandes zzgl. Kompensationsgebieten
- 15 israelische Enklaven-Siedlungen
- 10 israelisch-arabische Orte an Palästina annektiert
- Ganz Jerusalem israelisch, palästinensische Hauptstadt am Rande Jerusalems
- Ostjerusalemer wählen zwischen Ist-Status oder Einbürgerung in Palästina
- Palästina entmilitarisiert, israelische Sicherheit auch in Palästina
- Kein Rückkehrrecht nach Israel, Ende des Flüchtlingsstatus
- Palästina erkennt Israel als Judenstaat, dessen Grenzen und Jerusalem als Hauptstadt an und beendet Gewalt und Hetze
- Palästina nutzt isr. Mittelmeerhäfen
- Internationale Entwicklung der palästinensischen Wirtschaft

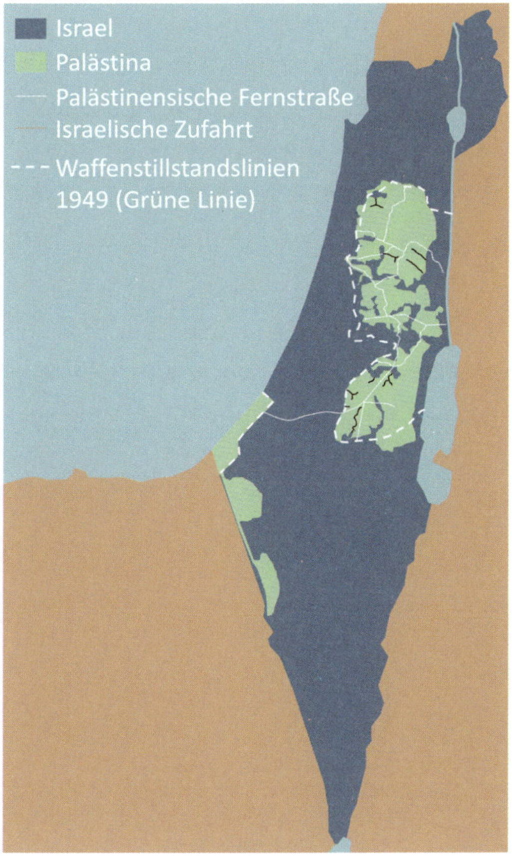

Trump-Plan

Für einen Umgehungsweg entschied sich auch Netanjahu. Erst nahm er die Palästinenserfrage von der Tagesordnung, dann änderte sich die US-amerikanische Politik zu seinen Gunsten. Nachdem die USA Jerusalem als israelische Hauptstadt anerkannt und ihre Botschaft dorthin verlegt hatten, brach die PA verärgert die Kontakte zu den USA ab und boykottierte den Friedensplan, an dem die USA arbeiteten. Dafür zahlte sie einen hohen Preis. Trump reduzierte die US-Zahlungen an palästinensische Organisationen drastisch, darunter auch das Hilfswerk für palästinensische Flüchtlinge UNRWA. Die USA erklärten, die Siedlungen stünden nicht im Widerspruch zu internationalem Recht.

Als der neue Plan feierlich im Weißen Haus vorgestellt wurde, waren keine Palästinenser anwesend. Sie bekamen vier Jahre Zeit für ihre Zusage, so lange durfte Israel in den für den Palästinenserstaat vorgesehenen Gebieten nichts verändern. Sollten sie nicht zusagen, würde alles zum vorigen Stand zurückkehren und Israel wieder freie Hand in den C-Zonen bekommen.

Bei solchen Bedingungen für eine palästinensische Staatsgründung wäre für einen palästinensischen Politiker sogar das Singen der israelischen Nationalhymne auf Jiddisch leichter. Ein Jahrzehnt früher meinte Netanjahus Vater, ein Geschichtsprofessor, sein Sohn wäre bereit für einen Palästinenserstaat unter Bedingungen, die sie nie akzeptieren würden. Er scheint seinen Sohn gut eingeschätzt zu haben.

Laut Plan durfte Israel die Annexion sofort umsetzen. Netanjahus Umgehungsstrategie kehrte die Osloer Verhältnisse um. 2002 sagte Abbas: »Israel hat den größten Fehler seiner Geschichte gemacht, als es den Oslo-Vertrag unterschrieb ... In Oslo nahmen wir Land ohne Gegenleistung.«[44] Damals zahlte Israel mit Land für Worte. Nun gab Israel Worte und sollte sofort mit Land bezahlt werden. Doch bevor annektiert wurde, kam das Angebot: Wenn Israel die Annexion auf Eis legen würde, würden einige arabische Staaten mit Israel Frieden schließen. So kam es zum Frieden mit den Vereinigten Arabischen Emiraten, Bahrain, dem Sudan und Marokko.

Die Palästinenser fühlten sich dadurch wieder verraten. Ihr Vetorecht in Sachen Israel war verloren. Die »Drei Nein« der arabischen Staaten von 1967 wurden durch einen Frieden abgelöst, der nur davon abhing, dass Israel nichts am Ist-Zustand änderte.

Der einstige große Konflikt wirkt nun wie ein lokaler Streit um die Zukunft des Westjordanlandes. Das einstige geprügelte Kind der arabischen Welt ist eher ein verlassenes Kind geworden.

Inzwischen ist Joe Biden im Weißen Haus eingezogen. Seine langjährige Haltung zum Konflikt lässt vermuten, dass die USA zu ihrer früheren Politik zurückkehren werden. Gelegentlichen Worten für die Zwei-Staaten-Lösung werden wohl kaum Taten folgen. In Israel wurde eine außergewöhnliche Einheitsregierung gebildet, angeführt von Naftali Bennett, ehemaliger Geschäftsführer des Kommunaldachverbandes der Siedlungen, und Yair Lapid vom Mitte-Links-Lager. Die rechteste und die linkste Partei sind Teil der Koalition, und zum ersten Mal ist auch eine arabische Partei dabei. Eine solche Regierung wird eher mit ihrem Überleben beschäftigt sein als größere Veränderungen suchen. Wir kehren in den altbekannten Status quo zurück.

Von einem Friedensprozess kann seit Langem nicht mehr die Rede sein. Seit zwei Jahrzehnten bewegt sich auf der politischen Ebene nichts. Nachdem die Palästinenser die verschiedensten Wege ausprobiert haben, scheint ihr Werkzeugkasten leer zu sein.

Ein Krieg bricht aus

Zwischen der Fertigstellung und der Erscheinung dieses Buchs brach eine Welle der Gewalt im ganzen Land aus. Obwohl ich in Europa war, raubten mir die erschreckenden Berichte den Schlaf. Der Lauf der Geschichte zwingt mich dazu, dem Buch ein weiteres, unschönes Kapitel hinzuzufügen.

Im April 2021 war die Lage in Jerusalem ohnehin angespannt. Einige Male griffen arabische Jugendliche jüdische Passanten an, um dann Videos ihrer Angriffe auf TikTok hochzuladen. Für besondere Empörung sorgte der Angriff auf einen Rabbiner in Jaffa.

In der ohnehin sensiblen Zeit des Ramadan vermuteten viele Araber hinter der Sperrung der Sitzstufen am Damaskustor eine antimuslimische Politik, die Polizei erklärte die Sperrung dagegen als Corona-Maßnahme. Nächtlich kam es zu Krawallen mit der Polizei. Als nationalistische jüdische Aktivisten dazukamen, wurde das Damaskustor zum Kriegsschauplatz.

Schon Jahre zuvor hatte der Jerusalemer Stadtteil Scheich Dscharah für Spannungen gesorgt, weil dort zwei nationalistische jüdische Stiftungen von Arabern bewohnte Häuser beanspruchten. Im Mai 2021 sollte das Gericht das Urteil verkünden, was die Zwangsräumung einiger arabischer Familien bedeuten konnte. Zudem verlegte ein rechtsradikaler Aktivist, der seit Kurzem in der Knesset ist, sein Amt in den umstrittenen Stadtteil. Sein baldiger Auszug auf Druck Netanjahus hat die Gemüter kaum beruhigt.

Kurz zuvor hatte zudem Präsident Abbas die palästinensischen Wahlen abgesagt, was bei der Hamas als prognostizierter Wahlsiegerin für Frust sorgte. Da ihr der politische Weg zur Vormacht versperrt wurde, suchte sie einen anderen. Wie schon der Mufti und Arafat früher benutzte sie dafür den Tempelberg. Hamas-Anhänger griffen ohne Vorwarnung Polizisten an und verbarrikadierten sich in der Al-Aqsa-Moschee, Zehntausende Muslime verbrachten dort die Nacht. Als am Morgen Steine auf die Verkehrsstraße unterhalb des Tempelbergs flogen, bestürmte die Polizei die Moschee. Ihr Einsatz von Blendgranaten am muslimischen Fest befeuerte die Wut und die Gewaltbereitschaft der Araber. Ein Auto mit jüdischen Insassen wurde mit Steinen beworfen und die Insassen wurden aus dem Auto gezerrt. Ein Verkehrspolizist griff ein und rettete sie vor der wütenden Menge.

Schließlich gab die Hamas ihr Ultimatum bekannt: Wenn Israel nicht alle Sicherheitskräfte binnen Stunden vom Tempelberg abziehen würde, würden sie die Hauptstadt mit Raketen beschießen. Es war klar, dass Israel dieser Forderung nicht nachkommen würde. »Jerusalems Schwert«, nannte die Hamas ihre Aktion. Ihre Botschaft war neu: Nur die Hamas beschützt Jerusalem, während die PA die Stadt im Stich lässt.

Mit den Raketenangriffen gab die Hamas Israel einen Anlass, die unterirdische Stadt zu zerstören, die die Hamas seit Jahren für militärische Zwecke im Gazastreifen baut. Die Militäroffensive »Mauerwächter« begann. Wir sind im Krieg.

Zwei Kriege

Die App auf meinem Handy lässt Raketenalarm in Echtzeit im Minutentakt hören. Wenn Wohnorte meiner Familie oder Freunde angezeigt werden, frage ich sie, ob bei ihnen alles in Ordnung ist. Meine alleinerziehende Schwester wohnt mit ihrer fünfjährigen Tochter im obersten Stock in einem Hochhaus bei Tel Aviv. Wenn in dem Gebäude eine Rakete einschlagen würde, wäre diese gleich in ihrer Wohnung. Deshalb rennt meine Schwester immer wieder in den Keller.

Zwei Blöcke weiter gibt es einen Direkttreffer. Im Fernsehen berichtet ein Chefarzt über die Operation, die einem fünfjährigen schwer verletzten Mädchen bevorsteht. Es ist eine Spielplatzfreundin meiner Nichte.

Meine andere Schwester verbietet zum ersten Mal in ihrem Leben ihren Kindern das Spielen draußen. Mein Vater kann nicht rennen und schläft deswegen auf dem Boden des Luftschutzraums. Meine Mutter bleibt dagegen gelassen und sagt: »Wenn es kommt, kommt es.« Ein palästinensischer Freund im Westjordanland erzählt, dass sogar bei ihnen eine Rakete gelandet ist. Ich frage mich, was ich wohl machen würde, wenn unser eigenes Haus getroffen würde.

Dabei bereiten uns allen die Raketen viel weniger Sorgen als die Gewalt, die sich innerhalb des Landes entfacht. Schon in der ersten Nacht bemerke ich, dass dieses Mal zwei Parallelkriege laufen. Im Schatten des Raketenkrieges beginnt etwas, das beinahe wie ein Bürgerkrieg aussieht. Im arabischen Kana (dem Ort der berühmten Hochzeit) wird ein jüdischer Autofahrer brutal zusammengeschlagen. An roten Ampeln neben dem arabischen Umm-el-Fahm werden jüdische Autofahrer mit Felsbrocken beworfen. Die gemischte Stadt Lod rückt in den Mittelpunkt. Arabische Jugendliche zünden Autos jüdischer Einwohner, eine Synagoge und eine Schule an. Ein Jude erschießt einen Araber und behauptet, es sei Selbstverteidigung gewesen.

Nach der Beerdigung beginnt etwas, das wir seit der Staatsgründung nicht kennen: Jüdische Bürger sperren sich in ihren Wohnungen ein und löschen alle Lichter, weil draußen vermummte arabische Jugendliche mit Messern, Steinen und Brandsätzen wüten. Die Polizei kann nicht überall sein. Militante Juden kommen in die Stadt. Sie sagen, dass sie die jüdischen Bürger unterstützen wollen, greifen aber auch unbeteiligte arabische Bürger und Geschäfte an.

In der gemischten Stadt Akko sieht es nicht besser aus. Ein bekanntes jüdisches Restaurant wird zerstört und verbrannt. Die Frau des Eigentümers und ihre Tochter können sich in der Toilette verschließen und überleben. Ein Hotel im Besitz derselben Familie wird angezündet, es gibt mehrere Verletzte, darunter der 84-jährige pensionierte Leiter der israelischen Raumfahrtagentur. In einem anderen Restaurant trennt nur eine Stahltür die jüdischen Inhaber, zwei Brüder, von den mit Messern bewaffneten Angreifern. Bei helllichtem Tag ziehen junge Männer durch die Straßen und zünden Betriebe im jüdischen Besitz an: Ferienwohnungen, Restaurants, Geschäfte, Boote.

Es ist nur eine Frage der Zeit, bis jüdische Hooligans mit Racheaktionen beginnen. Diese kommen am nächsten Abend. Zur selben Zeit, als ein Jude in Akko vom Mob schwer verletzt wird, wird ein Araber im jüdischen Bat-Yam brutal geschlagen. Bis die Polizei eintrifft, wird außerdem eine arabische Eisdiele zerstört. In Tiberias und Haifa werden Steine auf arabische Autos und Geschäfte geworfen. Netanyahu tritt im Fernsehen auf und erklärt in einem für ihn ungewöhnlich autoritären Ton: »Mich interessiert es nicht, ob euer Blut kocht! Das sind wir nicht, diese Gewalt!«

Der Aufruf hilft nicht. Die Wut erreicht neue Höhepunkte. Ein Jude biegt versehentlich in die arabische Kleinstadt Tamra ab und wird von einer großen Gruppe junger Männer mit Steinen beworfen. Jemand steckt eine Schere in seinen Hals, andere zünden das Auto an. In zwei verschiedenen arabischen Dörfern werden jüdische Familien mit Steinen angegriffen, dem einen Vater wird eine Pistole an die Schläfe gesetzt. Beim Evakuierungsversuch eines verletzten Polizisten wird der Krankenwagen zerschlagen. Ein Jude wird auf dem Weg zur Synagoge in den Rücken gestochen, ein anderer zu Boden geschlagen, ein Araber wird von jüdischen Jugendlichen mit Messern gestochen. Im Negev verbarrikadieren sich Juden nachts in ihren Häusern. Eine jüdische Familie, die den Raketenangriffen entkommen wollte, wird auf dem Weg zum Hotel am Toten Meer mit Felsbrocken attackiert, das Auto brennt ab. Ein arabischer Junge wird von einem Brandsatz in seinem Wohnzimmer in Jaffa schwer verletzt. Die Verdächtigen sind Araber, die die Wohnung für eine jüdische gehalten haben.

Unsere Nachbarn in Israel berichten, dass alle Einwohner darum gebeten werden, abends den Ort nur bei Notwendigkeit zu verlassen. Ein arabischer Freund wird seine geplante Geburtstagsfeier am See Genezareth verschieben, weil er Angst hat, in eine jüdische Gegend zu fahren.

Nach elf Tagen kommt die Waffenruhe, doch jedem ist klar, dass schon die Sanduhr bis zur nächsten Eskalation läuft. Dieses Mal wurden 4000 Raketen auf Israel abgefeuert. 2000 Ziele der Hamas und des Islamischen Dschihad wurden in Gaza angegriffen. In Israel sind die Schäden hoch, in Gaza viel höher.

Diese Sachschäden sind reparabel. Aber was zwischen Juden und Arabern innerhalb Israels zerstört wurde, kann man nicht so schnell wiederherstellen.

Eine Reise durch die Realität

VERSTEHEN WILL ICH

Wenn du von der sich wiederholenden Geschichte mit den vielen Gewaltausbrüchen, Plänen und Konferenzen müde geworden bist, ist das verständlich. In der Realität waren es nicht ein paar Buchkapitel, sondern einhundert zermürbende Jahre, in denen Generationen geboren und gestorben sind, ohne ein Ende des Konfliktes zu sehen.

Heute leben zwischen dem Jordan und dem Mittelmeer rund 14 Mio. Menschen, davon sind etwa die Hälfte Juden und die Hälfte Araber – und zwar verteilt in allen Landesteilen.

In 100 Jahren hatten wir 19 verschiedene Pläne, die eine Landesteilung in der einen oder anderen Form vorsahen. Zwölf Pläne sprachen von zwei Staaten, vier wollten den Anschluss von Landesteilen an Jordanien und drei strebten eine palästinensische Selbstverwaltung an. Kein Plan lieferte eine Lösung oder gar eine dauerhafte Verbesserung.

Wie kann es sein, dass so viele Pläne scheiterten? Verstehen wir den Konflikt vielleicht nicht wirklich? Ähneln wir einem Arzt, der eine Fehldiagnose macht und immer wieder ein Medikament verschreibt, das für die eigentliche Krankheit irrelevant ist und die Symptome oberflächlich abschwächt, in Wahrheit aber verschlimmert?

Der israelische Lyriker Chayim Guri hatte 1948 und 1967 mitgekämpft. Kurz vor seinem Tod im hohen Alter sagte er: »Ich kann es nicht ertragen, dass ich mich von dieser Welt verabschiede, und nichts wird sich ändern.« Mir geht es ähnlich. Und ich kann das Gefühl kaum ertragen, dass wir den Konflikt nicht einmal richtig verstehen.

Aus diesem Grund möchte ich mir ein eigenes Bild von der Realität machen, von den Realitäten vieler Menschen in meinem Land. Ich möchte sie befragen, ihnen zuhören und lernen, ihre Perspektive einzunehmen.

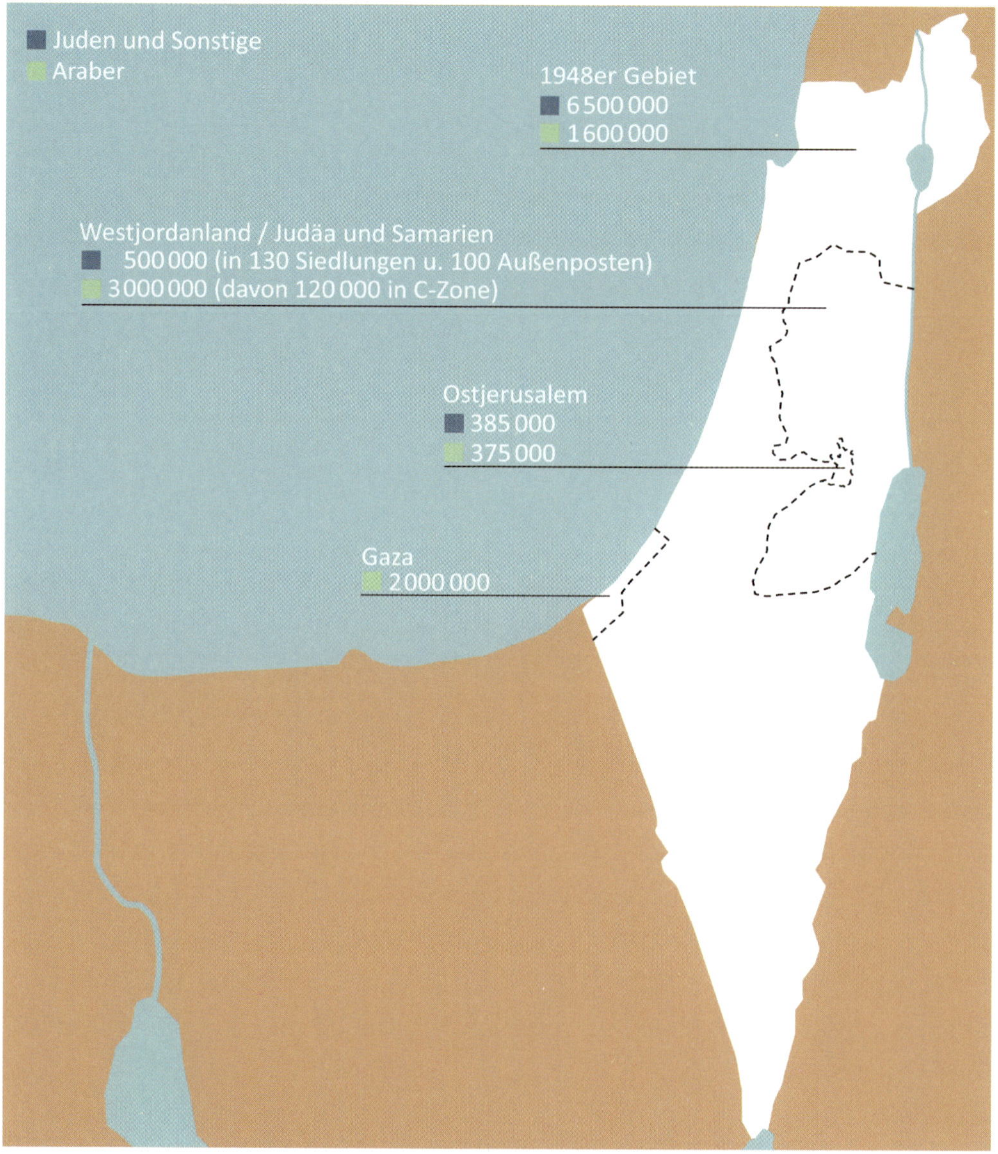

Juden und Araber (Stand 2021, gerundet)

SIEDLER

Die Berge Samariens, die für mich als Kind immer blau aussahen und die mich in meiner Jugend als unerreichbares Land »dort hinten« begleiteten, kenne ich mittlerweile gut. Sie sind besser erschlossen und werden von viel mehr Israelis bewohnt. Heute möchte ich sehen, was aus manchen Siedlungen geworden ist.

Speckgürtel

Die achtspurige A5 führt mich vom Ballungsraum Tel Aviv nach Osten. Kurz vor der Grünen Linie stechen fünfzehn zwanzigstöckige Wohnhäuser ins Auge, die in Rosh Haayin gerade gebaut werden. Irgendwie passen sie nicht in die Landschaft und wirken wie ein Biss der Metropole in die Ränder des Hügellandes.

Eine gestrichelte Linie auf meinem GPS markiert die Grüne Linie. Kurz bevor ich sie passiere, kommt das Schild der regionalen Kommunalverwaltung Samarien. Draußen ist von der Linie nichts zu sehen.

Ich nehme die Ausfahrt und nach Oranit. Dort wohnt Gila. Wir kennen uns von den Pfadfindern, ihre Eltern sind aus Frankreich eingewandert. Ich erinnere mich an den Stolz ihres Vaters auf die drei Avocadobäume unterschiedlicher Sorten vor ihrem gepflegten Haus. Inzwischen ist Gila Ärztin und mit einem Piloten verheiratet. Zusammen haben sie in Oranit ein Haus gebaut. Der 10 000 Einwohner große Ort liegt unmittelbar an der Grünen Linie, allerdings östlich, was ihn zu einer Siedlung macht.

Die Aussicht von der Zufahrtstraße ist hübsch. Auf der rechten Seite sieht man Olivenhaine, so weit das Auge reicht. Nur der helle Schotterweg entlang des Zauns erinnert daran, wo man ist. An den Straßenlaternen sind Scheinwerfer installiert, die das Freiland neben der Straße beleuchten. Sie sorgen für Sicherheit vor Angriffen auf Autos. Dann kommt von links Kafar Qasem. Diese arabische Stadt liegt wiederum westlich der ehemaligen Waffenstillstandslinie. Wer dort wohnt, ist israelischer Staatsbürger.

An der Einfahrt von Oranit stehen Werbeschilder mehrerer Bauprojekte. Eine Wohnung in terrassierten Mehrfamilienhäusern mit Aussicht gibt es ab umgerechnet etwa 500 000 Euro, frei stehende Einfamilienhäuser ab 750 000 Euro. Die Straßen sind sauber. In den Verkehrskreiseln wachsen Olivenbäume, Zykaspalmen und prächtige Fleißige Lieschen. Wie in jedem jüdischen Ort in Israel stehen auch hier PET-Sammelbehälter neben Papiercontainern, die Hecken sind geschnitten. In Oranit wohnen ordentliche Menschen. Und Besserverdiener müssen sie auch sein. Im israelischen sozio-ökonomischen Index wird der Ort in der Gruppe 8 platziert, 10 wäre am höchsten. Oranit ist ein Beispiel für das Leben im Speckgürtel des Ballungsraums Tel Aviv.

Nach einer Tasse Kaffee im Garten machen wir einen Spaziergang, damit Gila mir die schönsten Plätze im Ort zeigen kann. »Gebaut wurde der Ort in den 1980er-Jahren«, erzählt sie. Es ist eine der Gemeinschaftssiedlungen in Judäa und Samarien, der Inbegriff einer Komfortsiedlung. Es gibt einen religiösen Ortsteil, alle anderen sind säkular.

Gemeinschaftsssiedlungen haben einen Aufnahmeausschuss. Interessenten müssen sich bewerben, wenn sie hier Immobilien kaufen möchten. »War es schwer, durch den Aufnahmeausschuss zu kommen?«, frage ich. Gila lächelt. »Für uns nicht. Mit unseren Berufen waren wir schnell willkommen. Aber nur angenehm war es nicht. Wir mussten einen ganzen Tag in einem Assessment-Center verbringen. Doch wie du siehst, ist alles gut ausgegangen.«

Alles spricht dafür, dass die beiden mit ihrer Entscheidung, hierherzukommen, zufrieden sind. »Die Schule ist gut, das Freizeitangebot ausgezeichnet. Wenn man in Richtung Tel Aviv fährt, stören die Staus, aber wer hat heutzutage schon keinen Stau im Zentrum?«

Tatsächlich wohnen Gila und ihre Familie im Zentrum Israels, das heißt im Ballungsraum Tel Aviv, auch wenn sie auf 67er-Land leben. Kaum einer der Einwohner arbeitet in Oranit selbst. Die meisten fahren täglich 30 bis 60 Min. zu ihrer Arbeitsstelle – nicht kürzer oder länger als anderswo im Land. »Ohne zwei Autos geht es hier nicht, aber seit der Eröffnung der Bahnstrecke fahren viele nur bis zum Bahnhof von Rosh Haayin und nehmen dort den Zug«, erzählt Gila. »In 24 Minuten ist man am Uni-Bahnhof Tel Aviv.«

Auf meine Frage, ob sich Gila und ihr Mann als Siedler verstehen, schaut sie amüsiert. »Wir gehören zur Kommunalverwaltung Samarien, also ja. Aber wir sind keine ideologischen Siedler. Wir haben immer linke, höchstens Mitteparteien gewählt und sind nicht religiös. Wir sind hergezogen, weil wir die Lebensqualität schätzen. Wo hat man im Zentrum so eine Aussicht, so eine gute Luft?«

»Würdest du eine Annexion begrüßen?«, frage ich.

»Klar«, gibt sie rasch zur Antwort.

»Was würde damit besser werden?«, möchte ich wissen.

»Dann wären wir nicht mehr unter der Zivilverwaltung, hätten klarere Regeln und die ganz normalen Behörden. Ich halte mich an die Gesetze, unsere Kinder sind im staatlichen Schulwesen, ich zahle Steuern und Sozialabgaben und die Wasserrechnung wie jeder andere. Dann will ich auch wie jeder andere Staatsbürger sein und keine Bürgerin zweiter Klasse.«

»Seid ihr nicht eher Bürger der ersten Klasse?«, frage ich.

»So ein Quatsch«, gibt sie zurück. »Wenn du die Vorzugsgebiete meinst, da sind wir nicht drin. Und selbst wenn wir einen steuerlichen Vorteil hätten, würde sich keine einzige Familie deswegen für den Umzug in einen bestimmten Ort entscheiden.«

Siedlungskritiker nennen staatliche Unterstützung der Siedlungen als Grund für ihren schnellen Zuwachs, aber diese gibt es schon lange nicht mehr. Bis 2003 waren Siedlungen in Judäa, Samarien und im Gazastreifen steuerlich begünstigt. Dann wurde das Land neu klassifiziert. Seitdem unterstehen die Siedlungen den gleichen Kriterien wie alle Orte im Land. Wenn ein Ort weiter weg von den Ballungszentren liegt, sozio-ökonomisch schwach ist oder sich in einer Konfliktzone befindet, wird er steuerlich begünstigt, egal ob im 48er- oder im 67er-Gebiet. Durch die Reform kamen viel mehr arabische Orte in die Liste, selbst wenn sie im Zentrum liegen.

Ich frage Gila, wie das palästinensische Dorf mit den vielen Gewächshäusern direkt unter uns heißt. Es liegt hinter dem Zaun. Sie weiß es nicht. Sie war nie dort und dürfte auch gar nicht hin, meint sie. Ich zeige ihr in der Landkarte, dass sich das Dorf in einer B-Zone befindet, sie also sehr wohl dorthin dürfte, stelle fest, dass sie die Unterschiede zwischen den Zonen nicht kennt, und lasse es so stehen. Die Landkarte verrät uns auch den Dorfnamen: Azun Atme.

Ich frage sie, ob sie bereit wäre, auszuziehen, wenn es zur Räumung käme. »In welchem Film lebst du denn?«, antwortet sie. »Glaubst du, wir könnten mit den Palästinensern in einem Staat leben? Daran glaube ich nicht. Das wäre ungesund für beide. Die Trennung ist schon besser. Gute Zäune machen gute Nachbarn.«

Von der jordanischen Polizei zu amerikanischen Häusern

Auch die benachbarten Siedlungen interessieren mich. Bis Shaarei Tikva sind es nur zehn Minuten. 6000 Einwohner, religiös-säkular gemischt. An der Einfahrt winkt ein Sicherheitsmann zur Begrüßung. Neben ihm sitzen ein paar Palästinenser, zwei von ihnen kommen zu mir und fragen, ob ich Arbeiter brauche. Der Ort ist noch schöner angelegt als Oranit. Eine Tafel zeigt stolz die 5-Sterne-Auszeichnung der Stiftung »Schönes-Israel-Rat« mit mehreren Jahreszahlen hintereinander.

Fünfzig Meter von den äußeren Häusern von Shaarei Tikva entfernt befinden sich die ersten Häuser von Azun Atme, dem Dorf, auf das wir vorhin geschaut haben. Dazwischen ein Zaun mit Stacheldraht. Aus dem höher liegenden palästinensischen Haus könnte jeder einen Stein rüberwerfen oder gar schießen. Aber dieses Dorf ist inzwischen eine Enklave zwischen Siedlungen und befindet sich auf der israelischen

Seite der Grenzanlage. Ein Angreifer könnte von dort kaum fliehen, einem Selbstmordattentäter wäre dies aber vermutlich egal.

Gerade joggt auf der jüdischen Seite eine Frau direkt am Zaun entlang. Auf der palästinensischen arbeitet eine ältere Frau mit Kopftuch im Garten. Man hat sich wohl an diese Realität gewöhnt.

Zwei Minuten nach der Ausfahrt aus Shaarei Tikva erreiche ich Elkana, die älteste Siedlung in diesem Block und eine der bekannteren ideologischen Siedlungen. In dem 4000 Einwohner großen Ort leben Israelis aus dem religiösen Zionismus, einige von ihnen prominent, darunter Journalisten, Professoren und Politiker. Im Zentrum steht das Rathaus, ein ehemaliges jordanisches Polizeigebäude, in dem Elkana gegründet wurde. Ich schaue mir den neusten Ortsteil im Norden an. Die hübschen Einfamilienhäuser bieten eine schöne Aussicht auf die Hügel. Die meisten von ihnen sind schon bewohnt. Die letzte Asphaltschicht auf der Straße fehlt noch, aber sie ist schon von Bäumen gesäumt.

Unten im Tal entsteht ein neues Wohngebiet im amerikanischen Stil mit großen Zweifamilienhäusern mit grauen Ziegeldächern. Anders als in den USA sind die Häuser hier aus Beton. Hinter ihnen steigt eine Staubwolke in die Luft, wo der Berg für neues Bauland angeschnitten wird. Dieses Baugebiet gehört schon zu Etz Efraim, der dritten und letzten Siedlung im Block.

Die Fahrt dorthin dauert drei Minuten. Der Ort liegt idyllisch, solange man nicht daran denkt, dass er an drei Seiten von der Grenzanlage umgeben ist. Aufgrund der Topografie sieht man den Zaun nur an wenigen Stellen. Damit dieser Siedlungsblock auf der israelischen Seite des Zauns bleibt, hat man den Verlauf bis hierhin »gezogen«. Etz Efraim liegt am Ende einer Zaun-Sackgasse. Auf der Landkarte messe ich die Entfernung zur Grünen Linie. Etwas über 6 Kilometer sind es.

Ein junger Mann sieht mich mit der Landkarte auf der Motorhaube und fragt, ob er mir helfen könne. Er erzählt, er sei hier geboren und aufgewachsen. In Etz Efraim leben Religiöse wie Säkulare, die Verhältnisse sind gut. Noch ist der Ort mit seinen 2500 Einwohnern relativ klein, man kennt sich untereinander. Das Leben ist ruhig.

In seiner Jugendzeit fand der junge Mann es zu ruhig, aber jetzt schätzt er das. Zum Studium war er in Jerusalem, aber dort war es ihm zu laut. An die Erste Intifada erinnert er sich nicht, er war zu klein, aber die Älteren erzählen noch davon. Damals kam man nur durch das benachbarte palästinensische Maskha nach Etz Efraim. Israelische Autos wurden mit Steinen beworfen, brennende Autoreifen blockierten die Durchfahrt. Die neue Zufahrtstraße löste diese Probleme.

Ich frage nach, wie es mit dem Aufnahmeausschuss aussieht, und bin überrascht. Die Gemeinschaftssiedlung wollte aus Überzeugung keinen Aufnahmeausschuss. Jeder kann herziehen.

Der junge Mann trägt keine Kippa. Ich frage ihn, ob er religiös sei. Er führe kein religiöses Leben, sei aber schon mit der Bibel verbunden, antwortet er. »Bist du auch deswegen hier?«, will ich wissen.

»Ich bin hier, weil es mein Zuhause ist. Das ganze Land ist unser Land, und Juden dürfen überall leben.«

»Und Araber, wie zum Beispiel in diesem Dorf dort auf dem Hügel gegenüber?«, frage ich.

»Sie sind auch da und gehen nicht weg«, antwortet er. »Das ist gegeben.«

»Und was wird am Ende werden?«, erkundige ich mich nach seiner Vorstellung.

»Ich bin optimistisch. Am Ende wird es hier keine Zäune geben. Wir werden sie nicht mehr brauchen, wenn wir lernen, miteinander zu leben. Aber das kann noch dauern.«

Der Balkon Israels

Nach 700 Metern Schnellstraße kommt der Checkpoint, 1,5 Kilometer östlich der Grünen Linie. Wer ins 48er-Gebiet fährt, wird kontrolliert, wer ins 67er-Gebiet fährt, darf mit 100 km/h durchfahren. Es geht bergauf. Ich nehme die nächste Ausfahrt. Rechts kommt die religiöse Siedlung Bruchin, gegenüber das palästinensische Burukin, von dessen Name der Siedlungsname abgeleitet wurde. Im nächsten Kreisverkehr biege ich in die Siedlung Peduel ab. Dort möchte ich den »Balkon Israels« besuchen.

Wer hier herkommt, versteht sofort, weshalb der Aussichtspunkt diesen Namen trägt. Von nur knapp 400 Meter über dem Meeresspiegel sieht man die gesamte Küstenebene. Unten ragen Hochhäuser in den Himmel, so weit das Auge reicht. Ich erkenne die bekannteren Wolkenkratzer von Tel Aviv und dessen Nachbarstädten. Die Sicht ist gut, ganz im Süden ist das Kraftwerk von Ashkelon. Dort beginnt schon der Gazastreifen. Im Norden ist das Hochhaus der Uni Haifa klar zu sehen. Mensch, ist das Land klein.

Er traut sich nicht

In dieser Gegend gibt es einen neuen Wanderweg, der zu den Überresten des Dorfes von König Jerobeam führt. Er beginnt gleich an der Schranke von Peduel. Zwischen palästinensischen Autos finde ich einen Parkplatz. Ich informiere den jungen Sicherheitsmann im Häuschen, dass ich mein Auto hier lassen werde. »Hast du eine Waffe?«, fragt er. Er erzählt, dass er auch gerne die Ausgrabungen besuchen würde, da er Archäologie im ersten Semester studiert, aber er sich nicht traue. Ich betrachte die Wanderstrecke, die durch Olivenhaine am felsigen Hang führt. Es ist niemand zu sehen. »Ich werde mich als Tourist ausgeben, wenn ich jemandem begegne«, erkläre ich. »Europäisch genug siehst du aus, im Gegensatz zu mir«, antwortet er lachend. Ich frage, wem die Autos gehören. »Den Bauarbeitern, die dürfen mit ihren Autos nicht in die Siedlung fahren.«

Die Strecke ist noch schöner, als ich dachte. An einer Zisterne mache ich eine kurze Rast. Wieder versuche ich, mir vorzustellen, wie das Land war, bevor die Juden kamen. Die jüdischen Orte, egal ob im 48er- oder im 67er-Gebiet, sehen künstlich aus. Die Siedlungen sind schön, aber sie wirken oft wie Blasen oder Festungen, die Angst vor ihrer Umgebung haben. Sie sind in sich gekehrt. Die Kinder spielen draußen, aber nur bis zum Zaun. Das »echte« Land ist für mich hier im Freien, zwischen Oliven und Zypressen auf den Landwirtschaftsterrassen der Araber.

Der Blick auf die perfekte Schleife der tiefen Schlucht unter dem Steilhang ist atemberaubend. Auf dem Rückweg begegne ich einem älteren Palästinenser. Ich grüße ihn freundlich, er grüßt zurück.

Komfort und Ideologie

Nach zehn Minuten Fahrt bin ich in Beit Aryeh. In dem säkularen Ort wohnen 5 500 Menschen. Manche Häuser sind sehr großzügig gebaut und ich entdecke sogar einen privaten Infinity-Pool.

Am Sharon-Aussichtspunkt, nach Ariel Sharon benannt, wartet Oren auf mich. Vor einigen Jahren ist er mit seiner Frau und einem Kind in Beit Aryeh in eine Einliegerwohnung gezogen, später haben sie ein Haus gekauft.

Oren arbeitet bei einer Hightech-Firma beim Flughafen, wie viele andere Einwohner von Beit Aryeh. Die Gründer der Siedlung waren Mitarbeiter der Israel Aerospace Industries und des ideologischen Kerns der Likud.

Oren braucht 30 Minuten zur Firma, aber das meiste macht er vom Homeoffice aus. »Als Naturliebhaber arbeite ich manchmal unter einem Olivenbaum in der freien Natur, immer woanders«, erzählt er schmunzelnd. Er scheint eine romantische Ader zu haben.

Ich frage, wie es ist, auf der Fahrt in Richtung Tel Aviv jedes Mal durch einen Checkpoint zu kommen. »Das macht nichts«, antwortet er, »es geht immer flott.«

Zwischen dem Checkpoint und Beit Aryeh wurde eine Umgehungsstraße gebaut, aber aus bürokratischen Gründen fehlt das letzte Stück. Bis zur Fertigstellung fahren die Einwohner durch Luban, das palästinensische Nachbardorf.

»Hast du nie Angst, durch Luban zu fahren?«, frage ich.

»Bis heute ist uns dort nie etwas passiert«, antwortet er. »Ich weiß zwar, dass etwas passieren könnte, aber das gilt für alle Straßen überall.«

Tagsüber hält er regelmäßig in Luban an und kauft ein. Ich frage ihn, ob der Laden in einer B- oder C-Zone liegt. Er weiß es nicht und erzählt, dass viele dort einkaufen. Anhand der Karte stellen wir fest, dass das Dorf in einer B-Zone liegt, die Durchfahrtsstraße mit den Läden in einer C-Zone.

»Wir kommen miteinander klar«, erzählt Oren weiter. »Wir kaufen bei ihnen ein und lassen die Autos dort reparieren, und sie arbeiten hier. Nicht alle, aber einige. Sie leben ganz gut davon. Schau dir mal die neueren ›Schlösser‹ an, die sie hochgezogen haben. Die gehören Bauunternehmern, die ihr Geschäft bei uns machen. Manche haben auch Freunde dort.«

»Ein Staat oder zwei Staaten, wie siehst du die Zukunft?«, frage ich nach seiner Vision.

»Sicher keine zwei Staaten. Ein palästinensischer Staat darf nicht entstehen.«

»Würdest du etwas am Status der Palästinenser im einen Staat ändern?«

»Wenn sie keinen Terror mehr betreiben, schon. Aber sie sollten nicht in der Knesset sitzen, das wäre das Ende des jüdischen Staates, das Ende des Zionismus«, antwortet Oren. »Vielleicht könnten sie ein eigenes Parlament haben oder so, eine Art Autonomie.«

»Wäre das nicht das, was wir heute haben?«, frage ich.

»Ähnlich. Aber sie könnten alle Freiheiten haben und viel mehr Wohlstand. Sie könnten zum Beispiel eine Genehmigung bekommen, im ganzen Land zu reisen und zu arbeiten, außer wenn sie mit Terrorismus zu tun haben.«

»Und soziale Rechte? Sollten sie in der Nationalversicherung versichert sein und Arbeitslosengeld bekommen? Weißt du, was das ab dem ersten Tag kosten würde?«

»Das wird kein Problem sein. Am Anfang vielleicht, aber wenn sie arbeiten, zahlen sie auch Steuern und die gesamte Wirtschaft wächst.«

»Siehst du in der Zukunft junge Palästinenser in deiner Firma beschäftigt?«

»Wenn ein guter Bewerber kommt, wieso nicht? Wir haben schon heute israelische Araber. Nicht so viele, aber es gibt welche, und nicht nur in der Reinigung«, lacht er.

Auf die Frage, wie viel Ideologie hinter seinem Umzug in die Siedlung steckt, antwortet er: »Ich war immer ein Anhänger der Besiedlung von Judäa und Samarien. Hier zu leben, war für mich schon als Jugendlicher ein Herzenswunsch. Für mich ist das eine gelungene Kombination von Ideologie und Lebensqualität.«

Mir wird immer deutlicher, dass die Abgrenzung zwischen Komfort- und ideologischen Siedlern nicht klar ist. Selbst Ideologen entscheiden sich auch deshalb, in eine Siedlung zu ziehen, weil sie eine Verbesserung ihrer Lebensqualität wünschen. Und so manche Komfortsiedler bewegt gleichzeitig eine Ideologie. Bei einer Umfrage zu diesem Thema gaben über 75 Prozent der Befragten an, Lebensqualität habe eine Rolle bei ihrer Entscheidung für einen Umzug in ihre jetzige Wohnung gespielt. Unter diesem hohen Anteil sind vermutlich auch Siedler, die man auf den ersten Blick ins ideologische Milieu einordnen würde.

Die Sonne geht unter. Während unseres Gesprächs schauen wir auf die Küstenebene, auf Israels Zentrum. Im Mittelpunkt, in der bebauungsfreien Fläche, sind die Landebahnen des Ben-Gurion-Flughafens. Die Vorstellung, was aus diesen Hügeln nach einem Abzug Israels kommen könnte, ist nicht schön. Wenn es eine ähnliche Entwicklung wie nach der Abkopplung von Gaza gäbe, wäre es ein Albtraum. Ohne große Mühe könnten Milizen von hier aus jedes Flugzeug abschießen.

B-Zone, aber trotzdem darfst du nicht

An einem schönen Novembertag möchte ich ein paar Orte in Samarien erkunden. Sie sind biblisch bedeutend, und dadurch haben sie touristisches Potenzial. Nicht alle sind bereits erschlossen und gerade diese interessieren mich als Reiseleiter.

Heute betrete ich das 67er-Gebiet bei Tulkarm. Ein Ozean von Olivenbäumen begrüßt einen gleich nach dem Checkpoint. Mit zunehmender Höhe wird die Luft trockener und kühler, der Himmel blauer. Palästinensische Dörfer und israelische Siedlungen ziehen im Wechsel an den Fenstern vorbei. Ab und zu zeigen Schilder an, wo der israelische Verkehr nicht hindarf.

Von der Grünen Linie bis zur Siedlung Shavei Shomron dauert die Fahrt fünfzehn Minuten. Von dort führt eine Straße auf den Berg Ebal, man fährt ausschließlich durch eine C-Zone bis zum Berg. Ich möchte zu Josuas Altar. Offiziell muss man den Besuch mit dem Militär absprechen, aber sie würden nur für eine Gruppe kommen. Vielleicht geht es auch unangemeldet. Ein Metalltor ist an der Straße installiert, steht aber offen, ich fahre einfach weiter. Von der schmalen Straße sieht man Sichem immer tiefer im Tal, immer eindrücklicher.

Vor mir liegt ein Stützpunkt. Am Eingang sitzt ein Soldat. Er schaut mich fragend an und erkundigt sich: »Weißt du, dass das ein Militärsperrgebiet ist?«

»Nein. War alles offen bis hier.«

Er verzieht das Gesicht und bekräftigt: »Aber es ist so.«

»Gibt es einen guten Aussichtspunkt auf Sichem?«, frage ich.

Er zeigt mir die Piste vorne und erlaubt mir, kurz dorthin zu gehen.

»Weißt du, ob man von hier aus zum Josua-Altar kommt?«, frage ich.

»Schon, aber das musst du vorher anmelden. Dann bekommst du eine Militäreskorte.«

»Und wenn ich keine Eskorte brauche?«

»Du kannst nicht ohne hingehen, die Ausgrabungen sind im palästinensischen Gebiet.«

Ich zeige ihm meine Karte. Der Altar liegt in einer B-Zone. Die Israelis verbotene A-Zone beginnt erst 450 Meter weiter nördlich. Der Soldat ist überrascht.

Ich frage mich, wie es passieren konnte, dass der Altar im Oslo-Abkommen nicht in einer C-Zone geblieben ist. Es fehlen nur 300 Meter von der C-Zone bis dorthin. Laut der Bibel wurde Israel an diesem Altar zum Volk (5. Mose 27,9). Wenn das nicht zu den wichtigsten Kulturerbe-Stätten gehört, weiß ich nicht, was unser Kulturerbe ist. Ich ärgere mich, dass ich nicht einfach so hin kann, aber der Anblick auf Sichem besänftigt mich.

Unten erkenne ich den ältesten Teil der Stadt. Dort drüben liegt Josefs Grab, ebenfalls nur mit einer Militäreskorte erreichbar. Tief in der Nacht begleitet das Militär Juden in Absprache mit der palästinensischen Polizei dorthin, um zu beten. In jedem normalen Land wäre das undenkbar. Aber normal ist es hier nicht.

Die Bibel als emotionale Bindung

Von der Sichem-Umgehungsstraße sieht man rechts Awarta, ein palästinensisches Dorf, in dem das Priestergeschlecht des antiken Israel, Aarons Nachkommen, begraben liegt. Noch 12 Minuten und ich stehe vor der Schranke von Elon Moreh, eine der prominentesten Ideologiesiedlungen. In der Synagoge schaue ich mir den Toraschrank an. Oben steht in kunstvollen Lettern: »Du wirst wieder Weinberge pflanzen auf den Bergen Samarias« (Jeremia 31,5).

Der ausgeschilderte Weg zum Berg Kabir führt durch Weinberge. Der Vers aus der Synagoge hallt in mir nach. Ein Rundweg umgibt den 792 Meter hohen Gipfel. Immer wieder kommt man an Erklärungstafeln mit Bibelversen zu den verschiedenen Orten vorbei. Der Rundweg bringt viel, ich werde ihn als Programmpunkt anbieten.

Am Parkplatz kommt gerade ein bärtiger Mann an, begleitet von vier Asiaten in Anzügen. Es ist Benny Katzover, einer der bekanntesten Anführer der Gush-Emunim-Bewegung. Sein Gesicht kenne ich aus den Medien, er wohnt hier. Ein paar Minuten höre ich ihm zu, während er seinen Gästen die biblischen Geschichten zu dieser Landschaft erzählt. Er spannt den Bogen von der biblischen Erzählung zum moralischen Recht jüdischen Lebens in Judäa und Samarien.

Ich muss an Ben Gurion denken. Er war kein religiöser Jude und besuchte in Israel nur zweimal eine Synagoge. Dennoch sagte er am Tag der israelischen Eroberung der Klagemauer und des Tempelbergs, der in Israel als Befreiungstag gilt, dies wäre der zweitgrößte Tag seines Lebens, nur der Tag seiner Einwanderung ins Land sei größer gewesen.

Ein Jude, der keine besonderen Empfindungen für Judäa, Samarien und Jerusalem hat, hat vermutlich keine besonderen Empfindungen zur Bibel und zur jüdischen Geschichte. Für die meisten säkularen Juden ist die Bibel ein literarisch-geschichtliches Werk. Sie lehnen zwar die göttliche Offenbarung ab, betrachten aber die Erzählungen der Bibel als Chronik ihres Volkes. Dabei sind Judäa und Samarien das Herzstück des biblischen Landes, die Wiege Israels. Abraham und Jesaja waren weder in Tel Aviv noch in Herzlia. Die Erzväter, Richter, Propheten und Könige waren in Jerusalem, Sichem, Bethel, Hebron, Bethlehem, Schilo und Jericho, alles in Judäa und Samarien.

Als Katzover die Erläuterung für seine Gäste beendet hat, spreche ich ihn an. Beim Händedruck spüre ich seine raue und starke Hand, ich bin mir sicher, dass er noch viel mit den Händen arbeitet. Ich erzähle ihm von meinem Interesse am touristischen Potenzial dieses Ortes und wir tauschen Telefonnummern aus.

Die Fernstraße 60 ist die Hauptader in Samarien und Judäa. Wie eine Wirbelsäule verläuft sie immer auf der Wasserscheide und verbindet die Städte auf dem Bergrücken. Die aus der Bibel bekannten Personen bewegten sich hauptsächlich hier entlang – ein komischer Gedanke, während ich auf dieser Straße im palästinensischen Dorf Hawara im Stau stehe.

Am Bach Schilo angekommen, möchte ich einen Wanderweg erkunden. Viele Gruppen gehen nach Schilo, Israels erstes geistliches Zentrum, um den Ort zu sehen, wo die Bundeslade war und Hanna, die Mutter des Propheten Samuel, ihr berühmtes Gebet sagte. Eine Wanderung wäre eine schöne Abrundung. Auf der Karte sieht der Weg geeignet aus, aber ich schicke keine Gruppe an Orte, die ich nicht vorher begutachtet habe. Laut dem israelischen Schulministerium dürfen Schulklassen den Weg ohne Voranmeldung nutzen. Er befindet sich inmitten des Siedlungsblocks von Schilo und ist in einem mittlerweile jüdisch dominierten Gebiet.

An einer malerischen Quelle sind drei Jungs mit blonden Schläfenlocken. Sie nutzen die Quelle als Ritualbad. Die drei bieten mir türkischen Kaffee vom Gaskocher an und ich frage sie, ob es besser sei, in dieser Quelle zu baden als in einem öffentlichen Ritualbad. »Klar«, antworten sie entschieden. In der Natur sei es immer schöner. »Außerdem ist es etwas Besonderes, weil hier unsere Vorväter das Ritualbad nahmen«, ergänzt einer wie ein bestelltes Klischee.

»Vor 2500 Jahren schon«, denke ich, »aber vor 30 bis 40 Jahren standen hier sicher noch arabische Hirten mit ihren Herden.«

Ich nutze die Chance für eine kleine Abkühlung, denn es ist gerade Mittagszeit und warm genug.

Die Schilder an der Fernstraße informieren darüber, dass Jerusalem 30 Kilometer entfernt ist. Mein nächstes Ziel, Bethel, ist näher. Vom Aussichtsturm sieht man bis zu den jordanischen Bergen im Osten. Im Westen ragen die neusten Gebäude von Ramallah auf. Auch die Hochhäuser Jerusalems sieht man schon. Mir gehen zahlreiche biblische Geschichten durch den Kopf, die sich rund um Bethel abgespielt haben.

Ich war nie ein absoluter Befürworter der jüdischen Besiedlung Judäas und Samariens. Beim Hauskauf in einer Siedlung hätte ich mir viele moralische Fragen gestellt. Aber eines kann ich nicht verstehen. Wenn jüdische Ortschaften keine Existenzberechtigung in diesen Gebieten haben, wieso haben sie es in anderen Teilen des Landes? Warum darf der Judenstaat in Haifa, Beerscheba und Tiberias existieren, aber hier nicht? Nur weil Jordanien dieses Gebiet militärisch besetzte und 17 Jahre lang annektiert hielt? Was ist an der Waffenstillstandslinie von 1949 heilig? Wenn wir nach dieser Linie gehen, dürfte die Klagemauer nicht israelisch sein, die große Al-Dschazzar-Moschee in Akko aber schon? Oder ist es wegen des UN-Teilungsplans, der diese Gebiete für einen arabischen Staat vorsah? Dann dürfte

Galiläa auch kein Teil Israels sein. Die jüdische Affinität zu den biblischen Orten und Landschaften mag emotional und nicht immer rational sein. Aber sie ist eine der wichtigsten Bindungen. Wenn Israel keine Existenzberechtigung in seiner historischen Wiege haben soll, ist mir unbegreiflich, warum es in anderen Teilen dieses Landes existieren darf.

Umwege

In Südwestsamarien gibt es zahlreiche Wasserquellen. Die Hügel sind bewaldet, in den Tälern kann man an vielen Stellen baden. Ich möchte Nachal Dlavim erkunden, wo Orientalische Platanen wachsen sollen, eine Seltenheit im Land.

Auf der Karte messe ich 13 Straßenkilometer. Zwei Abschnitte führen durch eine A-Zone, beide etwa 500 Meter lang und außerorts. Ich kenne die Strecke nicht und versuche es. Schon gleich nach der Ausfahrt aus Bethel stoppt mich eine Betonmauer. Da ich einen 55 Kilometer langen Umweg fahren müsste, verzichte ich auf die Fahrt nach Nachal Dlavim und die Aufregung.

Wohnende Nichtjuden

Eines Tages möchte ich mir in Ariel das Unigelände anschauen. Vor wenigen Jahren ist die Hochschule zur staatlichen Universität geworden. Um durch weniger bekannte Gegenden zu kommen, fahre ich bei Qalqiliya ins 67er-Gebiet. Erst kommen die Komfortsiedlungen Zufim und Alfei Menashe, dann die ideologischeren Siedlungen im Karnei-Shomron-Block. An einer Kreuzung steht ein religiöser Jude, Mitte 60, der per Anhalter mitfahren möchte. Ich nehme ihn mit. Er erzählt, dass er bei seiner Tochter seine Enkel hüten möchte, das Auto hat heute seine Frau. Seine Mutter stammte aus Frankfurt an der Oder. Sie kam noch rechtzeitig aus Deutschland weg.

Er selbst war einer der Mitbegründer der Siedlung. Ich frage ihn, wie er es künftig mit den Palästinensern sieht. »Ich kenne ein solches Volk nicht«, antwortet er: »Es sind arabischsprachige Einwohner.« Ich möchte mich mit ihm nicht streiten, sondern einfach seine Vorstellung der Zukunft hören. »Ger toschav«, ist seine Antwort. Übersetzt bedeutet das in etwa ein »wohnender Nichtjude«. In der jüdischen Gesetzestradition bekamen diesen Titel nicht jüdische Einwohner des Landes, nachdem sie sich zum Einhalten der sogenannten Sieben Noachidischen Gebote verpflichtet hatten. Die Gebote sind überwiegend universell, wie zum Beispiel das Verbot von Mord, Diebstahl oder Unzucht. Ein »wohnender Nichtjude« durfte im Land Israel wohnen und sein Leben musste geschützt werden.

»Ist das nicht schon die Lage von heute?«, frage ich nach.

»Im Prinzip schon«, antwortet er, »aber das ist nur die rechtstraditionelle Grundlage. Man müsste es den modernen Bedürfnissen anpassen. Sie bekämen israelische Ausweise und hätten alle Rechte wie ein Staatsbürger.«

»Knesset?«, hake ich nach.

»Darüber müsste man sprechen. Sobald sich jemand nicht mehr für die Zerstörung Israels einsetzt und sich als Teil der Gesellschaft versteht, gibt es viel mehr Möglichkeiten.«

»Über zwei Staaten muss ich dich gar nicht fragen, oder?« Ich möchte seine Reaktion sehen. Er lacht.

»Richtig«, antwortet er, wahrscheinlich ohne sicher zu sein, ob ich es ernst meine.

Man merkt ihm die Lebenserfahrung an. Er ist ruhig und geduldig. Obwohl er mehrfach wiederholt, ab Ariel würde er alleine klarkommen, fahre ich ihn bis zum Haus seiner Tochter. Es ist in einem Außenposten zwischen Ariel und dem Schilo-Siedlungsblock. Auf meine Frage zur Zufriedenheit der Tochter bezüglich ihres Wohnorts höre ich viel Lob auf den Pioniergeist der jungen Leute. Er weiß, wovon er spricht.

Mehr Wohnqualität

Die Hochschule von Ariel ist die erste israelische Universität in Judäa und Samarien. Nach der Eröffnung gab es einige Aufrufe zum Boykott aus akademischen Kreisen in Israel. Sie kritisierten die Entscheidung der Universitätsgründung als politisch motiviert. Nun, frei von Politik kann es nicht sein, wenn die Uni in einer Siedlung liegt.

Das Unigelände ist größer, als ich es mir vorgestellt habe. Einige Gebäude sind modern und könnten überall auf der Welt stehen. Die Außenanlagen sind gepflegt. In der Cafeteria überrascht mich die Sprache zweier Studentinnen: Arabisch. Auf meine Frage erzählen sie, dass sie im zweiten Jahr Architektur studieren. Ich muss gestehen, arabische Studentinnen passen nicht in mein Vorurteil über die Siedleruni.

»Und, ist die Uni gut?«, erkundige ich mich. Sie kichern. »Insgesamt schon«, werden sie sich einig.

Ich frage sie, ob die meisten Studenten hier wohnen oder eher pendeln. »Sowohl als auch«, antworten sie.

»Seid ihr auch schon Siedlerinnen geworden?«, provoziere ich scherzend. Sie lachen laut. Sie sind israelische Araberinnen und pendeln aus Kafar Qasem. Ich wage es und frage, ob es viele arabische Studierende gibt. »Sehr viele nicht, aber es gibt sie schon. Es kommt auf die Fakultät und den Studiengang an«, erklären sie. In der Pflege und im Bauingenieurwesen gibt es mehr Araber als in Jüdischen Studien zum Beispiel. »Logisch«, kommentiere ich ihre Aussage, die viel banaler war, als ich erwartet hätte.

Die Studenten, die hier wohnen, kommen aus allen Teilen der Gesellschaft. Religiöse, säkulare, Araber, Russen, Neueinwanderer und sogar einige Linke. Es gibt Studentenheime und viele WGs.

»Die Mieten sind bezahlbar, aber für uns ist es billiger, zu Hause zu wohnen. Man fährt nur 25 Minuten, dafür braucht man keine Wohnung hier zu mieten.«

»Vielleicht wird die geplante Schnelltramlinie nach Ariel noch fertig, bevor ihr mit dem Studium fertig seid«, überlege ich. Die beiden nicken.

Im Supermarkt von Ariel stammen alle Kassiererinnen aus Russland und auch unter den Kunden gibt es viele Russen. Es leben nur wenige Religiöse in Ariel, so mein Eindruck. Hier kann man mehr Wohnqualität für dasselbe Geld bekommen. Kapitalismus ist in Ariel die stärkste Ideologie.

Alleingelassen vom Staat

Ich fahre 35 Minuten weiter ins Jordantal. Es ist heiß, ich bin fast 900 Meter tiefer als vor dem Supermarkt und 270 Meter unter dem Meeresspiegel. Ich mag Wärme, aber diese Hitze ist kaum auszuhalten. Ich möchte mir hier einige landwirtschaftliche Betriebe anschauen, die Reisegruppen spannende Alltagsthemen bieten könnten.

Gideon kommt ein paar Minuten zu spät. Er züchtet Paprika unter Netz auf 50 Hektar. Zwei Farben hat er im Angebot, rot und gelb. Mehrheitlich gehen sie in den Export. Er wohnt in einem Moschaw nebenan, eine in Israel verbreitete genossenschaftliche Dorfform. Da der Moschaw auf 67er-Land liegt, ist er auch eine Siedlung.

1975 kamen Gideon und seine Frau direkt nach dem Militärdienst her, um Landwirte zu werden. Aufgewachsen sind sie in Tel Aviv und Rechovot, Stadtkinder also. Ihre Kinder haben sie hier bekommen. Die ganze Familie arbeitet im Betrieb mit.

Gideon erzählt mir alles, was er über Paprika weiß, und das ist viel. Paprika ist sein Leben. Noch nie in meinem Leben habe ich so viel Paprika innerhalb von einer halben Stunde gegessen. Ich frage ihn, ob es eine Paprikavergiftung gibt.

Wir fahren im unterkühlten weißen Pick-up von einem Gewächshaus ins nächste. Gideon arbeitet das ganze Jahr über hart, aber die körperlich schwere Feldarbeit in der Höllenhitze machen palästinensische Arbeiter. »Ich zahle den Mindestlohn, so wie es das Gesetz verlangt«, erklärt Gideon.

Seit einigen Jahren müssen palästinensische Arbeitnehmer nach dem israelischen Gesetz beschäftigt werden, wenn der Arbeitgeber Israeli ist.

»Bei mir haben sie es gut. Nicht alle halten sich daran«, berichtet Gideon. »Andere beschäftigen die Hilfsarbeiter über einen palästinensischen Subunternehmer, der eine pauschale Rechnung stellt. Der palästinensische Mittler zahlt, was er will, er muss nicht den israelischen Mindestlohn zahlen. Die Arbeiter bekommen dann höchstens 100 Schekel (25 Euro) am Tag und sie arbeiten 10 bis 12 Stunden dafür. Bei mir kriegen sie fast 30 Schekel die Stunde und arbeiten nur 8 Stunden. Sie sammeln Überstunden, die sie nach der Saison einziehen oder sich auszahlen lassen. Und Wochenend- und Feiertagszuschläge gibt es auch, aber ich versuche, ihnen die Ruhetage zu gewähren. Außerdem zahle ich für jeden die Abgaben der Nationalversicherung. Für palästinensische Beschäftigte muss der israelische Arbeitgeber eine Arbeitsunfallversicherung, eine Arbeitnehmerrechteversicherung nach Insolvenz und eine Mutterschaftsversicherung zahlen. Für sie ist die direkte Beschäftigung wie ein Sechser im Lotto.«

»Wenn das Jordantal eines Tages annektiert wird«, möchte ich seine Einschätzung hören, »wird dadurch das Problem der Ausbeutung von Arbeitern durch palästinensische Subunternehmer gelöst?«

»Annektieren, annektieren, alles nur hohle Worte«, antwortet Gideon zu meiner Verwunderung. »Mit Worten hat noch kein Mensch eine einzige Paprika geerntet. Wenn man das Problem lösen wollte, könnte man es auch so machen. Wozu braucht man eine Annexion? Man muss solche Tricks verbieten und mehr kontrollieren. So einfach ist das.«

Gideon ist über 60, seine Haare sind weiß, aber seine Nerven kurz wie bei einem Teenager. Er ist rau wie seine Gesichtshaut, die 40 Jahre Sonne abbekommen hat.

»Willst du nicht, dass dein Ort offiziell zu Israel gehört?«

»Warum?«, antwortet er mit einer Gegenfrage. »Zu welchem Land gehört es jetzt? Amerika?«

Gideon ist ein Mann der Taten. Er verachtet Formalitäten. Seine Sonnenbrille legt er nie ab und die Kommunikation ist für mich nicht vollständig, wenn ich seine Augen nicht sehen kann.

»Wieso bist du hierhergekommen?«, frage ich. »Landwirte hättet ihr doch auch woanders werden können, dafür muss man nicht in die Gebiete gehen und eine Siedlung aufbauen.«

»Junge, es waren die Siebzigerjahre. Du warst noch ein Wunsch. Damals haben wir es nicht so gesehen. Wir waren immer Arbeitspartei. Die Arbeitspartei hat uns gesagt ›geht hin‹ und wir gingen. Das war Zionismus. Es gab keine Intifada, keine Palästinenser, nur Araber. Aber die gab es überall im Land. Das war kein Problem, wir haben keinen vertrieben. Im Jordantal gab es höchstens ein paar Beduinen. Ihre Betonhäuser sind erst gebaut worden, als wir schon hier waren. Ich kann dir von jedem Haus sagen, wann es gebaut wurde. Ein paar Lehmhütten gab es hier.«

»Bist du dem Staat dankbar, dass er euch hergeschickt hat?«

»Wir hatten ein gutes Leben, konnten in Würde existieren, unsere Kinder großziehen. Mit den Arabern aus der Gegend hatten wir nie ein Problem, außer Diebstahl. Aber dem Staat spucke ich ins Gesicht, weil er nur Worte gibt. Wir mussten am Ende alles selbst machen. Als Dankeschön kriegen wir viel zu niedrige Wasserquoten und ich muss zusehen, wie ein Großteil meiner Paprika vertrocknet. Wenn uns der Staat den Wasserhahn zudreht, brauche ich ihn nicht, den beschissenen Staat.«

»Würdest du gehen, wenn es dir der Staat vorschreibt?«

»Du meinst bei einer Räumung? Ist das dein Ernst? Früher, als eine Räumung alle paar Jahre ins Gespräch kam, habe ich mich innerlich auf diese Option vorbereitet. Es schien nie realistisch, aber wer weiß. Ich sagte mir immer, wenn es kommt, gehe ich und fange alles neu an, aber im Negev. Ich brauche Herausforderungen. Jetzt unterschreibe ich dir, eine Räumung wird es nie geben. Zumindest nicht bevor der Messias kommt. Read my Lips.«

Außenposten auf eigene Faust

Auf einer Wanderung im südlichen Judäa lerne ich einen Mann in meinem Alter kennen, der mich rettet, kurz bevor seine Hunde mich fressen. Ich danke ihm und er gibt mir seine Telefonnummer, damit ich ihn beim nächsten Mal informieren und er die Hunde anketten kann.

Uns unterscheidet einiges. Er hat Hunde, ich bin froh, dass ich beim Nein geblieben bin. Ich habe drei Kinder, er fünf. Bei mir ist die Familienplanung abgeschlossen, bei ihm ist das sechste Kind unterwegs. Ich trage keine Kippa, er trägt eine schwarze. Ich bin in Israel geboren, er in den USA. Ich laufe ohne Waffe, er immer mit. Ich arbeite mit Menschen, er züchtet Schafe. Ich brauche Ortswechsel, er ist immer im Hof. Ich habe ein Haus gekauft, er hat selbst eins gebaut. Ohne Baugenehmigung. Mike ist Siedler in einem Außenposten. Er hat sich den passenden Punkt einfach ausgesucht, genau wie die anderen jungen Familien um ihn herum. Auf Staatsland, nur einen Kilometer von einer existierenden Siedlung entfernt. Mike ist ideologisch motiviert. Er ist in einem frommen jüdischen Haus aufgewachsen und betrachtet seine Jahre in Amerika als Abwarten. Das wahre Leben für einen Juden kann nur im Land der Väter beginnen. Und zum wahren Leben gehört die Urbarmachung der kahlen Höhen und die Gründung einer neuen und großen jüdischen Familie.

Ich frage ihn, ob er seine Waffe schon mal benutzt hat. Hat er nicht. Er hofft auch, sie nie gebrauchen zu müssen. Aber es sei besser, sie immer dabei zu haben und nie zu benutzen, als sie einmal zu brauchen und sie nicht dabei zu haben, sagt er. Die Hunde hat er wegen Dieben. Ihm wurden schon einmal alle Schafe gestohlen. Beduinen seien darauf spezialisiert und sie leben in der unmittelbaren Umgebung.

Ich frage Mike, ob er Angst vor einem tödlichen Angriff auf seine Familie habe. »Wenn ich Nein sage, wäre es eine Lüge«, findet er einen diplomatischen Weg, die Frage zu bejahen. »Wir versuchen, immer vorbereitet zu sein. Aber vor Diebstahl habe ich eine noch konkretere Angst. Ich weiß ja, wie es sich anfühlt.«

Für Mike gibt es zwei weitere Bedrohungen: »Israelische Linksradikale und die Militärbehörden.« Linksradikale würden sie beschmutzen und alles versuchen, um sie zu vertreiben, klagt er. »Einmal halfen sie als angebliche Zeugen einer erfundenen Geschichte über Siedlerangriffe auf palästinensische Kinder der Umgebung auf dem Weg zur Schule. Beweisen konnten sie natürlich nichts, aber eine Zeit lang begleitete das Militär die Schulkinder, bis sie selbst sahen, dass es lächerlich war.«

Ein echtes Problem könnte vom Militär selbst kommen. Wenn die Zivilverwaltung die Räumung befehlen würde, würden Mikes Haus und Hof, wie die anderen Höfe des Außenpostens, abgerissen werden. »Das ist schon einmal passiert, aber bald darauf haben alle Familien ihre Häuser wiederaufgebaut, erst provisorisch und dann richtig.«

Die Siedler unter den Siedlern

120 Kilometer nördlich von Mikes Außenposten möchte ich einen landwirtschaftlichen Betrieb besuchen, die Olivenpresse Meshek Achiya. Schon einige Male habe ich von ihren Auszeichnungen gehört. Laut Wettbewerbsergebnissen wird dort Jahr für Jahr Israels bestes Olivenöl hergestellt und sie hat es in die Top 25 der Olivenpressen der Welt geschafft. Der Ort interessiert mich aus drei Gründen: Öl, touristisches Potenzial und Geopolitik.

Die Olivenpresse sitzt im Siedlungsblock von Schilo. Die Führung ist spannend, das Öl ein Traum. Für Gruppen, die kulinarische Qualitäten zu schätzen wissen, würde sich der Besuch lohnen. Irgendwie habe ich mir die Lage einsamer vorgestellt. Die Firma sitzt im Industriegebiet. Ich wusste nicht, dass sie auch Weine machen. Die Verkostung macht glücklich und bestätigt, dass sie auch beim Wein keine Kompromisse bei der Qualität machen. 35 Hektar Olivenbäume haben sie, dazu noch 35 Hektar Weinreben. Alles in der Umgebung. Angefangen hat der Betrieb im

Außenposten Achiya, ein paar Hügel von hier entfernt, daher der Firmenname, bis es dort für den wachsenden Betrieb zu klein wurde.

Ich möchte mir die Anbauflächen und den Außenposten anschauen. Dieser liegt auf einem runden Hügel. Von oben sieht man das ganze Tal. Mehrere Mobilheime reihen sich aneinander. Ein paar feste Häuser stehen auch schon. Eine knapp dreißigjährige Frau läuft vorbei. Ich sage ihr, dass ich die Aussicht genieße, weil ich noch nie hier war, und wir kommen ins Gespräch. Sie erzählt mir, dass vierzig Familien hier leben. 1997 wurde der Außenposten gegründet. Leisten kann es sich jeder, man muss nur wollen. Sie und ihr Mann sind aus Eli hergezogen, mit 5 000 Einwohnern die größte Siedlung im Schilo-Block. Dort war es ihnen zu bürgerlich.

»Auch zu teuer?«, frage ich.

»Auch zu teuer, aber das ist nicht der Hauptgrund für unseren Umzug. Wir wollten zurück zu den Wurzeln, unsere Kinder mit den Werten des Zionismus großziehen. Selbst aufbauen, Landarbeit …«

»Warum ausgerechnet hier?«, frage ich nach.

»Wir sind nah an den Eltern, sind hier in der Gegend aufgewachsen. Es gab dieses Angebot, es hat gepasst.«

»Warum denkst du, dass genau dieser Hügel ausgesucht wurde?«

Sie lächelt und sagt: »Du hast doch eben von der schönen Aussicht gesprochen.«

»Ihr macht es ja nicht anders als die Mauer-Turm-Pioniere vor der Staatsgründung«, kommt mir spontan der Vergleich in den Sinn. Nie vorher habe ich die Gemeinsamkeiten von damals und heute gesehen.

»Das hast auch du gesagt.«

Ich bin in einem politisch eher linken gesellschaftlichen Umfeld aufgewachsen. Die Kibbuzniks haben viel über die Siedler und die Außenposten geschimpft. Außenposten waren nicht weniger als »Krebs«, deren Siedler »wilde Parasiten« und »Hooligans«, die Feinde des Friedens und des jüdischen und demokratischen Israel, eine Gefahr des Rechtsstaates. Dass fünfzig Kibbuzim auf dieselbe Art entstanden sind, haben sie ausgeblendet. Selbst erzählen die alten Kibbuzniks stolz, wie sie im

»Noch-ein-Grundstück-und-noch-eine-Ziege-Verfahren« (in Israel ein geflügeltes Sprichwort) einen Staat aufgebaut haben. Genau dieses Verfahren praktiziert man heute in den Außenposten. Natürlich gibt es einen Unterschied. Damals hatten wir keinen Staat, jetzt haben wir ihn. Aber damals wie heute führte die Gründer neuer Siedlungen dasselbe Prinzip: Wo Juden sitzen, das wird jüdisch. Damals wie heute ging es um die künftige Gestaltung der Grenzen des Judenstaates.

Als die junge Frau weitergeht, schaue ich in die Landkarte. Zusammen mit vier anderen Außenposten bildet Achiya eine Reihe jüdischer Besiedlung zwischen Schilo und den Oberhängen des Jordantals, das sowieso jüdisch dominiert ist. Auf der anderen Seite des Schilo-Blocks entsteht eine ähnliche »jüdische Brücke« bis Ariel. Und Ariel ist mit dem Elkana-Block verbunden, der schon am Rande des Ballungsraums Tel Aviv liegt. »Territoriale Kontinuität« nennt man das, ein wichtiges Ziel des Siedlungswerkes. Einige Außenposten werben auch damit. Wer ein Leben voller Taten leben will, kann gleichzeitig für die territoriale Kontinuität sorgen.

In den letzten Jahren sehe ich immer mehr Werbeschilder für den Fabrikverkauf kleiner Unternehmen in der Nähe von Außenposten. Bio-Naturkosmetik, Honig, Schokolade, Seife aus Olivenöl, Ziegenkäse, Bio-Marmelade, handgefertigte Kerzen. Inzwischen erkenne ich, dass die Außenposten mehrere Fliegen mit einer Klappe schlagen. Das Politische ist ein Aspekt, aber für den Umzug in einen Außenposten gibt es mehrere Gründe. Es ist eine bezahlbare Alternative zu den inzwischen zu bürgerlichen Siedlungen, eine praktische Lösung für junge Familien aus Siedlungen. Und dann ist da noch der Wunsch, zum praktischen Zionismus zurückzukehren, zur landwirtschaftlichen Produktivität mit den eigenen Händen. Bis auf die Kibbuzim und Moshawim im Jordantal bieten die Siedlungen das nicht an. Oft verwirklichen die Leute, die in einen Außenposten ziehen, einen eigenen Lebenstraum, sei es eine Schaffarm oder Naturkosmetik. Sie sind die Siedler unter den Siedlern.

Grundbesitz im Wirrwarr

Anders als die Siedlungen wirken die Außenposten mit ihren Feldern und Äckern viel mehr mit dem Umland verbunden. Die Haine von Achiya sind nicht wie die alten arabischen Olivenhaine. Bei den Juden sind die Reihen so exakt, dass die Landschaft weniger natürlich aussieht. Aber im Vergleich zu manchen modernen Olivenhainen, in denen die Bäume für die Maschinen wie Hecken gehalten werden, sind diese Haine dennoch schön.

Bevor ich weiterfahre, schaue ich in der Datenbank einer israelischen linken Organisation nach, wem das Land des Außenpostens gehört. Es ist Staatsland. Gegründet wurde es als Ortsteil der Siedlung Shvut Rachel, die als Ortsteil der Siedlung Schilo definiert ist. Schnell stoße ich auf Rechtsstreitigkeiten. Nachdem die Oliven und Reben gepflanzt wurden, beanspruchte ein Palästinenser aus einem benachbarten Dorf 2,5 Hektar, die seiner Aussage nach seinem Vater gehörten. Allerdings konnte er weder den Besitz noch eine Erbschaft nachweisen. Die Zivilverwaltung hat einen »Störnutzungsbefehl« erlassen, die Bewirtschaftung durch die Firma musste eingestellt werden. Über Jahre zieht sich der Streit schon. Solche Rechtsstreite gibt es in Judäa und Samarien viele. Schuld daran ist nicht nur der Wettbewerb um die Kontrolle, sondern auch die Gesetzeslage. Laut dem osmanischen Gesetz kann jeder sein Land verlieren, wenn er es drei Jahre lang grundlos nicht bewirtschaftet, dann wird es Staatsland. Wer unfruchtbares Staatsland dagegen zehn Jahre nachweislich bewirtschaftet, kann einen Anspruch auf das Land geltend machen. Die Briten übernahmen dieses Gesetz, die Jordanier und die PA auch, und Israel hat das eigene Gesetz, das diese Regelungen nicht kennt, hier nie angewendet. Solange die Rechtslage nicht eindeutig ist, ist noch viel Streit vorprogrammiert.

Narben in der Landschaft

Von der Siedlung Ofra führt eine schmale Straße hinauf auf einen Hügel. Am höchsten Punkt, auf 900 Meter über dem Meeresspiegel, steht ein Holzpodest. Der Wind weht frisch. Im hellen Sonnenlicht erkenne ich im Süden die Türme auf dem Ölberg. Im Osten, tief im Graben, schimmert das Tote Meer. Dahinter sieht man die jordanischen Berge. Bis 2017 befand sich hier Amona, mit vierzig Familien der größte Außenposten in Judäa und Samarien. An dessen Räumung erinnert man sich in Israel gut. Man sieht noch deutlich, wo Bauten standen. Damals klagten Palästinenser durch eine israelische Menschenrechtsorganisation am Obersten Gericht, das Land gehöre ihnen. Die Siedler und ihre Stiftung behaupteten, einen informellen Deal mit den Verkäufern vereinbart zu haben. Damit sie wegen des Landverkaufs an Juden nicht des Verrates verdächtigt würden, sollte das Land nicht auf die Käufer übertragen werden. Dafür würden sie das Land nutzen, ohne dass die Verkäufer es beanspruchen. Beweise konnten die Siedler nicht vorlegen und das Gericht befahl die Räumung. Diese kam mit viel Gewalt und mehr Verletzten als bei der gesamten Abkopplung.

In der kühlen Bergluft stelle ich bei meinen Recherchen fest, dass ich hier eigentlich nicht sein dürfte. Seit der Räumung ist das Gelände Militärsperrgebiet, wegen der Angst vor erneuten Aufbauversuchen. Warum es keine Hinweisschilder gibt, weiß ich nicht. Ich möchte nicht lange bleiben. Mein letzter Blick fällt auf eine Tafel, auf die jemand gesprüht hat: »Es werden wieder Häuser, Felder und Weinberge in diesem Land gekauft werden.« Ich erkenne den Bibelvers, Jeremia 32,15.

Hier ist nur noch eine Narbe in der Landschaft geblieben. Bei den Evakuierten hat das Trauma der Räumung sicher seelische Narben hinterlassen. Doch sie erhielten neue Hoffnung, denn für sie wurde die Siedlung Amichai gebaut, die erste offiziell neue Siedlung seit Oslo. Die palästinensischen Kläger fühlen sich in ihren Rechten sicher ebenfalls verletzt. Aufgrund ihrer Klage wurde zwar die Siedlung geräumt, aber solange der Hügel ein Militärsperrgebiet ist, können sie das Land nicht betreten.

Ultraorthodoxe Siedlungen

Obwohl die Fahrt von der Grünen Linie bis Modiin Illit nur drei Minuten dauert und die Stadt einen Zubringer zur Schnellstraße Tel Aviv – Jerusalem hat, hat mich nie etwas dorthin verschlagen. Kein Wunder, dort wohnen nur Ultraorthodoxe. Die Begegnungen zwischen der allgemein-israelischen und der ultraorthodoxen Gesellschaft begrenzen sich auf ein Minimum. Aber heute bin ich in den drei ultraorthodoxen Siedlungen auf Erkundungstour.

Von Jerusalem führt die bestens ausgebaute, immer mindestens vierspurige Straße erst durch 67er-Land, dann durch 48er. Am Ende der Schnellstraße fährt man fast zwei Kilometer durch ehemaliges Niemandsland, bevor man wieder 67er-Land erreicht. Von all diesen Linien ist nichts zu sehen.

Ich fahre erst an Modiin Illit vorbei, um zu sehen, wie weit die Grenzanlage entfernt ist. Dorthin benötige ich weniger als eine Minute. Ich wende und fahre in die Stadt. Sie ist viel größer, als ich dachte. Die vierspurige Allee verläuft zwischen Hügeln voller Mehrfamilienhäuser mit acht bis zehn Stockwerken und unruhiger Architektur. Stadtbäume sind schon gepflanzt, sonst gibt es hier nicht viel Grün, überall sind Baustellen. Im Stadtpark mit viel Rasen ist kein Mensch zu sehen. Ein richtiges Zentrum finde ich nicht. Ab und an huscht schnellen Schrittes ein Mann in schwarzer Kleidung oder eine Frau in einer Mode aus einer anderen Welt vorbei.

Der einzige Nichtorthodoxe ist ein Angestellter der Straßenreinigung, ein Araber. Mir fällt es leichter, ihn anzusprechen, als alle anderen. Ich kurbele das Fenster runter und frage, wo das Zentrum sei. »Hier«, antwortet er, während seine Hand einen Kreis beschreibt. Er ist etwa 20 Jahre alt und trägt eine Leuchtweste, einen Besen, ein Kehrblech am Stiel und einen schwarzen Plastiksack.

»Bist du von hier?«, stelle ich mich dumm.

Er lächelt unsymmetrisch. »Nein, nein. Ich arbeite nur hier.« Ich muss noch einmal nachfragen, bis ich die Antwort erhalte: »Ich komme aus Ni'lin.«

Dieses palästinensische Dorf liegt direkt hinter dem Checkpoint, keinen Kilometer entfernt.

»Sind alle hier so?«, frage ich und deute mit den Augen auf eine ultraorthodoxe Frau.

»Alle«, antwortet er.

Ich drehe noch ein paar Runden. 80 000 Einwohner und ich war noch nie hier. Unglaublich. Es gibt keine andere israelische Stadt in dieser Größenordnung, in der ich noch nie gewesen bin. So viele sind es ja auch nicht. Modiin Illit ist die größte Siedlung, etwa jeder sechste Siedler lebt hier, wenn man Jerusalem nicht mit einrechnet. Der Ort war kein klassisches staatliches Städtebauprojekt. 1990 haben ein paar Ultraorthodoxe die Siedlung auf Land gegründet, das sie selbst gekauft hatten.

Am Fuße des samarischen Berglandes fahre ich weiter nach Norden ins 40 Minuten entfernte Immanuel. Die Siedlung mit 4 000 Einwohnern ist städtischer als für diese Größenordnung üblich. Es gibt fast nur Mehrfamilienhäuser, trotzdem ist alles sehr grün. Von überall schaut man auf die bewaldeten Hügel. Der Ort liegt einsam, ohne sichtbare Nachbarorte, weder jüdische noch arabische. Alles wirkt verschlafen.

In einem Lebensmittelladen kaufe ich Gebäck. Ich frage die Frau an der Kasse, wo die Einwohner arbeiten. Manche haben eine Stelle im Ort, in der Verwaltung oder in Schulen, andere studieren an religiösen Hochschulen und einige fahren nach Ariel oder ins Industriegebiet Barkan. Es gibt eine gute Verbindung, man muss nur einmal umsteigen. »Aber sie bauen bald ein Gewerbegebiet direkt hier«, erzählt sie weiter.

Die Leute machen auf mich einen eher armen Eindruck, ein Blick ins Ranking bestätigt dies: Gruppe 2 von 10. Mit Sicherheit haben günstige Immobilienpreise die Menschen hergeholt, kombiniert mit dem Wunsch, in einem ultraorthodoxen Umfeld zu leben. Nach Angaben des Dachkommunalverbandes in Judäa und Samarien hat Immanuel die zweithöchste Wachstumsrate unter allen Siedlungen, 6,5 Prozent im Jahr. Auf der Internetseite der Gemeindeverwaltung wird von allen Bauprojekten in unterschiedlichen Planungsphasen erzählt. Bis 2023 soll sich die Bevölkerung verdoppeln.

Zur letzten Siedlung auf meiner Liste fahre ich über die Autobahn im 48er-Gebiet nach Süden und hinauf ins Gebirge, Richtung Jerusalem. Im Jerusalemer Korridor sind überall Wälder. Hier kommt der Checkpoint etwas vor der Grünen Linie. Unsere Lehrerin auf einem Schulausflug in der fünften Klasse hatte eine gute Erklärung für diesen Namen. Auf der einen Seite der Grünen Linie sei es grün, auf der anderen kahl, sagte sie. Später habe ich festgestellt, dass diese originelle Begründung recht verbreitet ist und teilweise die Realität abbildet.

Eine Minute nach dem Checkpoint biege ich ab nach Beitar Illit. 2,5 Kilometer Luftlinie entfernt befindet sich das palästinensische Dorf Battir, das antike hebräische Beitar, die einstige Hochburg des jüdischen Widerstands gegen Kaiser Hadrian im 2. Jahrhundert n. Chr. Beim Dorf befindet sich noch ein Steinhaufen, den die Araber »Ruine der Juden« nennen.

Vorbeigefahren bin ich an Beitar Illit oft, in der Stadt war ich aber noch nie. Sie sieht besser und gemütlicher aus als Modiin Illit. Die Häuser sind nicht ganz so hoch und viele Gebäude haben rote Ziegeldächer. Die Lage am Hang bis 800 Meter über dem Meeresspiegel bietet einen schönen Blick in die weite Landschaft. Es wirkt wie ein Jerusalemer Stadtteil, eher eine Schlafstadt am Großstadtrand. Wie in Modiin Illit sehe ich nur Ultraorthodoxe. Auch hier hat die Stadt als eine private, kommerzielle Initiative im selben Zeitraum begonnen. Dann kam der Staat dazu. Es war die erste Stadt in Israel, die für Ultraorthodoxe gebaut wurde. 60 000 Menschen leben heute hier, jeder achte Siedler (Jerusalem ausgenommen). Damit ist Beitar Illit die zweitgrößte Siedlung.

Einen der Bewohner kenne ich, er hat auch die Reiseleiterlizenz. In Israel säkular aufgewachsen, im Krieg traumatisiert, Schauspieler geworden, hat im Theater in Frankfurt gearbeitet und wurde dann fromm. Ein kluger und schlagfertiger Mann. Einmal sprachen wir über den Konflikt. Mein Bekannter war offen und pragmatisch. Er sehnte sich nach dem Frieden, kannte sich aber in der Geschichte aus und vergaß die arabische Gewalt vor der Staatsgründung nicht. Mit dem Staat Israel konnte er sich nicht problemlos identifizieren. Er war über vieles enttäuscht. Wichtig war ihm das Studieren der Tora und rabbinischer Schriften, Grenzen und Souveränitäten interessierten ihn weniger. Sie seien sowieso nur von Menschen gemacht und temporär. Einen Umzug im Falle einer Räumung würde er gewaltlos hinnehmen, sagte er, aber gut oder realistisch sei die Idee in seinen Augen nicht. Mit Arabern hatte er auf persönlicher Ebene kein Problem, aber mit dem Rücken zu einem Araber würde er nicht stehen. Sein frommes Aussehen macht ihn zu einem attraktiven Ziel für Messerattacken. Im Dunkeln würde er nicht durch arabische Straßen gehen.

Seine Haltung zum Konflikt ist typisch für die ultraorthodoxe Gesellschaft. Die Ideologie spielt bei ihnen kaum eine Rolle. Im Grunde genommen wollen diese frommen Juden ihren Lebensstil führen und von allen anderen in Ruhe gelassen werden. Die israelische Öffentlichkeit liebt sie nicht, und wenn sie irgendwo auf einem Hügel in Judäa leben, stören sie weniger. Besser wäre es nach Meinung mancher Israelis nur noch, wenn sie in die Wüste geschickt würden oder auf den Mond. Aber da gibt es noch keine Siedlungen.

Mir hallt ein Satz des Bürgermeisters von Immanuel im Kopf nach. Im Image-Film der Ortschaft erzählte er von seinem Treffen mit »Zambish«, Zeev Hever, einem der Anführer des Siedlungswerkes: »Wenn du eine halbe Million Juden in Judäa und Samarien erreichen willst, musst du das ultraorthodoxe Publikum gewinnen.« Von der bald erreichten halben Million Siedler (Jerusalem ausgenommen) sind 130 000 ultraorthodox, und das mit nur drei Siedlungen. Sie kamen vielleicht nicht aus ideologischer Überzeugung, aber für das Siedlungswerk war ihr Gewinn ein Schachzug.

Legal und illegal

In den europäischen Medien werden die »israelischen Siedlungen« oft mit der Aussage »völkerrechtswidrig« kombiniert. In den USA lief eine tiefgründigere intellektuelle Diskussion über dieses Thema. Die Legalität der Siedlungen war dort eine Frage mit mehr als einer Antwort.

Wer das Siedlungswerk als völkerrechtswidrig beurteilt, argumentiert mit der Vierten Genfer Konvention. Dort wird die Ansiedlung eigener Bevölkerung eines Staates in einem Gebiet, das er besetzt, verboten. Die Konvention gilt für Gebiete, die ein Staat von einem anderen Staat erobert hat. Judäa, Samarien und der Gazastreifen gehörten aber nie einem souveränen Staat, argumentiert Israel. Jordanien und Ägypten hatten sie zwar besetzt, sie gehörten ihnen aber nicht. Davor waren sie immer Teil dieses Landes. Nur der Krieg von 1948 unterschied die Landesteile, und selbst dieser endete mit temporären Waffenstillstandslinien, ohne anerkannte internationale Grenzen. Das Siedlungsverbot wurde in der Konvention ursprünglich formuliert, um eine zwanghafte Ansiedlung in besetzten Gebieten zu unterbinden, erklären manche. Im Konventionstext werden die Begriffe »Deportation« und »Transfer« verwendet. In die israelischen Siedlungen wurde keiner deportiert.

Rechtsexperten sind unterschiedlicher Meinung. Einige sind von der Völkerrechtswidrigkeit überzeugt. Die Palästinenser hätten in den 67er-Gebieten das Anrecht auf Selbstbestimmung und die Vierte Konvention solle sie schützen. Andere erklären die Besiedlung für Israels Recht. Der im englischsprachigen Raum renommierte Professor für internationales Recht Julius Stone wies darauf hin, Israel hätte diese Gebiete im Akt der Selbstverteidigung eingenommen.[45] Deswegen dürfe es die Gebiete bis zum Erreichen eines Friedensvertrages halten. Ebenso urteilten Douglas Feith[46], Jurist und hochrangiger Beamter in der US-Administration, Prof. Eugene Rostow[47], ehemaliger US-Staatssekretär, sowie Prof. Stephen Schwebel[48], Präsident des Internationalen Gerichtshofes in Den Haag.

Andere Juristen erklärten, Israel wäre der Staat mit der stärksten Affinität zu Judäa und Samarien, stärker als Jordanien und Ägypten, die bis zu ihrer Eroberung dieser Regionen ohne diese existiert hatten. Die Palästinenser seien dort, hätten aber nie eine eigene Souveränität gehabt.

Manche verweisen auf den Beschluss des Völkerbundes (Sanremo-Konferenz 1920). Dort hieß es: »Kein Teil Palästinas wird dauerhaft an eine Regierung einer fremden Macht abgegeben oder zeitweise verpachtet und auf keine Weise unter deren Kontrolle gestellt werden.« Die jordanische Besatzung Judäas und Samariens und Ägyptens Besatzung des Gazastreifens widersprächen dieser völkerrechtlichen Grundlage, die israelische Souveränität hingegen nicht, weil sie nicht fremd ist und das Land letzten Endes vereint.

Auch die Mandatsschrift erklärte die »Förderung dichter Besiedlung von Juden« zum Ziel des Völkerbundauftrags. Wer den Auftrag des Völkerbundes für ungültig hält, weil es den Völkerbund nicht mehr gibt, wird auf § 80 im 12. Kapitel der Charta der Vereinten Nationen hingewiesen. Dort werden alle durch den Völkerbund anerkannten Rechte von Völkern und Staaten durch die UN übernommen. Entsprechend würde das Recht des jüdischen Volkes zur Besiedlung im ganzen Land gelten, argumentieren manche. Der UN-Teilungsplan hätte diese Beschlüsse aufgelöst, wenn ihn die Araber nicht abgelehnt hätten. Aber durch die Ablehnung trat der UN-Teilungsplan nie in Kraft.

Judäa und Samarien seien für Juden nicht einfach irgendwelche Gebiete, analysieren manche Juristen. Meir Schamgar, gebürtiger Danziger und Präsident des israelischen Obersten Gerichtes, meinte bezüglich der rechtlichen Relevanz der jüdischen Geschichte in Judäa und Samarien: »Die Rückkehr Israels zu Judäa und Samarien ist nicht mehr eine Besatzung als die Rückkehr der Franzosen nach Elsass-Lothringen.«

Kritische Masse

Häufig wird das Siedlungswerk so dargestellt, als hätte eine ideologische Randgruppe den ganzen Staat nach sich gezogen. Dabei waren die ersten Siedlungen (außer Hebron) eine gewollte Politik der Arbeitspartei. Die Ideologen aus dem religiösen Zionismus kamen erst ein Jahrzehnt später dazu.

1972 gab es 750 Siedler, 0,0002 Prozent der damaligen Gesamtbevölkerung. Bei der Unterzeichnung von Oslo I waren es schon etwas mehr als 115 000 Einwohner in den Siedlungen, damals gut 2 Prozent der gesamtisraelischen und knapp 3 Prozent der jüdischen Bevölkerung.

Trotz der Zweiten Intifada wuchsen die Siedlungen kräftig weiter und sie blühen weiter auf, während ich diese Zeilen schreibe. Wenn ihr Zuwachs so bleibt, wird die Eine-Million-Grenze in den 2030er-Jahren erreicht werden. In diesen Zahlen sind die Juden in Ostjerusalemer Stadtteilen nicht enthalten. Wenn wir sie in die Rechnung einbeziehen, leben schon heute nahezu eine Million Juden außerhalb der Grünen Linie, jeder siebte israelische Jude.

Die tatsächliche Siedlungsfläche ist nicht so groß, wie man denken könnte. Die bebaute Fläche aller Siedlungen zusammen beträgt ein Prozent von Judäa und Samarien (Jerusalem ausgenommen) und die von den Siedlungen verwendeten Flächen, meistens umzäunt, betragen insgesamt 2 Prozent. Das Rechtsgebiet der Kommunen ist mit 9,7 Prozent[49] schon spürbar größer.

Zurückblickend ist die Entwicklung des Siedlungswerkes für dessen Befürworter eine außerordentliche Erfolgsgeschichte. Die Ergebnisse sind sicher besser, als sich die Aktivisten der Siedlerbewegung je hätten vorstellen können. Innerhalb von wenigen Jahrzehnten wurde die kritische Masse zur Unterbindung großflächiger Räumung erreicht. Von einem Promille der Gesamtbevölkerung ist die Bevölkerung der Siedlungen so gewachsen, dass jeder Israeli einige Siedler kennt. »Siedler« ist keine praktizierte Weltanschauung mehr, sondern oft schlicht eine Frage des Wohnortes. Wo zu Anfangszeiten innergesellschaftlich über die Legitimität der Siedlungen diskutiert wurde, sind diese Diskussionen inzwischen nicht mehr relevant.

Abgesehen von politischen und moralischen Fragen ist eine Räumung der Siedlungen mittlerweile nicht mehr praktikabel. Wenn man wirklich alle Juden vom 67er-Land umsiedeln wollte und die Räumung pro Kopf das Gleiche wie bei der Abkopplung kosten würde, wären es 285 Milliarden Euro. Doch die tatsächlichen Kosten wären deutlich höher, denn ein Haus im Gazastreifen war 2005 bei Weitem nicht so viel wert wie heute eines in Jerusalem oder 25 Minuten von Tel Aviv entfernt. Bei Gebietsaustausch auf Basis der Grünen Linie müssten immer noch etwa

100 000 bis 120 000 Siedler ihre Häuser verlassen. Allein dafür lägen die Kosten bei mindestens umgerechnet 32 Milliarden Euro, wenn die Rechnungsgrundlage von Gaza im Jahr 2005 zugrunde gelegt wird.

Dabei sind die Kosten jedoch nicht die zentrale Frage. Rein innenpolitisch ließe sich ein solcher Schritt schon nicht mehr durchsetzen, nicht nach den Erfahrungen in Gaza. Wer die Räumung für eine realistische Option hält, erliegt einer Illusion.

PALÄSTINENSER

Nakba und Feuerwerk

Auf die Empfehlung von Oren aus Beit Aryeh hin fahre ich ins benachbarte palästinensische Luban und halte dort am Lebensmittelladen an. An der Straße mit viel israelischem Durchgangsverkehr schreiben so gut wie alle palästinensischen Geschäfte ihr Angebot auch und zum Teil sogar nur auf Hebräisch an, von der Autowerkstatt über den Dönerstand bis hin zum Zahnarzt. Das Schild des Lebensmittelladens ist nur auf Hebräisch. Der Laden ist klein und vollgestopft, aber die Auswahl ist trotzdem gering. Das Obst und Gemüse sieht nicht nach A-Klasse aus, in den israelischen Supermärkten sieht man so etwas nicht. Mir gefällt es jedoch, ich stehe nicht auf die perfekte Güteklasse. An der Wand ist ein Fernseher installiert. Es läuft Al Jazeera.

Beim Rundgang entdecke ich viele israelische Produkte. Einige sind genau so verpackt wie in israelischen Läden, andere ähnlich, nur mit arabischer Schrift. Die Preise der Lokal- und Importware sind generell niedriger als in israelischen Läden, aber die israelischen Produkte hier kosten fast das Gleiche. Viele ausländische Produkte sind mir überhaupt nicht bekannt. Ich nehme ein paar Sachen und gehe zur Kasse. Es gibt kein Kassenband, nur eine Theke. Der Verkäufer tippt alles ein und nennt den Betrag gleich auf Hebräisch. Ich erzähle ihm, dass ich mich gefreut habe, den Laden zu entdecken, und zum ersten Mal hier anhalte. »Komm jeden Tag«, empfiehlt er mir lächelnd. »Ich habe hier alles.«

Ich frage ihn, wie lange er seinen Laden schon hat. Bald 25 Jahre. Ich erkundige mich, ob es im Dorf noch mehr Lebensmittelläden gibt.

»Ja, noch einen. Aber der ist klein und hat nicht so viel Auswahl«, antwortet er rasch. »Bei mir halten alle an, du bekommst hier immer einen Parkplatz und immer die besten Preise.«

»Kaufen auch Leute aus dem Dorf bei dir ein?«, erkundige ich mich. »Sicher. Aber für die ist der andere Laden näher«, lautet die ehrliche Antwort. »Hauptsächlich sind Israelis meine Kunden, 80 Prozent, manchmal mehr. Ich sage dir nicht ohne Grund, bei mir finden sie alles, was sie brauchen.«

Der Stolz auf seine israelische Kundschaft ist sichtbar. Sicher weiß er, dass Israelis, die nicht in einer der nächsten Siedlungen wohnen, wohl kaum zum Einkaufen hierherkämen. Sein Geschäft basiert auf dem Siedlerverkehr.

»Was wirst du machen, wenn die neue Umgehungsstraße fertiggestellt ist?«, frage ich.

Er hält seine Hände in einer empfangenden Geste auf, schaut nach oben und antwortet: »Gott ist groß.«

Er hat keine Ahnung, was er machen wird, wenn die Siedler nicht mehr durch Luban fahren. Vermutlich wird er den Laden aufgeben müssen, denn für die Dorfkundschaft ist er zu weit weg.

»Kommt ihr mit den Leuten aus Beit Aryeh klar?«

»Sicher«, antwortet er. »Wir zeigen unseren Kindern euer Feuerwerk am Unabhängigkeitstag.«

Auf diese Antwort war ich nicht vorbereitet. Wenn ich Palästinenser wäre, wäre mir der israelische Unabhängigkeitstag ein Dorn im Auge, der rücksichtslose Siegeszug des Feindes, der mich in meinem Schmerz in Bezug auf diesen Tag ignoriert. Doch der palästinensische Vater vor mir und seine Kinder warten auf diesen Tag, um das Feuerwerk zu sehen.

»Ich bin nicht aus Beit Aryeh«, erzähle ich. »Ich komme aus der Gegend von Netanya, aber seit einigen Jahren lebe ich im Ausland.«

»Ah, im Ausland ist es am besten, glaube mir. Aber wenn du zurück ins Land kommst, dann überlege dir, in Beit Aryeh etwas zu finden. Es ist ein guter Ort!«

»Ich dachte, jeder Jude weniger im Land ist ein guter Jude«, antworte ich mit einem Lächeln.

»Ah, lass mal die Politik raus. Sie ist unwichtig«, urteilt er.

Zwischen der politischen und der persönlichen Ebene ist die Kluft groß, das sehe ich immer wieder. Was politisch unverträglich ist, ist persönlich oft kein Problem. Daher frage ich: »Habt ihr auch Freunde in Beit Aryeh?«

»Ich habe Freunde überall, auch von Peduel, und Nili (weitere Siedlungen in der Nähe). Wir haben sie hier zu Hochzeiten eingeladen und sie haben wie Könige gegessen und viel Spaß gehabt.«

»Macht doch eine Städtepartnerschaft oder einen Fußballklub zusammen«, schlage ich vor, obwohl ich die Realität kenne.

»Ah, du weißt, wie es ist. Das geht nicht.«

»Wieso nicht? Würden die Siedler es nicht wollen?«, erkundige ich mich nach seiner Erklärung dafür.

»Unsere Behörde wird es nicht lieben. Wir würden Probleme bekommen.«

Es ist bekannt, dass die PA solche Beziehungen streng verbietet und jegliche Normalisierung mit Israelis und den Siedlungen boykottiert.

»Eines Tages«, sage ich optimistisch.

»Inschallah, von deinem Mund zu Gott!«

Das Papier ist egal

In Hawara gibt es fast immer Stau, denn durch das palästinensische Dorf in der B-Zone südlich von Nablus (Sichem) fließt nahezu der gesamte palästinensische Verkehr von Nordsamarien nach Süden und umgekehrt. Die Berge machen es zu einem Flaschenhals. Dazu kommt der israelische Verkehr aus drei Siedlungen und ihren Außenposten, die in C-Zone-Sackgassen liegen und durch Hawara müssen, um zur Außenwelt zu kommen. Auch ich stehe in diesem Stau. Vor mir ein gelbes Nummernschild (israelisch), neben mir ein weißes (palästinensisch), hinter mit wieder ein weißes und hinter ihm ein gelbes. Auch auf der Gegenfahrbahn ist ein farbliches Durcheinander. Man könnte fast meinen, in einer Art Normalität zu leben. Israelis und Palästinenser, Juden und Araber, stehen zusammen im Stau und sind genervt.

Der Durchgangsverkehr bringt dem Dorf aber auch manche Vorteile. Drei Kilometer lang reiht sich ein Geschäft ans nächste, sogar eine KFC-Filiale konnte sich im Dorf einnisten. Viele Läden haben hebräische Schilder.

Es ist Mittagszeit. 200 Meter vor mir liegt Samirs Falafelbude. Samir kenne ich seit einem Jahrzehnt, ich komme gelegentlich mit Reisegruppen zum Mittagessen zu ihm. Als unser 12 Meter langer neuer Bus zum ersten Mal vor seinem Laden anhielt, erkämpfte Samir mit viel Einsatz einen Parkplatz für uns. Für seine Konkurrenten war es ein interessantes Schauspiel, denn es kommt nicht oft vor, dass Reisebusse hier anhalten.

Wenn ich ohne eine Reisegruppe hier bin, setzt sich Samir, selbst wenn viel Betrieb ist, zu mir an den Tisch und einer der vier Mitarbeiter übernimmt die Leitung. So auch heute.

Ich möchte Samir ein Video zeigen, auf das ich neulich gestoßen bin. Es ist eine zweiminütige Simulation der neuen Umgehungsstraße von Hawara. Schon lange ist die Straße in Planung, aber nach einem tödlichen Messerangriff, den es hier vor mehreren Monaten gab, antwortete die Regierung mit der Beschleunigung des Projektes. Um Steinwerferei zu vermeiden, wird die neue Trasse 8 bis 9 Meter hoch sein. 7,3 Kilometer, ein paar Brücken und Unterführungen, zwei höhenungleiche Kreuzungen und an einigen Abschnitten vier Spuren – das alles für etwa 65 Millionen Euro. Die Straße soll von Juden wie Arabern frei genutzt werden dürfen, im Gegensatz zu einigen Abschnitten von guten Transitstraßen, die für den palästinensischen Verkehr nicht erlaubt sind, und vielen kleinen Straßen, die für den israelischen Verkehr unzugänglich sind, weil sie durch A-Zonen verlaufen.

Samir schaut sich das Video mit mir an. Er erkennt, wo die neue Straße verlaufen wird, und ist beeindruckt.

»Gut oder nicht gut?«, frage ich nach seiner Meinung.

»Gut und nicht gut. Gut, weil hier kein Stau mehr sein wird, und nicht gut, weil hier kein Stau mehr sein wird«, formuliert er klug. Der Stau ist nicht angenehm, aber er lebt von ihm. Bei Samir halten kaum Siedler an, er ist nicht auf den israelischen Kundenverkehr angewiesen. Aber wenn auch der palästinensische Verkehr nicht mehr durch das Dorf kommt, hat er ein Problem. Für die 7000 Einwohner wird es zu viele Falafelbuden geben.

Die Gespräche mit Samir über politische Auswege zeigen mir immer seine große Flexibilität. Mal hält er den Palästinenserstaat für unverzichtbar, mal für eine noch schlechtere Zukunft.

»Samir, du weißt ja, wer solche Summen in Straßen steckt, hat keine Absicht zu gehen«, stelle ich ihm meine These vor.

»Erzähl mir was Neues.«

»Wenn dir ein israelischer Ausweis angeboten werden würde, würdest du ihn annehmen?«

»Wieso nicht? Wenn ich überall hinkann, auch nach Jerusalem und in den Norden, ist mir das Papier egal. Ich möchte auch kein Militär mehr sehen, nicht nachts und nicht am Tag. Polizei brauchen wir, es gibt hier keine, aber das Militär ist ein Problem für die Leute.«

Wie der Unterschied zwischen der Schweiz und Albanien, nur größer

Hawara wirkt für israelische Augen wie eine Kleinstadt in einem Schwellenland. Nirgendwo ist ein Bürgersteig länger begehbar als ein paar Schritte, der Randstein ist an einer Stelle flach, dann wieder so hoch, dass man ein Geländer bräuchte. Plötzlich steht ein Abwasserschacht 30 cm höher als die Straße. Die Bauweise ist chaotisch. Die meisten Häuser sind unfertig. Vor den Metzgereien hängen geschlachtete und enthäutete Tiere. Straßenbegrünung gibt es nirgends. Die Straßenlaternen sind eigentlich für große Verkehrsstraßen gedacht, nicht für innerorts. Was es hier an keiner Stelle gibt, ist urbane Eleganz. Und überall liegt Müll.

Zwei Kilometer entfernt beginnt die A-Zone von Nablus (Sichem), der zweitgrößten palästinensischen Stadt im Westjordanland. 170 000 Einwohner leben hier. Im Vergleich zu den Straßen am Rande von Nablus sieht Hawara entwickelt aus. Hier ist es noch viel ärmlicher, chaotischer, dreckiger. Dafür, dass Nablus der wichtigste palästinensische Industriestandort ist, ist sein Gewerbegebiet bescheiden. Eine Matratzenfabrik, eine Öl- und Margarinefabrik, eine Fabrik für Instant-Lebensmittel, alle nicht besonders groß. Dafür gibt es viele Kfz-Werkstätten und Baustoffhändler. Aber es ist noch reichlich Platz auf den großen Grundstücken zwischen den rasterförmig angelegten Straßen.

Der palästinensischen Wirtschaft geht es deutlich schlechter als der israelischen. Zum Vergleich: Polens Bruttoinlandprodukt (BIP) beträgt ungefähr die Hälfte des BIP Deutschlands, Albaniens BIP etwa ein Sechstel des BIP der Schweiz. Das palästinensische BIP (Westjordanland und Gaza zusammen) liegt dagegen bei zirka 3 500 US$, das ist weniger als ein Zehntel des israelischen. Wie wäre es wohl, wenn ein schweizerischer Ort direkt neben einem albanischen läge? Die Unterschiede zwischen einem palästinensischen und einem israelischen Ort sind fast doppelt so groß, und sie sind tatsächlich benachbart.

Die Arbeitslosigkeit unter Palästinensern im Westjordanland liegt bei 18 Prozent, im Gazastreifen ist sie viel höher. Und wer einen Job hat, kann trotzdem arm sein. Es stimmt, dass die Preise hier spürbar niedriger sind als in israelischen Läden und dass die Palästinenser, im Gegensatz zu Israelis, kaum oder keine Steuern zahlen. Aber der Unterschied im Lohnspiegel ist größer als im Preisspiegel. Für die gleichen Jobs verdient man hier ein Fünftel, höchstens ein Viertel des israelischen Lohns. Bei wissensbasierten Berufen ist der Unterschied noch größer. Kein Wunder, dass eine Arbeitsstelle in Israel oder in den Siedlungen lukrativ ist. 300 000 von insgesamt 800 000 palästinensischen Arbeitnehmern sind entweder in Israel oder in den

Siedlungen beschäftigt. Und wer hier in der Industrie oder in der Landwirtschaft arbeitet, ist letzten Endes von israelischen Abnehmern abhängig. 85 Prozent des palästinensischen Exports aus der Landwirtschaft und Industrie werden in Israel verkauft. Falls es jemals zwei getrennte Volkswirtschaften waren, sind sie heute derart ineinander verwachsen, dass eine klare Abgrenzung nicht mehr möglich ist.

Ich versuche, in die Zukunft zu schauen. Israels wirtschaftliche Zukunft ist vielversprechend. Sein Schwerpunkt in der Info- und Biotechnologie erhöht die Chancen, dass das Land weiterhin zu den Gewinnern dieses Jahrhunderts gehören wird. Israel wird wahrscheinlich noch reicher und noch stärker werden. Die Palästinenser, wie die meisten Teile der arabischen Welt, werden vermutlich eher zu den Verlierern der Globalisierung gehören, besonders wenn sie weiterhin hauptsächlich billige Arbeitskräfte anbieten.

Ein Spezialtor

Die arabische Stadt Baqa el-Gharbijja (das westliche Baqa) liegt direkt an der Grünen Linie. Früher fuhren die Einwohner ins andere, das östliche Baqa, zum Einkaufen. 1,5 Kilometer liegen zwischen den beiden Orten. Die Leute vom westlichen Baqa sind israelische Staatsbürger, weil ihr Dorf im Waffenstillstandsabkommen von 1949 zu Israel gekommen ist. Die Leute im östlichen Baqa kamen unter jordanische und 1967 unter israelische Kontrolle. Seit Oslo ist ihr Dorf in einer B-Zone der PA. Seit der Zweiten Intifada verläuft die Grenzanlage zwischen den beiden Baqas. Man kann nicht mehr einfach mit dem Auto rüberfahren.

An diesem Morgen möchte ich mir das Tor zwischen den beiden Baqas anschauen. Die Straße ist eine Sackgasse geworden, sie endet in einer Betonmauer. Um 07:10 Uhr ist sie dafür aber sehr lebendig. Jede Menge Pkws, vor allem Pick-ups, stehen hier. In den meisten ist nur der Fahrer, manchmal sitzt auch jemand auf dem Beifahrersitz. Bei vielen bleibt der Motor an. Andere warten angelehnt an ihr Auto, im Handy versunken. Ich bin der einzige Jude zwischen den Arabern und falle auf, aber keiner spricht mich an.

Ab und zu kommen Leute zu Fuß aus einer Seitengasse, allein oder in Kleingruppen. Fast alle tragen eine schwarze Plastiktüte in der Hand. Dieses Bild ist in Israel bekannt. Ich habe nie verstanden, wieso die palästinensischen Arbeiter ihr Essen in schwarzen Plastiktüten tragen. Dem Klischee nach haben sie darin Pita und Hummus.

»Wartet ihr alle auf Arbeiter?«, frage ich einen wartenden Mann. Er nickt.

»Kann ich auch einen Arbeiter mitnehmen?«

»Hier kommen nur welche mit Sondergenehmigung durch. Sie wurden alle persönlich eingeladen«, erklärt er. Auf seiner Ladefläche hat er Gartenwerkzeug.

»Gärtner, oder?« Er lächelt bestätigend und gibt mir eine Visitenkarte aus dem Auto. Die Visitenkarte ist nur auf Hebräisch.

»Wir machen alles. Mauern, Trockenbau, mit Beton, Wege, Pflaster, Pergolen, Bewässerung, alles computerisiert, alle Pflanzarbeiten. Neue Gärten und Pflege. Meine Kunden sind überall im jüdischen Sektor.«

»Hast du auch arabische Kunden?«

»Ein paar, aber viel mehr Juden. Sie arbeiten gern mit mir.« Die Aufträge von jüdischen Kunden scheinen für ihn die beste Visitenkarte zu sein.

»Wie viele Arbeiter holst du hier ab?«

»Nur zwei. Ich habe meine festen Leute. Sie kennen die Arbeit und die Kunden.«

»Bekommst du leicht die Genehmigung, sie zu beschäftigen?«

»Im Staat Israel ist nichts einfach, wie du weißt«, erklärt er von Israeli zu Israeli. Wenn es um Beschwerden über Bürokratie geht, gibt es eine Grundsolidarität unter Israelis, auch zwischen Juden und Arabern.

»Ich kann dir versichern, dass es im Ausland nicht einfacher ist«, gebe ich zurück.

In diesem Moment kommen seine beiden Arbeiter, Anfang 20, in Jeans und T-Shirt. Beide waren kürzlich beim Friseur. Die Haarmode der palästinensischen jungen Männer ist im internationalen Trend: die Seiten kurz, oben lang, der Pony noch länger und diagonal mithilfe von Haarspray stehend. Beide haben einen nicht zu langen Hipsterbart. In einem anderen Kontext hätte ich sie nie für Hilfsarbeiter gehalten. Ihr Arbeitgeber fragt sie, ob es heute am Grenzübergang schneller ging. Sie sind wohl etwas früher als sonst.

»Wann müsst ihr aufstehen, damit ihr um 7 Uhr hier seid?«, frage ich die beiden.

»So kurz vor 6 Uhr, wir wohnen nicht weit.« Sie kommen aus einem Dorf weiter südlich, nicht weit von Tulkarm. Ihre Einladung ist nur für diesen Grenzübergang gültig, weil ihr Arbeitgeber hier ist.

»Behandeln euch die Soldaten am Grenzübergang gut?«, erkundige ich mich.

»Sie sind schon okay. Sie machen ihre Arbeit und schauen sich die Dokumente an.«

Ich gehe in die Seitengasse, aus der sie gekommen sind, um mir die Grenze anzuschauen. Dort lehnen ein Dutzend Männer an einer Wand, mit Sicherheit palästinensische Grenzgänger. Vielleicht ging es auch für sie heute etwas schneller. Am Tor stehen ein Soldat und eine Soldatin rechts und links und nehmen die Papiere entgegen, alles unter freiem Himmel. Ein anderer Soldat sichert sie mit langem Gewehr ab. Er steht hinter einem L-förmigen Betonfertigteil mit Sandsäcken rechts und links. Auf der anderen Seite stehen etwa fünfzig Männer. Nacheinander treten immer zwei vor den beiden Soldaten an. Es verläuft ruhig. Die Wartenden scheinen genau zu wissen, wer dran ist.

Ich spreche die Soldaten an und frage, ob man hier auf die andere Seite darf. Ich kenne die Antwort, will aber hören, was sie sagen.

»Nur zurück darf man hier«, erklärt die Soldatin mit russischem Akzent. »Wer am Morgen rüberkommt darf am Abend zurück, sonst keiner. Es ist ein besonderes Tor.« Dann fügt sie hinzu, ich solle vorne auf meine Arbeiter warten, wo alle warten. Sie würden schon zu mir kommen.

Ich gehe zurück und stelle mich zu den wartenden Palästinensern. Nicht alle sind jung.

»Wartet ihr auf den Arbeitgeber?«, frage ich und bekomme ein Ja.

»Was arbeitest du?«, erkundige ich mich bei einem etwa Fünfzigjährigen im karierten Hemd.

»Bau«, lautet seine kurze Antwort.

»Hast du einen weiten Weg hierher?«

»Eine halbe Stunde. Wir organisieren uns in Gruppen und nehmen jeden Tag ein Sammeltaxi.«

»Wie lange kann das Überqueren hier dauern?«

»Unterschiedlich. Manchmal bis zu zwei Stunden, aber das ist selten. An anderen Grenzübergängen dauert es viel länger. Kennst du Qalandia?« Qalandia ist der Hauptübergang zwischen Ramallah und Jerusalem. »Dort ist es schon um 5 Uhr morgens voll.«

»Ich war im Terminal in Bethlehem, da läuft alles biometrisch und sehr schnell«, berichte ich.

»Ja, ist schon viel besser als früher.«

Je nachdem, wo die Grenzgänger herkommen, wie ihre Strecke bis zum Grenzübergang aussieht, wie lange die Überquerung dauert und wie lange dann der weitere Weg bis zur Arbeitsstelle ist, kann ihr Arbeitsweg eine richtige Tortur sein. Und dasselbe erwartet sie auf dem Heimweg. Jeden Tag.

»Manche sind viele Stunden unterwegs, oder?«

»Was sollen die Leute sonst machen? Bei uns gibt es nicht genug Arbeit für alle«, erwidert er.

»Wer in den Siedlungen arbeitet, hat es einfacher«, füge ich an.

»Sicher. Aber hier gibt es am meisten Arbeit«, betont er.

»Sag mal, wenn dir ein israelischer Ausweis angeboten würde, würdest du ihn annehmen?«

»Wieso? Bist du von der Regierung?«

»Nein, ist mir nur grad durch den Kopf gegangen.«

Er antwortet zögerlich: »Klar würde ich. Aber wer würde ihn mir geben?«

»Und wenn du dich zwischen einem PA- und einem israelischen Ausweis entscheiden müsstest?«

»Keine Frage, den israelischen. Dann würden wir wie Menschen leben. Jetzt leben wir wie Tiere. Auch unsere Leute verarschen uns nur. Wir leben von der Hand in den Mund und wissen nie, was morgen sein wird. Die 48er-Araber leben wie Könige. Sie beschäftigen uns am meisten, direkt oder als Subunternehmer. Sie tanzen auf allen Hochzeiten.«

»Und wenn du einen israelischen Ausweis, aber wie die Ostjerusalemer hättest, wäre das auch gut?« – »Alles wäre besser, als es jetzt ist.«

»Aber dann dürftest du nicht für die Knesset wählen«, wende ich ein.

Er lacht. »Weißt du, wann wir das letzte Mal Wahlen hatten? 2006! Einmal konnten wir wählen, als die PA gegründet wurde, und dann 2006 wieder. Und selbst das nur, weil die Amerikaner Druck gemacht haben. Dann haben sie gesehen, dass Wahlen bei uns nichts Gutes sind.«

»Die Hamas ist bis heute die größte Partei, oder?«, frage ich, denn ich will wissen, ob er den Hamas-Sieg meint.

»Klar sind sie die größte Partei. Wir hatten seitdem ja keine Wahlen mehr. Auch damals habe ich nicht gewählt. Wahlen sind das Letzte, was ich brauche.«

»Also so was wie ein Ostjerusalemer wäre für dich auch gut?«, möchte ich konkret hören.

»Das wäre mehr als gut, wenn ich damit überall durch alle Checkpoints käme und bei der Nationalversicherung (Sozialversicherung mit Kranken- und Altersversicherung) wäre.«

»Wäre ein palästinensischer Staat nicht besser?«

»Der wäre noch schlechter als die PA. Die PA wird immerhin ein bisschen durch die Europäer und die Amerikaner kontrolliert. Sonst würden alle Gelder in die Taschen der Politiker fließen, so stecken sie nur einen Teil ein. Korrupte Nutznießer sind es alle.«

»Wird es einen palästinensischen Staat geben?«

»Nie«, antwortet er mit fester Stimme. »Die Politiker würden doch ihre Ämter nie selbst abschaffen. Sie wollen alles lassen, wie es ist.«

Konkurrenz zwischen Anbietern

Zwanzig Jahre sind vergangen, seitdem ich meine ersten Erfahrungen in einem palästinensischen Tante-Emma-Laden in Barta'a hatte. Nun komme ich wieder her. Vieles hat sich geändert. Obwohl die Grüne Linie inmitten des Dorfes verläuft, hat man die Grenzanlage außerhalb gebaut. So blieb das Dorf vereint, aber nun befindet sich auch seine palästinensische Seite (B-Zone) auf der israelischen Seite der Grenzanlage. Während meiner Schulzeit war in der palästinensischen Hälfte kaum ein Laden, es war eher eine verschlafene Dorfstraße. Jetzt herrscht hier Hochbetrieb. Schon in der israelischen Hälfte beginnt ein Stau. Autos mit israelischen Kennzeichen parken überall, höhere Allradfahrzeuge manchmal sehr kreativ, zum Beispiel inmitten eines Kreisverkehrs. Wo die palästinensische Hälfte beginnt, erkennt man sofort am Stromkabeldschungel.

Vor zwanzig Jahren war ich selbst Schüler, heute zeige ich meinem ältesten Sohn das Dorf. Mit seinen 13 Jahren hat er Hunger wie zwei Erwachsene. Wir setzen uns ins Restaurant am Kreisverkehr, in den letzten Metern des 48er-Teils. Während wir auf das Essen warten, versuche ich, meinem Sohn das Gefüge Barta'as zu erklären: »Ich glaube, dass die Einwohner theoretisch eine Genehmigung brauchen, um sich im israelischen Teil aufzuhalten.«

Ein Mann, der alleine am Tisch nebenan sitzt, meint: »Wie ich.« Er erzählt, dass zu Fuß keiner kontrolliert wird, auch mit einem Auto mit palästinensischem Nummernschild wird nichts passieren, wenn man in den israelischen Teil fährt, aber aus dem Dorf rausfahren darf man nicht. Eigentlich trennt nichts den 48er-Dorfteil vom restlichen Israel.

»Was würde passieren, wenn man trotzdem weiterfahren würde?«, fragt mein Sohn.

»Das würde keiner machen. Sie würden dich sofort irgendwo stoppen und das Bußgeld ist sehr hoch, ein paar Tausend Schekel«, erwidert der Mann.

Als unser Essen kommt, frage ich den Kellner, aus welcher Hälfte er kommt.

»Ich wohne in der palästinensischen Hälfte«, antwortet er. »Aber nur wegen des Jobs. Eigentlich stamme ich aus einem Dorf bei Dschenin.«

»Was musstest du tun, um die Genehmigung zu bekommen, hier zu wohnen?«, frage ich nach.

»Nichts. Ich musste nur meine Wohnadresse hier melden und darf immer durch den Checkpoint. Aber ich will nicht immer fahren, deshalb bin ich hergezogen.«

Jetzt mischt sich auch der Mann hinter der Theke ein, dem das Restaurant gehört: »Ich beschäftige Leute mit allen Genehmigungen.«

»Wie kannst du mit den Preisen der Restaurants im palästinensischen Dorfteil mithalten?«, frage ich.

»Die Preise sind inzwischen identisch, schau dich später dort um. Sie haben sich uns angeglichen. Aber die Qualität ist kein Vergleich. Und ich zahle ganz normal wie jeder Betrieb, mit allen Steuern und Abgaben nach dem Gesetz.«

»Dann muss der Gewinn in den Restaurants drüben höher sein«, überlege ich laut.

»Und wie«, antwortet der Inhaber. »Deswegen haben nach dem Zaunbau so viele dort Betriebe eröffnet. Vorher war da nichts. Barta'a ist dort zum Geschäftsparadies geworden.«

»Sind alle von hier, die die Geschäfte gegründet haben?«

»Überhaupt nicht«, antwortet er: »Ich bin hier geboren, hier aufgewachsen, habe mein ganzes Leben hier verbracht. Aber die Leute kommen aus überall im Westjordanland, weil Dschenin nicht mehr so viel besucht wird. Früher sind alle Araber vom Norden dorthin gefahren, um einzukaufen. Dann kamen die Jahre der Intifada. Keiner fuhr mehr hin, also zogen die Geschäfte her.«

»Sind die neuen Geschäftsinhaber auch hergezogen?«, frage ich und erahne die gesellschaftlichen Anspannungen, die die neue Situation mit sich gebracht haben muss.

»Viele. Und nicht nur sie. Weil nichts das Dorf von Israel trennt, wollen viele Arbeiter herziehen. Die Mietpreise sind in die Höhe geschossen.«

»Wie kommt ihr mit den Zugezogenen aus?«

»Es gibt solche und solche. Probleme machen die jungen Männer, die nur ein Zimmer mieten und abends rumhängen. Sie haben einen schlechten Einfluss auf unsere Jugend.«

Nach der ausgezeichneten Mahlzeit fragt mich mein Sohn, ob wir hier eine Hülle für sein Handy finden würden. Wir gehen auf einen Bummel durch den palästinensischen Teil. Die Hauptstraße und die Nebenstraßen sind ein einziger Basar. Möbel, Haushaltsteile, Elektrogeräte, Kleider, Haustiere. Die Qualität ist oft unter dem Minimum, der Geschmack hauptsächlich im orientalischen Kitsch. Und billig. Alles ist billig. Elegant ist es nirgendwo. Auf der Straße stehen Autos im Stau, die vielen Fußgänger atmen die ganze Zeit die Abgase. Gehupt und geschrien wird auch. An einigen Ecken steigt Rauch vom Grill hoch, Schaschlikspieße werden direkt an der Straße verkauft. Viele Juden, aber noch mehr israelische Araber schlendern auf Schnäppchenjagd kreuz und quer durch den Basar. Für die Araber ist Barta'a ein Einkaufsparadies genau nach ihrer Vorstellung, für die Juden eine legale Reise in die palästinensischen Gebiete, ohne Sicherheitsrisiko, fast wie ein Sprung in ein Dritte-Welt-Land, für den man nicht mehr als eine halbe Stunde mit dem Auto braucht.

Wenn man den Menschen die Freiheit gibt, Geschäfte zu machen, finden sie schnell den Weg dazu. Wer sich Barta'a ansieht, ohne die Hintergründe zu kennen, aus denen die Realität hier entstanden ist, könnte meinen, den Frieden gefunden zu haben. Den Frieden der Wirtschaft, in dem die Konkurrenz nicht zwischen Völkern besteht, sondern zwischen Anbietern.

Von Israel gelernt

Ahlam und ich waren in denselben Jahren in zwei verschiedenen Jerusalemer Planungsbüros tätig, ich als Landschaftsarchitekt und sie als Architektin mit Schwerpunkt Städtebau. Zusammen saßen wir in einem nationalen Planungsausschuss. Sie stammt aus einer arabisch-christlichen Familie in Nazareth. Ihre Zeit in Jerusalem öffnete ihr ein Fenster ins Leben der Palästinenser und sie engagierte sich bei einer Menschenrechtsorganisation. Als israelische Architektin konnte sie sich gut für den Einspruch gegen Enteignungen einsetzen.

Über die Jahre haben wir den Kontakt sporadisch aufrechterhalten. Ahlam wechselte mehrfach die Stelle und arbeitet heute unter anderem für die Vermarktung des palästinensischen Vorzeigeprojektes Rawabi, mein nächstes Ziel.

Die Straßenbeschilderung in Judäa und Samarien ist ein Thema für sich. An Entfernungstafeln stehen oft kleine Siedlungen angeschrieben, während große palästinensische Städte fehlen. Entweder denkt der israelische Planer nur an israelische Fahrer oder, noch schlimmer, er glaubt, die palästinensischen Städte würden etwas weniger existieren, wenn es sie auf den Schildern nicht gibt. Bei Rawabi ist das anders. Schon im ersten Kreisverkehr auf der Ramallah-Umgehung nördlich von Jerusalem steht der Name, als gäbe es ihn seit immer und ewig. Dabei ist Rawabi momentan in großen Teilen noch eine Geisterstadt.

An der neuen Zufahrtsstraße steige ich in Ahlams Dienstwagen mit palästinensischem Nummernschild. An der Einfahrt ist eine Barriere mit privater palästinensischer Security. »Wegen Baustellendiebstahl«, erklärt Ahlam. Wir halten an einem frisch gepflanzten Wäldchen an. »Die Bäume hat der Jüdische Nationalfonds gespendet«, erzählt sie mit einem breiten Lächeln. Nach viel Unrecht, das sie aus ihrer Perspektive mit ansehen musste, ist das für sie ein Trost, ein Zeichen der Hoffnung. »Es waren viele freiwillige Juden hier und haben sie gesetzt, von Jung bis Alt. Selbst die Spaten und Spitzhacken haben sie von zu Hause mitgebracht.« Wenn ein guter Wille da ist und kein Hintergrundlärm stört, ist das Normale möglich.

Ahlam erzählt über die fortschrittliche Planung von Rawabi, die die Umweltaspekte mehr als jede Stadt im ganzen Land berücksichtigen soll. Keine fremdländischen Gehölze, möglichst wenig Bewässerung, Rücksicht auf Topografie, Erhalt der Wadis, der Archäologie und Regenwassersammlung.

Die Stadt selbst ist eine Großbaustelle. Mehrfamilienhäuser mit acht bis zehn Stockwerken wurden schon hochgezogen. Der Standard ist hoch. An den Materialien wurde nicht gespart. Bürgersteige sind mit dem typischen Jerusalemer Kalkstein gepflastert, alle Fassaden mit ihm verblendet. Diese Stadt ist anders als alle arabischen Städte, die ich bisher gesehen habe. Jeden Israeli würde sie an Modiin erinnern, Israels größte Planstadt.

»Dann haben die Palästinenser doch etwas vom Siedlungsbau gelernt, stimmt's?«, frage ich Ahlam mit einem Zwinkern. Sie lacht. »Ja, es sind teilweise dieselben Baufirmen, die in Israel und den Siedlungen mitbauen. Ihr Know-how haben sie sicher von dort mitgebracht.«

»Aber auch in der Planung. Ich habe im ganzen Land noch nie eine arabische Städteplanung gesehen«, ergänze ich.

»Das ist aber nicht nur kulturell bedingt, sondern auch politisch. Kennst du eine israelische Regierung, die die Planung einer neuen arabischen Stadt vorangebracht hat?«

»Ja, mehrere. Kennst du nicht die geplante arabisch Stadt bei Akko, Tantur?«

»Aber sie ist noch in den Schubladen, Rawabi steht schon«, weist Ahlam auf den Unterschied hin. Ich möchte keinen Streit und verzichte auf eine Erwähnung der Gründe, weshalb die Planung so lange dauert. Nachbarorte haben Einspruch eingelegt. Arabische Nachbarorte.

»Tantur ist eine israelische Regierungsinitiative«, möchte ich einen Vergleich ziehen. »Wer hat Rawabi initiiert?«

»Baschar el-Masri, palästinensisch-amerikanischer Geschäftsmann mit Vision und Engagement«, antwortet sie.

»Ist er mit Munib el-Masri verwandt?«

Munib el-Masri ist der bekannteste palästinensische Geschäftsmann und auch der reichste Palästinenser.

»Ja, Baschar ist sein Neffe.«

Unser Spaziergang beginnt am höchsten Punkt auf dem bebauten Hügel. Ein kreisrunder Platz bietet eine Aussicht bis hin zum Mittelmeer. Im Mittelpunkt weht eine überdimensionale palästinensische Fahne am Mast, zur Aussichtsplattform hin stehen neun kleinere Masten mit Palästinafahnen. Um den großen Mast geben sich Menschenfiguren aus Metall die Hände. Sie symbolisieren den Aufbau Palästinas, dessen Flaggschiff Rawabi ist.

»Die Stadt ist für Familien aus der Mittelschicht gedacht«, erzählt Ahlam.

»Kann sich eine Familie aus der Mittelschicht denn eine Wohnung hier leisten?«

»Nicht jede. Es sind eher die bildungsnahen Familien mit guten Jobs«, präzisiert sie, denkt nach und korrigiert: »Wir sprechen über die gehobenere Mittelschicht. Der große Traum ist die Anziehung und dadurch Förderung der palästinensischen Hightech-Branche.«

»Gibt es so etwas?«, frage ich verwundert.

»Es gibt die ersten Anfänge. Durch meine Arbeit hier habe ich welche kennengelernt.«

»Wissen sie, was sie im selben Job in Israel verdienen würden?«

»Bestimmt, sie leben ja auch auf dieser Welt und mit einem Klick haben sie den Vergleich.«

»Wenn man ihnen den Zugang zum israelischen Arbeitsmarkt geöffnet hätte, denkst du, dass es Interessenten gäbe?«

»Diese Leute haben teilweise an palästinensischen Universitäten studiert, aber viele auch im Ausland. Sie kennen Israelis aus den Jahren im Ausland und denken global. Es gäbe nicht nur Interessenten, sondern einen richtigen Zulauf. Jeder, der Augen im Kopf hat, würde sich für Stellen in israelischen Firmen bewerben. Sie gehören zu den großen Spielern der Welt. Später würden sie auch eigene Firmen gründen. Das wäre ein Katalysator für die künftige palästinensische Wirtschaft.«

Während ich noch über die täglich verpassten Chancen nachdenke, zeigt mir Ahlam unser nächstes Ziel: die nagelneue offene Shoppingmall. Alles glänzt. Die Geschäfte können äußerlich mit der Bahnhofstraße in Zürich mithalten, ein paar internationale Marken haben sich hier schon niedergelassen.

»Nach Mittelschicht sieht es hier nicht aus«, kommentiere ich.

Ahlam lacht und erwidert: »Wer bummelt in der Mamilla-Shoppingmall in Jerusalem, nur die Reichen?«, fragt sie und liefert die uns beiden bekannte Antwort: »Jeder, der ein Stück Wohlstand spüren möchte. Die wirklich Reichen kaufen in solchen Straßen in Paris und New York ein, nicht in Rawabi.«

Allein sind wir hier nicht. Junge Familien und schick gekleidete Frauen mit Einkaufstüten schlendern auf und ab. Lang ist die Vorzeige-Einkaufsmeile nicht.

»Wie kommt das Projekt in der palästinensischen Gesellschaft an?«, erkundige ich mich.

»Unterschiedlich. Für manche ist es ein Beweis nationalen Könnens, andere kritisieren es als abgeschottete Wohnanlage für die Reichen. Aber wer das sagt, weiß nicht, dass wir nicht die Reichen als Zielpublikum im Visier haben. Es gibt immer wieder Stimmen, die sagen, dass eine solche Planstadt mit Mehrfamilienhäusern und Parks der palästinensischen Kultur nicht entspricht. Dass das ein Import aus Israel wäre. Dieses Modell ist zwar nicht aus der palästinensischen Kultur gewachsen, aber Kultur ändert sich im Laufe der Zeit. Auch die Palästinenser machen Fortschritte. Du siehst es ja bei uns israelischen Arabern. Bis 1948 waren wir genau wie alle anderen Palästinenser. Das Leben im modernen Umfeld in Israel hat uns aber schnell verändert. Ich glaube, dass sich eine moderne palästinensische Familie hier wohl fühlen kann.«

»Ohne Land um das eigene Haus? Ohne die Großeltern im Erdgeschoss, wie es bei ihnen selbstverständlich ist? Meinst du nicht, dass man dadurch an Lebensqualität verliert?«, frage ich offen und füge hinzu: »Selbst wäre ich in einem arabischen Steinhaus inmitten von Oliven und mit einem Esel viel glücklicher als im siebten Stock.«

»Du schaust aus dem romantischen Blickwinkel eines Menschen aus einem urbanen, entwickelten Land. Für die Leute, die herziehen, ist es ein Aufstieg.«

Sie hat recht. Vielleicht werden die Kinder oder Enkel der Zugezogenen wieder aufs Land ziehen wollen, wenn sie genug Wohlstand haben.

Wir erreichen ein Open-Air-Theater aus Stein, inmitten eines großen Parks.

»Das ist das größte Open-Air-Theater in den palästinensischen Gebieten«, informiert mich Ahlam. »Es hat 15 000 Sitzplätze. 2009 haben die Bauarbeiten für diese Stadt begonnen und heute leben hier schon ein paar Tausend Personen. 40 000 ist das Planungsziel. Ich wurde für den arabisch-israelischen Markt eingestellt, ein Zehntel der Wohnungen wurde von israelischen Arabern gekauft, als Kapitalanlage. Sie bleiben dort, wo sie zu Hause sind, aber es ist sehr attraktiv, in Rawabi eine Wohnung zu kaufen, denn es kostet viel weniger als in Israel. Und es ist nur der Anfang. In einigen Jahren wird ihr Wert steigen.«

Auch hier sind die Grenzen zwischen Ideologie und Marktwirtschaft nicht klar. Die Zukunft Palästinas wird mitfinanziert durch Kapital israelischer Araber, die die Wohnungen vermieten und palästinensischen Familien den Weg zum Eigenheim versperren. Aber so ist es nun mal. Sie brauchen dieses Kapital.

»Ist es auch Juden erlaubt, hier eine Wohnung zu kaufen?«

»Laut palästinensischem Gesetz dürfen Immobilien nicht an Ausländer verkauft werden. So schützen sie ihre Heimat«, erklärt Ahlam.

Ich verstehe sie. Israelische Siedler-Stiftungen sind permanent auf der Suche nach Ländereien.

»Sind israelische Araber in diesem Fall keine Ausländer?«, hake ich aufgrund der widersprüchlichen Definition nach.

»Sie sind die einzige Ausnahme. In den Augen des palästinensischen Gesetzes sind wir alle Palästinenser, auch wenn wir israelische Bürger sind. Jeder Verkauf braucht eine Extra-Genehmigung der palästinensischen Behörde. So vermeiden sie eine mögliche Nutzung israelischer Araber für jüdische Endkäufer.«

Das wäre in Ordnung

Yunis, 43, lebt mit seiner Familie in einem sehr einfachen Haus mit Anbauten aus Blech in der Nähe von Bethlehem. Er baut Feigen und Trauben für Rosinen an. Das Land hat er von seinem Vater geerbt. Unmittelbar an seinem Grundstück verläuft ein besonders schöner biblisch-historischer Wanderweg, die »Erzväterstraße«. Mit vielen Reisegruppen bin ich diesen Weg schon gewandert. Jedes Mal, wenn ich Yunis sah, haben wir einander zugewinkt. Irgendwann hat er mich auf einen Kaffee eingeladen.

Bethlehem ist nur 10 Kilometer entfernt, aber die nächste Siedlung ist direkt vor seiner Haustür. Yunis' Haus steht inmitten der C-Zone von Gush Etzion. Vor einigen Jahren bekam er neue Nachbarn, Siedler in einem neuen Außenposten. Mit ihnen kommt er klar, sie sind in Ordnung, sagt er. Sie haben mehrere benachbarte Ländereien von einem Palästinenser gekauft. Der Verkäufer ist längst ins Ausland geflohen. Die Kosten der Flucht, der Einwanderungsbewilligung und des neuen Hauses im Ausland waren im Kaufpreis inbegriffen.

Yunis hatte mit diesem Verkauf nichts zu tun, sein Land verkauft er nicht. Für die palästinensischen Geheimdienste hat das nicht gereicht. Als Nachbar dieses Mannes erschien er ihnen verdächtig und sie haben ihn mitgenommen. Eigentlich dürfen sie das nicht, weil Yunis in einer C-Zone lebt. Aber nur eigentlich. Sie meinten, er sei ein Kollaborateur mit Israel, noch schlimmer, mit Siedlern. Wenn sie diese Unterstellung hätten beweisen können, hätte er mit dem Schlimmsten rechnen müssen.

In letzter Zeit bekommt Yunis Anfragen aus einer unerwarteten Richtung. Palästinenser aus der benachbarten A-Zone möchten von ihm Land kaufen.

»Was versprechen sie sich? So nah an der Siedlung ist nicht unbedingt das spannungsfreiste Leben«, frage ich ihn.

»Sie wollen ihre Wohnadresse in eine C-Zone verlegen, offiziell im Ausweis«, sagt er.

»Aber sie werden wohl auf dem Ackerland keine Häuser bauen dürfen. Die Zivilverwaltung würde ihnen das nie genehmigen«, behaupte ich.

»Ja, aber trotzdem wollen sie es versuchen, sei es nur in einem Zelt oder einer Blechhütte. Sie bauen darauf, durch die neue Adresse israelische Papiere zu bekommen«, erklärt Yunis.

»Aber in C-Zonen bekommen sie nicht mehr als in A- oder B-Zonen«, wende ich ein.

»Jetzt. Sie rechnen aber mit der Annexion dieses Gebietes«, erklärt er. Je mehr ich nachdenke, desto logischer erscheint mir die Rechnung. Aber ich bin skeptisch, dass man einen Wohnsitz in einem Ackerland melden kann. Bei einer Annexion würde Israel vermutlich versuchen, möglichst wenigen Palästinensern einen Status in Israel zu geben, aber in manchen Gegenden hätten sie wohl keine andere Wahl.

»Rechnest du mit einem israelischen Ausweis?«, frage ich Yunis.

»Früher oder später wird es kommen, daran habe ich keinen Zweifel. Aber eine israelische Staatsbürgerschaft würde ich nicht wollen. Ich bin Palästinenser. Sei mir nicht böse, aber ihr seid zu uns gekommen, nicht wir zu euch. Dreihundert Jahre besitzt meine Familie dieses Land.«

Ich verstehe seine Perspektive. »Willst du Bürger der PA bleiben?«

»Die wird es nicht ewig geben.«

»Wenn es einen Palästinenserstaat geben würde, aber Gush Etzion würde zu Israel gehören, würdest du in den Palästinenserstaat umziehen, vielleicht nach Bethlehem?«, male ich ein anderes Szenario.

»Einen richtigen Palästinenserstaat wird es nicht geben. Und umziehen würde ich nie.«

»Okay. Jetzt musst du mir sagen, was du annehmen würdest.«

»Im Himmel werden wir alle gleich sein.«

»Noch sind wir auf Erden. Wir können auch hier versuchen, gleich zu sein«, antworte ich.

Wir schweigen beide. Nach dem Kaffee gibt es sehr süßen Tee in kleinen Tassen.

»Wäre ein Ostjerusalemer Ausweis für dich akzeptabel?«, frage ich nach einer weiteren Variante.

Yunis gibt noch einen Teelöffel Zucker in seine Tasse und rührt in seinem Tee, während er überlegt. Schließlich antwortet er: »Das wäre in Ordnung.«

Yunis ist ein robuster Mann. Seine Wohnlage im Krisenherd hat ihn mit vielen Alltagsaspekten des Konfliktes vertraut gemacht. Er hat keine Angst und vergisst nicht, wer er ist. Wenn für ihn etwas »in Ordnung« ist, ist das für mich ein gedanklicher Durchbruch.

Erfrischende Perspektiven

Schon viele Jahre möchte ich eine Wanderreise von Nazareth nach Bethlehem entwickeln: 150 Kilometer, abzüglich Transferstrecken, macht sieben Tage, zuzüglich zwei Flugtage. Wunderschöne Landschaften, authentische Dörfer, unzählige biblische Erzählungen. So einfach ist es aber nicht, denn den ersten 25 Kilometern im 48er-Gebiet folgen 100 Kilometer Flickenteppich mit A-, B- und C-Zonen. Bei Jerusalem betritt man israelisches Gebiet, um im Süden der Stadt wieder in die A-Zone von Bethlehem zu kommen. Kein Reiseleiter kann alle Gebiete betreten. Ein Ostjerusalemer oder ein israelischer Araber könnten es, aber so viele deutschsprachige gibt es unter ihnen nicht und viele wollen nicht wandern. Außerdem gibt es in einem Abschnitt kein Hotel. Ich brauche einen einheimischen Spezialisten.

Daher nehme ich Kontakt zu Khaled auf. Der palästinensische Touristiker lebt in Samarien, kennt die Strecke und hat viele Kontakte. Ich stelle mich als Mitarbeiter eines schweizerischen Reiseveranstalters vor und wir vereinbaren einen mehrtägigen Termin. Als er mich für Hotelreservationen um eine Reisepasskopie bittet, scanne ich meinen europäischen Pass ein.

Khaled holt mich unweit von Bethlehem ab. Wir fahren durch palästinensische Städte. Unser Ziel ist Dschenin, die nördlichste Stadt im 67er-Gebiet. »Sorry, wir müssen erst tanken, ich habe es vorher nicht geschafft«, entschuldigt er sich. Er ist Ende 20, ruhig und spricht gutes Englisch mit arabischem Akzent. An seinem Rückspiegel hängt ein Kreuz.

»Bist du aus einer christlichen Familie?«, frage ich und zeige auf das Kreuz.

»Das Auto gehört der Firma, sie sind Christen. Ich nicht.«

»Muslim?«, frage ich nach der Alternative.

»Auf dem Papier ja, aber ich bin nicht wirklich religiös.«

An der Tankstelle holt er ein Heft und füllt einen Zettel aus. Nachdem der Tankwart den Benzinzapfen aus unserem Tank genommen hat, gibt ihm Khaled den Zettel. Beide wünschen sich Gesundheit zum Abschied und wir fahren weg.

»Das war kein Geld, oder?«, suche ich nach einer Erklärung.

»Gutscheine. Die Firma hat ein Abkommen mit der Tankstellenkette und am Monatsende zahlen sie. Es kommt günstiger.«

»Ah, wie die Firmenwagen bei uns in Israel, nur dass es bei uns vollelektronisch mit einem Chip am Tank läuft und automatisch abgebucht wird«, liegt mir auf der Zunge, aber ich stoppe mich und sage nur: »Nicht schlecht.«

Khaled bekommt einen privaten Anruf. Über die Freisprechanlage höre ich auch die andere Seite. Weder er noch sein Gesprächspartner können wissen, dass ich vieles verstehe. Ich bekomme ein schlechtes Gewissen. Was, wenn er etwas sagt, das ich nicht verstehen sollte? Wenn er Böses mit mir vorhat, kann er es sowieso tun. Ich vertraue ihm aber und will ihn nicht in Verlegenheit bringen.

»Ein Freund?«, frage ich, nachdem er aufgelegt hat.

»Genau. Verstehst du Arabisch?«

»Ein wenig.«

Er fragt mich auf Arabisch: »Wo hast du Arabisch gelernt?«

»In der Schule.«

»Kann man an Schweizer Schulen Arabisch lernen?« Jetzt hat er mich ertappt.

»Ich bin nicht in der Schweiz aufgewachsen, sondern nicht weit von hier.«

Khaled wechselt ins Englische zurück und sagt vorsichtig: »Ich habe wegen deines Namens schon gedacht, dass du kein Schweizer bist, sondern eher Israeli. Was bist du genau?«

»Ein Mensch«, antworte ich, »und ich hoffe ein guter.«

Khaled streckt mir die Hand aus und ich schlage an diesem Morgen zum zweiten Mal ein.

»Ich bin in Israel geboren und aufgewachsen, lebe aber seit einigen Jahren am Bodensee. Kennst du diesen See?«, frage ich.

Khaled schüttelt den Kopf.

»Wir könnten entscheiden, dass wir gar nicht über Politik reden«, schlage ich vor.

»Das wäre jammerschade«, antwortet Khaled. »Wo bist du auf der politischen Landkarte?«

»Nur wenn du auf Arabisch fragst«, antworte ich nicht ganz ernst gemeint.

»Alles klar«, akzeptiert er und versteht meinen Hinweis auf meine Vorstellung über Völkerverständigung.

»Ich bin offen für alle Wege. Nur den heutigen Zustand habe ich satt«, schildere ich meine Sicht, ohne mich festzulegen.

»Komm, sei nicht ängstlich. Du kannst deine Meinung direkt sagen. Ich mache es dir leichter: ein Staat oder zwei Staaten?«

Ich sehe ihn überrascht an. Normalerweise sind wir Israelis gnadenlos direkt und die Araber diejenigen, die auf Umwegen bleiben.

»Ich weiß es einfach nicht. Irgendwie glaube ich nicht mehr, dass zwei Staaten möglich sind«, offenbare ich.

»Bingo!«, antwortet Khaled laut und verkündet: »Ich glaube an einen Staat mit vollen Rechten für alle, Juden und Araber.« Seine Entschlossenheit hat sicher mit seinem jungen Alter zu tun.

»Würdest du auf einen eigenen Staat verzichten?«, frage ich nach.

»Das ist kein Verzichten. Wieso sollten wir einen palästinensischen Staat nur im Westjordanland gegenüber Ganzpalästina bevorzugen?« An sich hat er recht.

»Und was ist mit dem kleinen Problem namens Israel? Vernichten?«, frage ich zynisch.

»Nein«, antwortet er. »Das historische Palästina und Großisrael ist das Gleiche. Ich spreche mit dir über einen gemeinsamen Staat für beide Völker.« Das ist eine erfrischende Vision.

»Wie soll der eine Staat heißen? Welche Flagge soll er haben?«

»Das sind nur Symbole.«

»Kann der Staat Israel heißen?«

»Ihr könnt Israel sagen, wir Palästina. Ist doch schon heute so. Und das Gleiche gilt für die Fahne. Wir können beide Fahnen haben oder eine neue.« Khaleds unschuldige, fast naive Art gefällt mir. Ohne Träumer wäre die Menschheit an vielen Stellen nicht weitergekommen.

»Kennst du Israelis?«

»Du bist eigentlich der erste Israeli, mit dem ich spreche.«

»Die meisten Israelis wären für eine neue Fahne nicht bereit. Und die Fahne ist eine kleinere Sache als die Wahlberechtigung. Die Israelis wollen die jüdische Mehrheit nicht verlieren. In einem gemeinsamen Staat wäre das Parlament halbehalbe.«

»Wir könnten doch unser Parlament beibehalten, für das Gefühl. Dann wird festgelegt, dass große Sachen nicht mehr so einfach verändert werden können und für die kleinen Sachen entscheidet jedes Parlament selbst«, skizziert Khaled seine Lösung. Ich versinke in Vorstellungen, welche Probleme es in so einem Gefüge geben würde. Als ob Khaled meine Gedanken lesen könnte, sagt er: »Sicher würde es viele Probleme geben. Aber jetzt sind unsere Schwierigkeiten viel größer. Wir kämpfen mit Waffen. Besser ist es, wir kämpfen mit Worten in Parlamenten. Du wohnst doch in Europa, du weißt, wie es ist, offene Grenzen zu haben.«

Ich gebe ihm recht: »Mit offenen Grenzen ist es eine andere Welt.«

»Beide Völker sind nicht dumm«, meint Khaled, »sie können viel voneinander profitieren. Das Potenzial ist riesig. Überleg mal, wie der Tourismus mit offenen Grenzen aufblühen würde!«

Ich nicke. Wir fahren gerade auf einer kurvenreichen Straße durch das Wadi Nar. »Feuerschlucht«, so heißt die Gegend, welche die palästinensische Straße vom Süden des Westjordanlandes mit dem Norden verbindet, von Bethlehem nach Ramallah. Die Solarpanels an den Straßenlaternen sind alle zerbrochen.

»Wer hat diese Straße gebaut?«, frage ich Khaled.

»Palästinensische Baufirmen vom USAID-Geld.« Man sieht die Schilder der amerikanischen Finanzierung überall in den palästinensischen Gebieten.

»Und wer macht die Solarpanels kaputt?«

»Dumme Jugendliche. An einem Tag bin ich hier vorbeigefahren und habe gesehen, dass jedes Panel ein Loch hatte. Das hat jemand nachts mit einem Stein gemacht.« Eine Nacht scheint mir dafür zu kurz zu sein, es sind mehrere Kilometer.

»Dort ist Jerusalem«, erklärt Khaled gerade. Dass ich die Stadt fast wie meine Hosentasche kenne, weiß er nicht. Doch ich bin zum ersten Mal auf dieser Umgehungsstraße und sehe Jerusalem aus ganz neuen Perspektiven. Unter normalen Umständen führt der Weg von Bethlehem nach Ramallah über Jerusalem. Die Städte berühren einander praktisch. In Jerusalem gibt es inzwischen eine durchgehende Autobahn, aber der palästinensische Verkehr nutzt nur die Umgehungsstraße, auf der wir gerade fahren.

»Kennst du die Stadtautobahn?«, frage ich.

»Ich war noch nie im 48er-Land«, erzählt Khaled.

»Wenn du die Parallelstrecke in Jerusalem fährst, bist du in 20 Minuten da, ohne eine einzige Ampel«, kläre ich ihn auf.

»Wir brauchen mindestens 45 Minuten jetzt am Wochenende. Unter der Woche zieht es sich bis zwei oder sogar drei Stunden«, erwidert Khaled.

»Wie findest du es, wenn Israel Straßen im Westjordanland baut?«, erkundige ich mich.

»Wenn die Straßen offen für alle sind, gut. Immerhin sollten wir von eurer Besatzung etwas profitieren«, meint er schmunzelnd.

Ich erzähle ihm, dass die israelische Regierung allein im Jahr 2017 Straßenbauprojekte für umgerechnet etwa 265 Millionen Euro im Westjordanland bewilligt hat.

»Der Verkehrsminister sagte, die Projekte würden der besseren Anbindung der israelischen und der palästinensischen Bevölkerung dienen«, betone ich.

»Das finde ich gut«, antwortet Khaled.

»Ist es für dich nicht ein Zeichen dafür, dass Israel hier nicht weg will?«, frage ich explizit.

»Klar, aber das weiß doch jeder.«

Als wir am Zubringer der Siedlung Maale Adumim vorbeifahren, erzählt Khaled: »Ich war noch nie in einer Siedlung. Ich bekäme auch keine Genehmigung, wenn ich dort keinen Job habe.«

»Wie sieht die Stadt in deinen Augen aus?«, frage ich.

»Sie sieht schön aus. Sehr gepflegt, wie alle Siedlungen. Für uns ist es ein Bild, wie man eigentlich wohnen soll.«

Das muss ich noch verdauen. Die in meinen Augen oft künstlich wirkenden israelischen Orte sind also für manche Palästinenser ein Vorbild?

»Ich mag eure alten Dörfer mehr«, antworte ich.

»Wenn ich die Wahl hätte, würde ich ohne Zweifel so ein modernes Haus nehmen«, gibt er zurück.

Wir nähern uns dem Checkpoint an der A1 nach Jerusalem und ordnen uns in die Fahrspur für den palästinensischen Verkehr, die ich noch nie benutzt habe.

»Warst du schon mal in Ramallah?«, fragt Khaled. Ich verneine. »Willst du durchfahren?«

»Wenn du mich nicht lynchst«, antworte ich scherzend.

Er weiß genau, wofür Ramallah im israelischen Kontext steht: für die Morde von Oktober 2000.

»Keine Angst, ich kann keiner Fliege was zuleide tun. Es ist Samstag, die Straßen sind leer. Viel Zeit würde uns es nicht kosten«, prognostiziert Khaled.

Neue Gelegenheiten kommen unerwartet

Ich bin glücklich, dass ich diese unerwartete Möglichkeit habe. Wir sehen den Grenzübergang Qalandia von der palästinensischen Seite. Die Gegend versinkt in Müll. Fast alle Autos haben gelbe Nummernschilder. Ich bemerke mehrere Straßenschilder, die genau wie in Jerusalem aussehen und den Straßennamen auch auf Hebräisch aufführen.

»Wieso sind hier so viele gelbe Nummernschilder?«, frage ich.

»Weißt du, dass wir uns laut Israel noch in Jerusalem befinden?«, antwortet Khaled mit einer Gegenfrage. Ich schaue in die Karte. Tatsächlich. Die Grenzanlage lässt Ostjerusalemer Stadtteile außerhalb der restlichen Stadt.

»Wer hier lebt, hat Jerusalemer Ausweise und zahlt die Steuern an Israel und die Stadt, auch wenn er auf der palästinensischen Seite der Mauer wohnt«, erklärt Khaled.

»Das heißt, dass ich hier eigentlich legal bin«, stelle ich fest. »Wir sind gar nicht in einer A-Zone.«

»Genau. Und ich kann sagen, dass ich in Jerusalem bin«, gleicht er lachend aus. »Der Ostjerusalemer Status ist sehr begehrt, weil Ostjerusalemer überall fahren und arbeiten können und in Israel abgesichert sind. Deswegen sind hier die Gebäude in die Höhe geschossen. Die Mieten sind geringer als auf der israelischen Seite der Mauer und die Nachfrage ist groß. So ist aus dem ehemaligen Dorf Kafr Aqeb ein Kleinmanhattan geworden.«

Ich habe keinen Vergleich zu früher, weil ich hier noch nie gewesen bin, aber die Häuser sind mit zehn bis zwölf Stockwerken auffällig hoch und mir fällt sonst kein Grund ein, weshalb eine solche Baudichte entstanden sein sollte.

»Alles nach der Zweiten Intifada«, kommentiert Khaled.

»Können wir kurz einen Abstecher zum Tell e-Nasbeh machen?«, frage ich.

»Kennst du hier etwas?«, fragt Khaled verwundert.

»Nur von der Landkarte.« Ich lotse ihn zwei Minuten durch den Verkehr, dann sage ich: »Hier können wir kurz aussteigen.«

Nun haben wir die Rollen gewechselt. Wir erklimmen den Hügel und sehen die Hochhäuser Jerusalems. Tell e-Nasbeh ist das biblische Mizpa in Benjamin. Ich lasse Khaled ein paar Bibelverse auf Arabisch lesen, die beschreiben, wie Saul an dieser historischen Stätte als König eingesetzt wurde. Er erkennt das touristische Potenzial und meint, wie schade es sei, dass die Stätte im jetzigen Zustand keine Besucher empfangen könne.

Anhand der Karte stellen wir fest, dass wir genau an der von Israel festgelegten Stadtgrenze von Jerusalem stehen. Der südliche Teil des Hügels ist im Jerusalemer Stadtgebiet, der mittlere ist in einer C- und der nördliche in einer A-Zone.

»Du stehst an der Stelle, an der Israels erster König vor dem Volk auf den Thron gesetzt wurde«, fasse ich provokativ zusammen.

»Ich wusste schon immer, dass wir alle mal Juden waren. Das sagen bei uns viele.« Seine letzten Worte machen deutlich, dass es kein Scherz war.

»Hast du mal einen DNA-Herkunftstest gemacht?«

»Nein, das halte ich für überflüssig, weil wir die Geschichte kennen. Bei uns in der Gegend wissen wir zum Beispiel, dass wir von Samaritern abstammen. Also sind wir eigentlich ein Zweig des Volks Israel. Vielen ist das klar. Andere Palästinenser haben mir erzählt, dass sie laut DNA-Untersuchung zu 30 bis 40 Prozent Juden sind.«

Ob diese Erkenntnis im Konflikt weiterhelfen wird?

Ramallah überrascht mich. Es ist kleiner, als ich dachte, sauberer, christlicher. Es gibt mehrere Bars mit Biermarken an den Markisen. So etwas sieht man in arabischen Städten sonst nie.

Wir halten an der Muqata'a, dem Hauptquartier des palästinensischen Präsidenten und Mausoleum Arafats. Ich zeige meinen europäischen Pass vor und darf an

Arafats Grab. Die beiden Ehrenwachen reden Privates miteinander, wir sind nicht in England. Noch vor einer Stunde hätte ich nie gedacht, dass ich jemals hier sein würde. Neue Gelegenheiten kommen unerwartet.

Die Straße nach Haifa

Auf dem Weg nach Norden benutzen wir die Straße, die auch dem israelischen Verkehr dient. Hier kenne ich mich aus. Von rechts fahren wir an einem der reichsten palästinensischen Orte vorbei, Turmus Aya.

Khaled fragt, ob ich wisse, was die Leute von Turmus Aya und die Siedler von Schilo auf dem nächsten Hügel am 4. Juli machen. »BBQ anlässlich des amerikanischen Unabhängigkeitstages«, erklärt er grinsend. In den beiden Nachbarorten leben viele amerikanische Staatsbürger, hier Palästinenser, die ihr Kapital in den USA gemacht haben, und dort jüdische Einwanderer. Es sei ein bekannter Witz unter Palästinensern.

Wir fahren zu den Zisternen am Fuße der antiken Stadt Dotan. In eine davon wurde sehr wahrscheinlich Josef von seinen Brüdern geworfen. Diese biblische Geschichte kennt Khaled. Die Zisternen werden zwar von nur wenigen Reisegruppen besucht, aber sie sind schon auf dem touristischen Radar. Obwohl die Zisterne und die gesamte Strecke zu ihnen in der C-Zone liegen, müssen Israelis auch hier den Besuch mit dem Militär absprechen und bekommen eine Eskorte. Ich frage Khaled, weshalb dies nötig sei. Er weiß es nicht.

»Vielleicht würden Jugendliche Steine auf sie werfen, wenn es Siedler sind. Aber schau dich um, hier ist niemand.« Es stimmt. Wir sind nur von Feldern umgeben.

In Dschenin kommentiert Khaled stolz: »Diese Straße heißt Nazareth-Straße, und die andere ist die Haifa-Straße, weil sie da hinführen.«

»Hinführen würden«, korrigiere ich.

»Genau. Nur die 48er-Araber und die Ostjerusalemer können sie nutzen, alle anderen nicht.«

»Würdest du gern Nazareth und Haifa sehen?«, frage ich Khaled.

»Mehr als vieles andere.«

Am Kreisverkehr steht ein Umriss einer Landkarte des ganzen Landes zwischen dem Jordan und dem Mittelmeer. Nur die Golanhöhen fehlen.

»Ist das Palästina?«, frage ich ihn.

»Natürlich. Denkst du 22 Prozent des Landes sind für uns das Land?«, antwortet er. »Palästina ist das, was ihr Erez Israel nennt. Ist Hebron für dich nicht Israel? Das Jordantal? Komm, ganz ehrlich. So ist für uns Palästina auch Haifa und Nazareth und Jaffa und Tiberias und Beerscheba. Keiner würde jemals etwas anderes sagen.«

Inmitten der Landkarte ist ein großer stehender Schlüssel aus Metall zu sehen. Wir wissen beide, dass dieser Schlüssel das ersehnte Rückkehrrecht der palästinensischen Flüchtlinge symbolisiert.

»Wo kommt deine Familie her?«, frage ich. »Väterlicherseits aus der Nähe von Nablus, mütterlicherseits aus Haifa.«

Mir fehlen erst mal die Worte. Dann mache ich ihm einen Vorschlag: »Ich kann versuchen, einen Einladungsantrag zu stellen. Wir sagen, dass du ein paar Hotels in Haifa besichtigen solltest. Dann fahren wir zusammen hin.«

Khaled strahlt wie ein Kind und erzählt, er warte auf eine Einreisegenehmigung ins 48er-Gebiet. Er arbeite auch für eine NGO und erwarte sie jeden Tag. Ich denke an die Reisen auf den Spuren unserer Familie, die ich mit meinem Vater in den Gebieten des ehemaligen Österreich-Ungarn gemacht habe. Wir mussten niemanden fragen, ob wir hindürfen. An den meisten Synagogen standen Gedenktafeln, die an das frühere jüdische Leben erinnern. In Haifa würde Khaled keine Gedenktafeln vorfinden, die an das arabische Leben erinnern. Dafür würde er aber Araber finden, die geblieben und Israelis geworden sind.

»Die Koexistenz in Haifa gilt als Vorbild, weißt du das?«, frage ich.

»Ja, so wird es erzählt.«

Dass der arabische Anteil nach dem Gründungskrieg auf 10 Prozent gesunken ist, wird selten berücksichtigt, wenn man über das Haifa-Modell spricht. »Eine kleine Minderheit hat gar keine andere Wahl, als die Mehrheit zu akzeptieren«, geht mir durch den Kopf.

»Würdest du gern nach Haifa ziehen, wenn du könntest?«, frage ich.

»Vielleicht«, antwortet Khaled. »Wenn ich dort einen Job hätte, dann könnte ich auch die Miete bezahlen.«

Plötzlich eröffnet sich ein herrlicher Ausblick vor uns. Das Gelände steigt leicht ab, ich kann die ganze Jesreelebene sehen und erkenne Nazareth auf dem Berg dahinter.

»Siehst du Nazareth auf dem Berg?«, frage ich.

»Das ist Nazareth? So nah? Ich habe es mir viel weiter vorgestellt.«

»Wie, du hast diese Stadt auf dem Berg schon viele Male gesehen und nicht gewusst, dass es Nazareth ist?«, frage ich verwundert. Er nickt. »Wie groß stellst du es dir vor?«

»So wie Nablus.«

»Oh, nein, es ist eine Ecke kleiner. Nablus ist viel städtischer«, kläre ich ihn auf.

Schon merkwürdig, dass ich die arabische Stadt gut kenne und er nicht.

In fremden Wohnzimmern

Wir sind bei mehreren palästinensischen Familien angemeldet, die Gästezimmer im eigenen Haus anbieten, die zu unserer Wanderroute passen könnten. Für mich ist das eine faszinierende Gelegenheit. Nirgendwo verrate ich meine Herkunft. Alle wurden über einen schweizerischen Reiseveranstalter informiert, und aus irgendeinem Grund sagen sie mir jedes Mal am Anfang, dass sie Deutschland lieben. Überall sitzen wir ziemlich lang und müssen einen Tee und Kaffee trinken. Manche

Frauen haben extra ein paar Spezialitäten vorbereitet: Blätterteiggebäcke, gefüllte Weinblätter, mit gebratenen Mandeln gefüllte Datteln. Sie können kaum Englisch und kommunizieren viel lieber mit Khaled. Ich werde recht früh mehr oder weniger ignoriert. Es fällt mir manchmal schwer, so zu tun, als würde ich ihr Arabisch nicht verstehen.

Ein Familienvater erzählt uns, wie gut er Mercedes und Hitler findet. Khaled übersetzt. Ich gehe darauf nicht ein, erkläre aber, die Schweiz wäre nicht Deutschland. Dann lobt er Volvo. Er meint es gut, ich kläre ihn über den Unterschied zwischen Schweden und der Schweiz nicht auf. In einem anderen Haus zeigen mir die Gastgeber ein Foto von ihrem Sohn. Er sitzt im israelischen Gefängnis. Ich traue mich nicht, zu fragen, weshalb.

Alles in allem muss man als Tourist gut vorbereitet sein, wenn man in privaten Häusern untergebracht wird. Der Standard ist sehr einfach, vor allem die Badezimmer sind nicht ansprechend. Ich freue mich daher, ein paar geeignete Häuser gefunden zu haben. Eine Nacht kann man hier in Kauf nehmen. Ich freue mich außerdem über die Bühne, die wir palästinensischen Normalbürgern geben können. Ich habe das Gefühl, einen Einblick in das normale, echte Leben in den palästinensischen Gebieten bekommen zu haben, und das wünsche ich mir auch für die Gäste, die ich begleite.

Die Kopfschmerztabletten der Palästinenser

Nach vielen Bergdörfern und bezaubernden Landschaften, die ich trotz der geringen Größe des Landes nicht kannte, kommen wir nach Sichem (Nablus). Auf einer Stadtrundfahrt mit viel Stau zeigt mir Khaled viele Stellen, die mit seiner Biografie zu tun haben. An dieser Uni hat er studiert, dort ist das Bürgerbüro, hier wohnt ein Freund. Schließlich bringt er mich ins Hotel am Rande der Altstadt, deren Bezeichnung (»Kasbah«) man als Israeli nur mit Schreckensvorstellungen über gefährliche Straßenkämpfe kennt.

Khaled fährt heim und ich mache mich auf den Weg, die Stadt zu erkunden. Schnell bin ich auf dem zentralen Platz. Stände bieten Straßenessen an, an jeder Ecke duftet es nach Grillfleisch. Obwohl ich abends normalerweise keinen Hunger habe, muss ich es probieren. Der Verkäufer versteht nicht, dass ich die Lammspieße ohne Fladenbrot möchte, er kann kein Englisch. Ich wechsle ins Arabische.

»Kein Problem«, antwortet er lächelnd, »wieso sagst du es nicht gleich?« Dann kommt die Frage, woher ich Arabisch kann.

»Gelernt. Diese Lammhackspieße sind die besten, die ich jemals gegessen habe«, lenke ich von seiner Frage ab. Und das waren sie tatsächlich. Für umgerechnet 2,50 Euro waren es außerdem die günstigsten.

Die Stadt ist belebt. Auch hier steht ein Nakba-Schlüssel an der Hauptstraße. An beiden Bergen über der Stadt, Ebal und Garizim, sind die roten Lichter der israelischen Militärantennen zu sehen. Man lebt hier wie unter der Lupe.

Ich komme an einem Friseurladen vorbei und da ein Haarschnitt bei mir schon längst überfällig ist, gehe ich hinein. Der Inhaber freut sich und meint, als Tourist müsse ich nicht warten, ich käme gleich dran. Die Wartenden sind damit einverstanden. Er kann Englisch, das macht die Situation einfacher. Während er schneidet, spricht er nicht. In einer kurzen Pause fragt er, woher ich komme, holt eine neue scharfe Rasierklinke aus der Packung und setzt sie in den Halter. Während er mit dem Messer über meinen Hals geht, muss ich nicht die ganze Wahrheit sagen. »Aus der Schweiz. Geschäftsreise.«

Ein paar Läden weiter sehe ich eine Apotheke. Meine Reserve-Kopfschmerztabletten sind fast alle, daher möchte ich eine neue Packung kaufen. Die Apotheke ist vollgestopft, man kann sich kaum bewegen. Sofort fragt mich der Apotheker auf Englisch, wie er mir helfen kann. Er holt eine Packung Ibuprofen. Alle Medikamente, die ich sehe, sind die gleichen wie in Israel. Auch die importierten sind mit hebräischer Schrift versehen. Und auch die Preise sind wie in Israel. Der Verkäufer fragt mich, woher ich käme. »Aus der Schweiz.« Diese Antwort hat sich als gut erwiesen. Ich frage, ob die palästinensischen Krankenversicherungen die Medikamente bezahlen oder ob die Leute die Kosten selbst tragen.

»Krankenkassen gibt es bei uns keine. Es gibt private Krankenversicherungen, aber viele haben keine«, erklärt er.

»Wie können die Leute hier so existieren, können sie das bezahlen?«, hake ich nach.

»Für uns gibt es keine Lösung bis unser Hauptproblem, die Besatzung, zu Ende kommt.« Das war eine scharfe Kurve vom Gesundheitswesen zur Politik. Ich frage ihn nicht nach dem genauen Zusammenhang, sondern nach seiner Vision, wie die Besatzung beendet werden kann.

»Im Moment sind die Juden die stärkeren. Aber das ist eine Frage der Zeit. In Zukunft kann es wieder anders werden«, antwortet er ruhig.

»Welche Stärke meinst du?«

»Die militärische. Schau mal, du hast Kopfschmerzen, also kommst du zu mir und kaufst dieses Medikament, das dein Problem lösen würde. Wir kommen nicht an die Mittel, die uns stärker machen würden, weil die Juden alles kontrollieren. Aber im Gazastreifen haben wir es schon geschafft und dort kontrollieren die Juden nicht mehr alles. Sie haben Angst. Dasselbe müssen wir auch hier schaffen, nicht nur in Gaza, sondern im ganzen Land.«

Der Mann sympathisiert wohl mit der Hamas.

»Welche Mittel haben sie in Gaza bekommen?«, frage ich, um sicherzustellen, dass ich ihn richtig verstanden habe.

»Die Raketen.«

»Sind die Raketen die Kopfschmerztabletten der Palästinenser?«, frage ich zusammenfassend.

»Genau. Traurig, aber es gibt keinen anderen Weg als den Widerstand.«

Es ist das erste Mal, dass ich mich mit einem militant orientierten Palästinenser unterhalte.

Der Junge lebt im Flüchtlingslager

Ich spaziere weiter die Hauptstraße entlang, komme an einen kleinen Park und setze mich auf eine Bank, wo ich sofort von einer Menge Kinder und Jugendlicher umringt werde. Der Älteste, 15 Jahre, kann gut Englisch. Sein Wortschatz ist manchmal besser als meiner. Erst wollen sie Geld, dann Süßigkeiten, dann Zigaretten. Von mir bekommen sie nichts. Alle ziehen weiter, bis auf den ältesten. Er ist intellektuell interessiert und pfiffig. Für ihn bin ich als Tourist wie ein Beweis für das Leben da draußen im Universum. Er fragt, wo ich überall in Palästina gewesen sei, und meint hauptsächlich Israel. »Welche Stadt ist schöner, Akko oder Nablus?«, ist eine seiner vielen Fragen.

Ich solle den Lügen der Juden nicht glauben, warnt er mich, sie verbreiten Botschaften, als wären sie tolerant. Dabei seien sie grausame Unterdrücker, die den Palästinensern das Land weggenommen haben und auch heute noch wegnehmen. Ich erzähle ihm von guten Beispielen des Zusammenlebens von Juden und Arabern, die ich in Israel gesehen habe. Dass die meisten Juden Arabisch an den Schulen lernen müssen. Dass der israelische öffentlich-rechtliche Sender eine feste Sendezeit auf Arabisch hat. Dass man in den Großstädten und in vielen Regionen einander täglich sieht und Geschäfte miteinander macht. Er glaubt mir nicht. Das seien Lügen der Juden.

»Ich habe gehört, Juden nennen die Stadt Schchem (Sichem), sie berichten von der jüdischen Geschichte, die sich hier wohl abgespielt hat«, erzähle ich dem Jungen.

»Auch das ist eine Lüge, hier waren nie Juden und den Namen haben sie sich ausgedacht. Die Stadt heißt Nablus.«

»Meine Bibel ist auf Deutsch und ich habe dort diesen Namen gefunden, den die Juden verwenden«, teste ich ihn. »Im Internet habe ich gelesen, dass Nablus vom römischen Namen Neapolis kommt. Es soll gar kein arabischer Name sein. Hast du schon mal davon gehört?«

Der Junge bleibt ruhig und baut seine Aussage aus: »Auch das – alles Lügen der Juden.«

»Wo wohnst du?«, frage ich ihn.

»Balata. Flüchtlingslager Balata.« Auch die anderen Kinder, die vorhin hier waren, wohnen dort. Seine Familie ist 1948 aus der Nähe von Jaffa geflohen. Er, seine Eltern und seine Großeltern sind im Lager geboren. Erst haben sie in Zelten gewohnt, dann in festen Bauten, erzählt er. Das Lager ist inzwischen wie ein Stadtteil, nur viel dichter und ärmer, und die Leute aus der Stadt akzeptieren die Leute aus dem Lager bis heute nicht ganz. Fünf Geschwister hat er. Alle wohnen zusammen in einer Dreizimmerwohnung. Sein Vater ist Lehrer, seine Mutter ist zu Hause, aber viele Familien haben gar keine Arbeit. Er lädt mich ein, das Lager zu besuchen. Ich würde das gerne tun, aber das Risiko ist mir zu hoch. Dort liegt Josefs Grab und ich rechne mit einer permanenten Stationierung palästinensischer Polizisten. Es ist schon bald 21 Uhr und dunkel. Ich lehne seine Einladung höflich ab.

»Sind Juden nur böse, denkst du?«

»Ja. Nur böse. Sie wollen uns aus dem Land verjagen.«

»Und Juden im Ausland?«

»Die sicher auch. Sie können ja jederzeit einwandern, für sie ist Israel immer eine mögliche Heimat. Deswegen solidarisieren sie sich mit Israel«, analysiert er nicht schlecht für einen Fünfzehnjährigen.

»Was ist dort oben auf dem Berg?«, frage ich ihn, obwohl ich es weiß.

»Militär und eine Siedlung«, antwortet er.

»Warst du schon mal dort?« Er verneint. »Was würdest du tun, wenn du hinkönntest?«

»Alles verbrennen, um ehrlich zu sein.«

»Hast du Bilder von Jaffa gesehen?« Er nickt. »Dann weißt du, dass Jaffa von den Hochhäusern von Tel Aviv umgeben ist, und dass es den Leuten in Jaffa gar nicht so schlecht geht, oder?« Er nickt wieder. »Würdest du Nablus verlassen und nach

Jaffa gehen, wenn es morgen plötzlich ginge?« Er bejaht. »Aber das hier ist doch dein Zuhause, wo du aufgewachsen bist und alle Freunde hast.«

»Das ist ein beschissenes Zuhause. Wir leben im Abwasser. Sobald ich weg kann, bin ich weg.«

»Wie kannst du das schaffen?«

»Ich gebe alles in der Schule, werde studieren und einen guten Beruf haben.« Er ist bodenständig und frühreif. Für die Verhältnisse, aus denen er kommt, ist er ein gut erzogener Junge. Die Aussagen über die Verbrennung vom Militär oder von der Siedlung nehme ich ihm nicht übel. Die Frage ist, wie man ihm helfen kann, über den Hass hinwegzukommen und die Energie in Konstruktives zu stecken.

»Weißt du, in Europa waren die Grenzen auch zu. Es gab viel Leid und Unterdrückung. Heute ist Europa ein freier Kontinent. Dort haben viele Völker gelernt, miteinander zu leben. Die Wolkenkratzer in Tel Aviv bleiben bestehen. Israel ist sehr stark, ihr könnt es nicht schlagen. Ich bin mir sicher, dass ihr in diesem Land lernen werdet, miteinander zu leben. Die Juden sind freier als ihr, aber schau mal, wie sie oben eingezäunt leben, wie in einer Festung. Frei sind sie auch nicht. Wenn ihr es lernt, werdet ihr alle frei leben.«

Der Junge schaut zu Boden, seine Fäuste halten seinen Kopf. Seine Brille sitzt nicht mehr richtig, aber es stört ihn nicht. »Du bist ein weiser Mann«, sagt er. »Du kennst die Welt. Vielleicht passt das, was für Europa gut ist, nicht zu unserem Land?«

»Vielleicht«, antworte ich. »Aber trotzdem wird es irgendwann einen Weg geben. Das muss es.«

Es ist schon spät. Ich frage ihn, ob sich seine Eltern keine Sorgen machen, dass er so spät noch nicht zu Hause ist.

»Vielleicht ein wenig«, bestätigt er. Für den Heimweg bräuchte er eine halbe Stunde zu Fuß. Ich frage ihn, ob er schon mal Taxi gefahren ist. Noch nie. Ich stoppe ein Taxi für ihn. Der Taxifahrer möchte 20 Schekel (5 Euro). Ich weiß, dass es überteuert ist, aber es ist mir egal. Ich gebe dem Taxifahrer 20 Schekel und dem Jungen 50. Er ist überrascht und nimmt es dankbar an. »Pass auf dich auf«, sage ich ihm noch durch das offene Fenster. Ich wünschte, ich könnte ihm erzählen, dass ich israelischer Jude bin. Aber das konnte ich nicht.

Früher ging es, also muss es wieder gehen

Khaled hat verschlafen und ich wecke ihn mit einem Anruf. Zusammen fahren wir nach Sebaste, der einstigen Hauptstadt des biblischen Königreiches Israel. Die Wohngebiete des Dorfes liegen in einer B-, die Ausgrabungen in der C-Zone. Früher war hier eine aktive Stätte der israelischen Natur- und Parkbehörde. Auch heute gehören die Ausgrabungen dieser Behörde, aber seit der Zweiten Intifada ist hier kein Mitarbeiter mehr. Auf der Internetseite steht ausdrücklich, dass der Besuch nur nach Anmeldung beim Militär möglich ist. Daran halten sich manche israelische Reiseagenturen. Vor etwas mehr als zehn Jahren war ich auf diese Weise mit einer Reisegruppe hier. Uns wurde ein Panzerbus zur Verfügung gestellt, den wir aber bezahlen mussten. Ein äthiopischstämmiger Soldat begleitete uns im Bus und zitterte die ganze Zeit. Tatsächlich flogen Steine auf den Bus, sobald wir das Dorf erreichten, wobei – Steine ist untertrieben. Es waren Felsbrocken und Hohlblöcke. Jugendliche warfen sie von den Dächern. Heute komme ich im palästinensischen Auto und interessiere keinen.

Zusammen spazieren wir durch die Ausgrabungen und schauen uns die Überbleibsel des Palastes an, unter dem König Omri und sein Sohn Ahab wahrscheinlich begraben wurden. Ich denke über die israelische Leidenschaft zur biblischen Archäologie nach und muss zugeben, dass viele Menschen auch politisch motiviert sind. In den Inschriften, der Keramik und den Schriftrollen sehen wir: Das Land war mal Israel. Irgendwie haben wir den inneren Drang, zu beweisen, dass wir hier verwurzelt sind. Die Palästinenser brauchen so etwas nicht. Sie sind einfach da. Wir suchen die Gebeine unserer Könige, die Gebeine ihrer Vorväter liegen im Friedhof nebenan.

Wir sind mit Hafis verabredet, der einen Souvenirladen und ein Restaurant direkt am Eingang zu den Ausgrabungen besitzt. Fünfzig Jahre ist er schon hier. Davor führte sein Vater den Laden. Er spricht mit mir fließend Hebräisch. Khaled hat ihn im Voraus über mich informiert. Es ist kühl an diesem sonnigen Morgen. Hafis Datteln sind genauso hervorragend wie sein Kaffee. Ich frage Khaled, wie viel er von unserer Unterhaltung auf Hebräisch versteht.

»Nur einzelne Wörter, die in beiden Sprachen gleich oder ähnlich sind.«

Hafis erzählt von den vergangenen fünfzig Jahren. Vor der Ersten Intifada war der Platz am Wochenende voll mit Israelis. Mit Pkws kamen sie aus Netanya, Tel Aviv und aus anderen Orten. Sie seien gute Kunden gewesen. Nachher wurde es weniger, aber die Kasse der Natur- und Parkbehörde war noch belegt.

»Auch wenn sie die Einnahmen für sich behielten und nicht dem Dorf zugutekommen ließen, haben wir sie hier akzeptiert«, erklärt er. »Aber in den Oslo-Jahren kamen viele Touristengruppen. Ich kenne alle israelischen Reiseleiter und habe noch ihre Handynummern. Welcher Bus fuhr von Galiläa nach Jerusalem nicht über Sebaste? Alle. Das Jordantal ist doch langweilig. Hier ist das biblische Land, wo auch Jesus gewesen ist. Seit der Zweiten Intifada kommen kaum noch Reisebusse. Wir sitzen hier und warten manchmal tagelang.«

Ich zeige ihm die Internetseite mit dem Hinweis, dass der Besuch nur mit Militäreskorte gestattet ist.

»So ein Blödsinn!«, schimpft er. »Ich kenne die Seite und habe ihnen schon geschrieben, dass sie das löschen sollten. Wir tun Touristen nichts an, wir wollen sie. Alle, auch die Jugend.«

»Vor gut zehn Jahren bekam ich hier Steine ab und ich war mit einer Reisegruppe hier«, erzähle ich.

»Weil ihr bestimmt mit einem Militärjeep und im Panzerbus gekommen seid. Die Jugendlichen dachten sicherlich, dass ihr Siedler seid, und wollten euch verjagen. Wozu das Militär?«, fragt er, seine Stimme überschlägt sich.

»Würde unseren Reisebussen nichts passieren, wenn wir herkommen? Mit jüdischen Reiseleitern und vielleicht mit jüdischen Busfahrern?«, hake ich nach.

»Sicher nicht! Gib euren Reiseleitern meine Telefonnummer, und wenn sie oder ihre Busfahrer Angst haben, sollen sie mich anrufen. Ich komme dann zur Hauptstraße und fahre vor«, bietet er seine Hilfe an. An der Hauptstraße liegt die Siedlung Shavei Shomron, zu der Israelis problemlos kommen können. »Ich kann auch den Besuch zu anderen Stätten in der Nähe organisieren. Leider nicht zu allen. Eines Tages wollte ein italienischer Priester mit seiner Gruppe zu Josefs Grab. Ich erzählte ihm, wenn er das versuchen würde, hätte der Bus keine Scheiben mehr und vielleicht wären einige aus der Gruppe tot. Dort kennen die Jugendlichen gar keine Touristen mehr. Für sie ist alles, was nicht arabisch ist, komisch. Und dann werfen sie Steine. Aber hier nicht.«

Hafis erzählt mir von dem kürzlichen Besuch einer Knessetabgeordneten. Vom Militär bekam er einen Anruf, sie käme in zwei Stunden. Zusammen mit Vertretern aus einer Universität und der Ziviladministration wollten sie ihn besuchen. Er solle Baklava vorbereiten. Mit Ach und Krach konnte er alles rechtzeitig organisieren.

»Sie wollen hier weiter ausgraben. Der Park liegt in ihrem Zuständigkeitsgebiet. Weißt du, wo unser Gebiet aufhört und ihr Gebiet beginnt?«, fragt Hafis. Ich hole meine digitale Karte raus. »Nicht nötig«, unterbricht er. »Komm mit!« Er steht auf, geht fünf Meter bis zur Kante des Parkplatzes und zeigt darauf. »Der Parkplatz ist B-Zone, alles was nach dem Parkplatz kommt, die ganzen Ausgrabungen, sind C-Zone. Wir dürfen an den Ausgrabungen nichts machen. Vor ein paar Jahren haben wir hier Informationstafeln installiert. Schon beim nächsten Besuch kam das Militär und hat sie alle abmontiert. Der Status quo muss bleiben«, sagten sie.

»Und was wollte die Knessetabgeordnete?«, erkundige ich mich.

»Sie haben Geld für Ausgrabungen, Restauration und Entwicklung. Sie wollten wissen, ob hier wieder Steine fliegen würden, wenn sie die Ausgrabung fortsetzen würden. Ich habe ihnen gesagt, dass ich glaube, dieses Mal werden es keine Steine sein. Es wird gleich geschossen.«

Erschrocken sah ich ihn an.

Er fuhr fort: »Die Ausgrabung sollte die Universität Ariel machen. Wir sind nicht dumm, wir kennen Ariel, es ist eine Siedlung und sie haben dort eine politische Agenda. Wenn sie hier anfangen auszugraben, endet es mit einer neuen Siedlung direkt vor unserer Nase. Das würden wir auf keinen Fall hinnehmen. Als Touristen seid ihr bei uns herzlich willkommen, denn ein Tourist fährt nach seinem Besuch zurück nach Hause.«

Ich kann seine Logik verstehen. Andererseits schießen die Einwohner ein Eigentor, wenn sie die Entwicklung der Stätte nicht zulassen. Diese muss ja nicht in der Gründung einer neuen Siedlung enden, obwohl es dieses Szenario schon mehrfach gab.

»Hafis, du sagst ›nach Hause fahren‹, aber das Zuhause mancher israelischer Touristen liegt nur 1,5 Kilometer entfernt. Glaubst du noch an die Trennung als Lösung?«

»Shavei Shomron ist die nächste Siedlung, aber bis 2005 gab es 10 Minuten von hier die Siedlung Homesch und dahinter die Siedlung Sa-Nur. Heute sind sie weg. Es ist möglich, Siedlungen zu räumen.«

»Denkst du, dass es auch heute möglich ist?«

Er zögert. »Wahrscheinlich nicht.«

»Und nun?«, frage ich.

»Ihr müsst mit eurem Rassismus aufhören, mit uns auf Augenhöhe reden. Dann wird die Geschichte ein Ende haben«, urteilt er.

»Ein Staat, zwei Staaten?«, frage ich.

»Nenne es, wie du willst. Vor der Ersten Intifada ging es, es muss auch heute wieder gehen.« Er will sich nicht genau festlegen.

»Wenn du die Zeit zurückdrehen könntest, welches Jahr würdest du wählen?«, frage ich ihn. »1986, vor der Ersten Intifada«, lautet seine Antwort.

»Nicht 1966, vor dem Sechstagekrieg oder 1947 vor Israels Staatsgründung oder 1916 vor der Balfour-Deklaration?«

»Das ist alles unrealistisch. 1986 ist realistisch«, erklärt er. »Aber die Besatzung muss ein Ende haben.«

Khaled holt sein Handy raus und zeigt mir ein Kurzvideo. Ich erkenne den Platz, an dem wir gerade sitzen. Es ist Nacht. Im Video sind mehrere Soldaten zu sehen, die voll ausgerüstet in alle Himmelsrichtungen schauen. »Nicht da!«, schreit der eine zum anderen. »Da, aus dem linken Fenster!«

Immer wieder ist ein grüner Punkt auf dem Gesicht der Soldaten zu sehen. Ein Mann nähert sich den Soldaten an und brüllt sie an: »Es sind nur Kinder, lasst sie in Ruhe!«

»Sag den Jungen«, schreit der Soldat, so stark er kann, »sie sollen sofort mit dem Laser aufhören. Wenn sie nicht aufhören«, er stoppt kurz und denkt über die nächsten Worte nach, »werde ich ihnen den Laser wegnehmen! Ich werde jede Nacht kommen, bis sie aufhören!«

Ich muss kichern und frage, was der Hintergrund war. Kinder hatten einen guten Laserpointer gekauft und die benachbarte Siedlung abends angestrahlt. Die Siedler hielten den Pointer für Scharfschützenwaffen und riefen die israelische Polizei. Da die Polizei in der B-Zone nicht befugt ist, wurde das Militär geschickt.

»Ein Militäreinsatz wegen eines Laserpointers wäre parodiereif, aber was schlagt ihr vor? Wäre es besser, wenn zwei israelische Polizisten gekommen wären und mit den Eltern gesprochen hätten?«

»Polizei oder Militär, das ist für uns gleich.«

»Und wenn es arabische Polizisten wären? Es gibt ja auch arabische Polizisten in der israelischen Polizei.«

»Das würde uns noch mehr ärgern. Für uns sind sie Verräter. Ihr spielt sie nur gegen uns aus.«

»Was sollte man sonst tun?«

»Nichts«, antworten beide. »Von einem Laserpointer ist noch keiner gestorben. Es sind Kinder, sie würden früher oder später sowieso damit aufhören.«

»Was ist für dich Besatzung?«, frage ich Hafis. »Ist das 48er-Land besetzt?«

»Dort ist es nicht mehr militärisch besetzt. So kann man leben. Wir wollen hier kein Militär bei uns sehen. Weißt du, wie oft sie reinfahren, um zu kontrollieren, ob wir vielleicht neue Schilder installiert haben? Alle zwei Wochen sind sie mit ihren Spezialfahrzeugen da. Unsere Kinder haben ständig Angst. So will man seine Kinder nicht großziehen.«

Mir war zwar bekannt, dass das Militär für alle C-Zonen zuständig ist, aber welche Auswirkungen dies im Leben der Palästinenser hat, war mir nicht bewusst.

Hafis Aussagen begleiten mich seit unserer Begegnung. Er differenziert zwischen der militärischen und der politischen Besatzung. Er möchte gleichberechtigt und uneingeschränkt leben. Wie das Modell genau heißen soll, überlässt er der Politik. Er ist Pragmatiker und kennt beide Seiten seit Langem. Er sieht täglich, wohin die Gewalt geführt hat, und wünscht einen Weg aus dieser Sackgasse.

Im Potpourri des Rechts

Ich versuche, mir einen Überblick im Potpourri des Rechts in Judäa und Samarien zu verschaffen. Für alle gilt das Militärrecht. Solange Israel sein Bürgergesetzbuch hier nicht anwendet (was einer Annexion gleichkäme), verpflichtet die Vierte Genfer Konvention das Militär dazu, für Recht und Ordnung zu sorgen. An seiner Spitze steht der Verteidigungsminister. Also ist die israelische Regierung grundsätzlich das Souverän hier (im 48er-Gebiet ist es die Knesset).

Für die Siedler gelten aber manche Gesetze der Knesset, vor allem in Sachen Arbeit, wie für jeden Israeli.

In A-Zonen gilt PA-Recht, in B-Zonen auch, außer in Sicherheitsangelegenheiten, für die wieder das Militärrecht Anwendung findet. In den C-Zonen gilt nur das Militärrecht. Dort reichen Siedler und Palästinenser zum Beispiel ihre Bauanträge bei der Ziviladministration ein. Die Autokennzeichen und Ausweise stellt aber die PA für Palästinenser auch in C-Zonen aus.

In A-Zonen gehen Palästinenser vors PA-Gericht, in B-Zonen auch (außer wenn es um Sicherheitsangelegenheiten geht, da gilt das Militärgericht), in C-Zonen vors Militärgericht. Siedler gehen grundsätzlich zum nächsten Gerichtshof im 48er-Gebiet.

Wenn Israelis in den C-Zonen die Nummer 100 wählen und die Polizei rufen, kommt israelische Polizei. In A-Zonen kommt mit derselben Nummer palästinensische Polizei, aber wenn Palästinenser in B- und C-Zonen diese Nummer wählen, kommt israelisches Militär. Die israelische Polizei ist nicht für Palästinenser zuständig. In den C-Zonen verteilen israelische Polizisten Verkehrsbußen an alle. Einem Israeli oder Ostjerusalemer darf die palästinensische Polizei keine Bußen vergeben. Das sieht man am Fahr- und Parkverhalten der israelischen Araber und Ostjerusalemer, die in A-Zonen fahren. Sie erlauben sich alles.

Und dann gelten für alle noch einige jordanische (ursprünglich osmanische) Gesetze bezüglich Bodenbesitz. Wie soll man da den Überblick behalten?

Im Flüchtlingslager

Wir fahren nach Tel el-Far'a, wo Überreste der Stadt Tirza zu sehen sind. Mauerwerke eines typisch israelitischen Vierraumhauses versetzen einen ins biblische Zeitalter, als hier die Könige Israels einander bekämpften. Khaled kennt weder die Geschichten noch den Ort. »Gibt es einen palästinensischen Ort, über den es keine Geschichten in eurer Bibel gibt?«, fragt er zynisch. Ein provisorisches Schild des palästinensischen Antiquitätenamtes erzählt von der Eisenzeit, das Zeitalter der biblischen Könige. Vom Namen des biblischen Königreiches, von dem aus diese Stadt regiert wurde, oder von den Namen der Könige, die diese Paläste gebaut haben, ist auf dem Schild keine Spur. Wir befinden uns in einer A-Zone.

Der Ort nebenan ist sehr dicht bebaut, eine Fotovoltaikanlage fällt mir ins Auge. »Die gehört dem Flüchtlingslager«, erzählt Khaled. »Wahrscheinlich internationale Hilfe.«

Ich wusste nicht, dass es ein Flüchtlingslager ist. »Haben wir Zeit?«, frage ich, denn das Zeitmanagement ist an diesen Tagen in Khaleds Hand.

»Ja, wir haben es nicht eilig.«

»Ist es gefährlich, ins Lager zu gehen?«

»Wenn wir zusammen sind, nicht.«

Die leichte Hanglage macht die Einschätzung der Größe des Geländes leichter. Ich schätze es auf 500 Meter mal 500 Meter. Zwei, drei Straßen sind befahrbar, alles andere ist zu schmal. Wir parken und gehen zu Fuß rein. Auch Khaled war hier noch nie. Wer den Begriff »Flüchtlingslager« hört, denkt erst mal an Zelte und Baracken, aber die palästinensischen Flüchtlingslager sind anders. Die Häuser sind alle aus Beton, aber sehr ärmlich, wie in einem Dritte-Welt-Land. Schön und fertig waren sie nie, und seit ihrem Bau zerbröckeln sie.

Bisher kannte ich palästinensische Flüchtlingslager nur aus der Ferne. Ich wusste, dass sie dicht bebaut sind, aber erst wenn man drinnen ist, wird einem die Enge so richtig bewusst. Überall sind Menschen. Die Eingänge zu den Wohnungen sind unübersichtlich. An vielen Wänden hängen Poster von Selbstmordattentätern und Gefangenen, den Helden des Lagers. An vielen Stellen riecht es nach Gekochtem und nach Abwasser. An jeder Ecke hängt Wäsche an Leinen. Es gibt kaum ein Fitzel Grün. Ich sehe einen Elektroladen, eine Apotheke, zwei Lebensmittelläden, einen Laden für Baubedarf und ein Handygeschäft. Die Autos sind besonders alt. Ich zähle sechs alte Mercedes mit sieben Türen. Früher waren sie das Klischee-Auto der Araber in Israel, aber inzwischen sind sie von den Straßen verschwunden. Jetzt weiß ich wohin …

In den Flüchtlingslagern ist die Zeit stehen geblieben, nicht nur in Sachen Autotrends. Der Begriff »Lager« hat etwas Temporäres, aber temporär sehen die palästinensischen Flüchtlingslager nicht aus.

Beim Lebensmittelladen holen wir uns einen Kaffee. Der Verkäufer lädt uns ein und setzt sich zu uns vor den Eingang, zwischen Obst und Gemüse. Khaled stellt sich als NGO-Mitarbeiter und mich als Partner aus dem Ausland vor. Ich spreche nur Englisch, Khaled dolmetscht.

Über 7000 Einwohner leben hier, alle haben den Status eines Flüchtlings bei der UNRWA. Alle wohnen in Eigentumswohnungen, keiner ist hier zu Miete. Die meisten Familien haben drei Zimmer, manche vier, etwas weniger zwei. Durchschnittlich, schätzt der Verkäufer, wohnen drei bis fünf Personen in jedem Zimmer. WC und Bad haben alle Wohnungen. Die Bauqualität ist sehr schlecht und durch die hohe Baudichte bleiben viele Wohnungen ganztägig im Schatten. Bestimmt ist die Belüftung nicht immer ausreichend. Eine Studie über die Häufigkeit von Atemwegserkrankungen wäre interessant. Und ob hier jemand ohne psychische Probleme aufwachsen kann?

Der Verkäufer erzählt: »Viele Wohnungen sind feucht, Schimmel haben bestimmt mehr als die Hälfte. Angefangen hat alles in Zelten. Lange wollten die Flüchtlinge keine festen Häuser bauen. Immer als man Baumaßnahmen vorgeschlagen hat, waren alle im Lager dagegen. Sie wollten zurück in ihre Häuser. Aber das Leben in Zelten war auf Dauer zu schwer. Ich glaube, dass es dann zunächst Baracken aus Asbest gab. Nach und nach fingen die Leute an, aus Blöcken zu bauen. Als die Infrastruktur kam, waren die Gefühle dazu auch ambivalent. Einerseits brauchten die Bewohner Wasser, Abwasser und Strom, andererseits wollten sie keine Zeichen des dauerhaften Bleibens.«

»Wer bekommt den UN-Flüchtlingsstatus?«, erkundige ich mich.

»Wer aus den Ländereien von 1948 vertrieben wurde«, antwortet unser Gastgeber.

»Darf ich fragen, wann du geboren wurdest?«

»1969.«

»Ich dachte, wer vertrieben wurde, bekommt den Status«, wende ich ein. Ich weiß, dass die Regeln der UN im palästinensischen Fall anders sind als bei allen anderen Flüchtlingen der Welt. Nur Palästinenser vererben den Status an ihre Kinder weiter. Ich möchte jedoch wissen, wie die Logik aus seiner Perspektive aussieht.

»Wir sind aber auch Flüchtlinge.«

»Ist hier, wo du geboren und aufgewachsen bist, nicht dein Zuhause?«

»Mein Zuhause ist Qaqun. Ich werde nirgendwo zu Hause sein, außer in Qaqun.«

Ein kalter Schauer durchfährt mich. An den Ruinen von Qaqun habe ich in meiner Kindheit gespielt. Das Dach der Burg war ein Ort der Romantik in meiner Jugend. Nie habe ich es als ein zerstörtes arabisches Dorf wahrgenommen, sondern als eine Burgruine aus der Kreuzritterzeit. Das Verständnis versickert in mir. Plötzlich erinnere ich mich, wie meine Mutter mir dort beigebracht hat, wie man Kaktusfeigen pflückt, ohne Stacheln zu berühren. Ich raffe mich auf.

»Kommen deine Eltern aus Qaqun?«

»Mein Vater, er war damals drei.«

»Lebt er noch?«

»Ja, Gott sei Dank«, er zeigt mit dem Finger in die Richtung des Hauses, »aber er kann nicht mehr gut sehen.«

»Wart ihr jemals in Qaqun?«

»Nein. Nie.«

Ich überlege, wie und was ich genau sagen soll. »Ich war dort. Es ist nicht mehr viel geblieben«, erzähle ich.

»Ja«, bestätigt er, zum Glück ohne mich zu fragen, was ich dort zu suchen hatte. »Ich habe es von 48er-Arabern gehört, die nicht weit wohnen. Die Dorfschule steht noch.«

»Wirklich?« Das erscheint mir unmöglich, da ist doch keine Schule! Ich möchte ihm aber nicht widersprechen. Dass ich zu den Juden gehöre, die heute in der Nähe des zerstörten Dorfes seines Vaters wohnen, kann ich ihm nicht sagen. Später erzähle ich es Khaled im Auto. Er mustert mich verblüfft.

Shopping auf Hebräisch

Zwischen Jericho und Jerusalem sitzen wir beim Beduinen Yusef im Zelt. Neben seinem eigenen Zelt hat er drei Zelte für Reisegruppen aufgestellt. Heute ist eine holländische Gruppe hier, auf dem Weg hinauf nach Jerusalem. Yusef, Khaled, Sami, der palästinensische Reiseleiter der Gruppe, und ich sitzen an dem kleinen Feuer. Khaled stellt mich als Reiseveranstalter aus dem Ausland vor. Als ich meinen Namen sage, schaut mich Sami an und fragt nach meinem Nachnamen, auf Hebräisch. Er hat gleich erkannt, dass ich Israeli bin.

»Es war nicht nur dein Name. Ich rieche euch sofort«, sagt er grinsend.

»Du musst viel Erfahrung mit uns haben«, antworte ich. So ist es. Die Reiseleitung macht er nur nebenberuflich, er hat eine 60-Prozent-Stelle bei Rami Levy in Gush Etzion. Rami Levy ist eine der größten israelischen Supermarktketten.

»Wer kauft da so ein?«, erkundige ich mich.

»Querbeet«, antwortet Sami, »mehr Juden aus den Siedlungen, aber auch Araber. Palästinenser aus Bethlehem, mit mehr Geld, die das Gefühl vom Einkaufen wie in Europa oder Amerika haben möchten, außerdem manche Betreiber von besseren Restaurants und Hotelküchen, die die beste Qualität wollen, oft vom Fleisch.«

Ich war noch nie in einer der Rami-Levy-Filialen in Judäa und Samarien und möchte wissen, ob sie für alle offen sind.

»Die Kunden, die Kassierer und Kassiererinnen, alles durcheinander«, erzählt Sami.

Ich erinnere mich, wie vor ein paar Jahren Dutzende Palästinenser und israelische Linksaktivisten eine Rami-Levy-Filiale nördlich von Jerusalem mit Palästina-Fahnen bestürmten. Sie demonstrierten gegen die »Ausbeutung der Palästinenser« und »Ausnutzung ihrer wirtschaftlichen Lage«. Den Kameras erzählte eine schockierte jüdische Käuferin, sie dürfe nicht nach Ramallah einkaufen gehen, aber hier wären die Türen für alle auf, und außerdem wäre keiner gezwungen, hier einzukaufen. Palästinensische Käufer lächelten verlegen und wollten nicht gefilmt werden.

»Macht es dir nichts, in einem Siedlungs-Supermarkt zu arbeiten?«, frage ich auf Hebräisch. Da die anderen die Sprache nicht verstehen, blamiere ich ihn damit nicht vor ihnen. Er schüttelt den Kopf. Er braucht das Geld und die Bedingungen sind viel besser dort. Er ist Christ aus Bethlehem und hat zwei Töchter zu Hause. Ob der Supermarkt einem Juden oder einem Araber gehört, sei ihm gleich.

Khaled sieht es anders. Er möchte die »wirtschaftliche Besatzung«, wie er sie nennt, nicht unterstützen. Er kauft auch nicht in den jüdischen Läden ein. Sami lacht. »Die Israelis sind letzten Endes mehr besetzt als wir. Bei ihnen arbeiten überall die internationalen Ketten. Ihr Geld geht oft ins Ausland. Wir haben noch unsere lokalen Läden und unterstützen die Einheimischen. Rami Levy ist immerhin nicht vom Ausland. Weißt du, wie viele Palästinenser er beschäftigt? Wie viele palästinensische Familien davon leben? Du redest über Theorie, ich rede über Praxis.«

Er fragt Khaled, woher sein Strom käme. »Bei mir kommt der aus der Steckdose«, antwortet er, wohl wissend, worauf Sami zielt, und ergänzt: »Ich weiß schon, dass er israelisch ist.«

»8 Prozent des in Israel produzierten Stroms gehen zu euch, einschließlich Gaza«, werfe ich ein. »Und wie ihr sicher mitbekommen habt, hat euer Provider nicht immer die Rechnung der israelischen Stromgesellschaft bezahlt. Irgendwann wurden diese Schulden von euerm Zoll abgezogen.«

»Und woher kommt dein Wasser?«, fragt Sami Khaled weiter. Er möchte zeigen, dass sogar die elementarsten Konsumgüter aus Israel kommen.

»Unser Dorf hat sich zusammengeschlossen und die Einmischung der PA ausgeschaltet«, überrascht uns Khaled. Seit Oslo zahlen die palästinensischen Endkunden ihre Wasserrechnung an die PA, die das Wasser von der israelischen Wassergesellschaft Mekorot kauft. Als Zwischenglied legt die PA noch etwas obendrauf. Dadurch zahlt der palästinensische Endkunde mehr für einen Kubikmeter Wasser als ein israelischer. »Es kam zu gewaltigen Auseinandersetzungen mit den Leuten der PA, aber sie haben am Ende aufgegeben«, erzählt Khaled weiter. »Wir haben ein Abkommen direkt mit Mekorot.« – »Und wer ist dann freier, ihr oder die anderen, die doch an die PA zahlen?«, fragt Sami ihn belehrend.

Yusuf, der Beduine, meldet sich. »Unser Scheich hat sich mehrfach mit dem Militär getroffen. Er will, dass wir alle blaue (israelische) Ausweise bekommen.«

»Bist du nicht lieber Palästinenser als Israeli?«, frage ich ihn direkt.

»Schau, ich«, sagt er langsam und legt seine Hand auf die Brust, »ich bin Beduine. Wir waren hier lange vor allen. Wir sind Araber, die wahren Araber. Ich bin kein Palästinenser und kein Israeli. Ein blauer Ausweis wäre für uns besser.«

Khaled sagt, sein Widerstand gegen die wirtschaftliche Besatzung bedeutet nicht, dass er gegen den Frieden ist. Er möchte gern auch Hebräisch lernen.

»Die PA hat den Hebräischunterricht verboten«, erzählt er, »aber an den Unis und an privaten Sprachschulen gibt es Angebote.«

»Mein Freund«, wendet sich Sami an Khaled, »jeder sollte Hebräisch lernen. Schau zu, dass du einen guten Kurs belegst.«

»Warum denkst du so?«, erkundige ich mich.

»Wer in diesem Land lebt, muss Hebräisch können. Punkt«, antwortet er entschlossen ohne weitere Erklärung.

»Und Arabisch auch«, füge ich hinzu, »ihr wisst alle, wie wenig Arabisch wir Juden können, obwohl wir es in der Schule lernen.«

Alle drei sind überrascht. Ich erzähle, dass wir neben Englisch eine zweite Fremdsprache lernen müssen, und dass sich die meisten Schulen für Arabisch entscheiden. Vom siebten bis zum neunten Schuljahr ist es Pflicht, danach Wahlfach.

»Dafür könnt ihr aber richtig schlecht Arabisch«, sagt der Reiseleiter und die anderen lachen.

»Richtig. Das liegt aber auch daran, dass wir Hocharabisch lernen. Wir können lesen, schreiben und einen Satz grammatisch analysieren, sprechen aber leider nicht«, versuche ich zu erklären. Dann rufe ich einen Internetartikel auf und übersetze ihn:

»›Künftig sollte gesprochenes Arabisch als Pflichtfach ab der 5. Klasse eingeführt werden‹, teilt Bildungsminister Naftali Bennett mit und sagt: ›Die Kenntnis der arabischen Sprache bietet einen Einblick in die Welt, Kultur und Lebensweise der arabischen Minderheit in Israel. Wir erziehen die Kinder Israels zu den Werten der Toleranz und Akzeptanz des anderen und schaffen so die Grundlage für eine gemeinsame Lebensweise. Die Kenntnis der arabischen Sprache ist eine würdige und lebenswichtige Bildungsangelegenheit für die Realität unseres Lebens in diesem Land.‹«

Meine Gesprächspartner sind sichtlich positiv überrascht.

»Das ist eine gute Richtung«, meint Khaled.

Ich erzähle ihnen, dass Bennett von der rechten Partei Jüdisches Haus ist, der klassischen Siedlerpartei. Sami ist darüber nicht erstaunt. »Die Siedler wohnen hier bei uns und haben am meisten Kontakt zu uns. Die Linken in Tel Aviv tun tolerant, aber am Ende wollen sie uns hinter der Mauer sehen und nichts mit uns zu tun haben.« Jetzt bin ich der Überraschte. Diese drei Palästinenser haben viele Israelis durchschaut, die sich als Liberale verstehen.

Und jetzt andersrum

Am Ende unserer gemeinsamen Tage bringt mich Khaled zurück in die Gegend von Bethlehem zu meinem Auto. Ich frage ihn, wie er nach Hause kommt. Er muss den Firmenwagen in Bethlehem stehen lassen und mit öffentlichen Verkehrsmitteln fahren. »Öffentliche Verkehrsmittel« hört sich gut an, aber in den palästinensischen Autonomiegebieten sind es nur Sammeltaxen.

»Bist du wahnsinnig? Das wird Stunden dauern. Außerdem – bis wann fahren diese Sammeltaxen? Ich fahre dich heim. Meine Eltern wohnen vierzig Minuten von dir, ich werde bei ihnen übernachten.« Khaled lehnt höflich ab, ich bestehe jedoch darauf. Er will noch eine andere Option abklären und jemanden anrufen. Dabei sieht er eine Push-Nachricht auf seinem Handy von der Ziviladministration. Vor einigen Stunden ist sie eingegangen, aber er hat sie nicht bemerkt.

»Ich habe die Einreisegenehmigung!«, ruft Khaled. »Die Genehmigung, auf die ich gewartet habe.«

»Dann ist es klar. Ich fahre dich heim – aber über das 48er-Land.«

Schnell sind wir am Checkpoint vor den Tunneln, die nach Jerusalem führen. Khaled ist nervös. Ich beruhige ihn, schließlich hat er die Genehmigung und mit mir zusammen wird er wahrscheinlich nicht einmal kontrolliert. Wir stehen im Stau vom Samstagabend. Ich erkläre ihm, dass die religiösen Juden jetzt wieder Auto fahren dürfen, es ist Rushhour. Ich mache das Fenster runter und grüße den Soldaten mit »gute Woche«. Für uns Juden hat die neue Woche gerade angefangen. Er fragt, was die ganze Ausrüstung hinten ist, und ich sage wahrheitsgemäß: »Camping.« Wir werden durchgewinkt. »Ab hier gibt es bis zu dir nach Hause keine Kontrolle mehr«, verspreche ich Khaled, der jetzt viel entspannter aussieht.

Wir rollen auf die Stadtautobahn. Ich zeige auf den Südbahnhof, die Shoppingmall und das neue Fußballstadion. Alles glänzt mit moderner trendiger Beleuchtung. Nach den Tagen in den palästinensischen Autonomiegebieten sieht es hier auch für mich auf einmal extrem sauber aus. »Sogar die Autobahn bepflanzt ihr«, kommentiert Khaled. Ich frage ihn nicht, was durch seinen Kopf geht, sondern lasse ihn in Ruhe.

Immer wieder kommt ein Tunnel. Durch die Autobahnknoten im Dunkeln verliert Khaled die Orientierung. Sobald ich das erste palästinensische Dorf sehe, melde ich: »Das ist Beit Iksa dort oben.«

Khaled ist überrascht, wie schnell es gegangen ist. Jetzt erinnert er sich, dass er diese Autobahn von Beit Iksa aus schon gesehen hat. Die gepanzerten Fahrzeuge, die im Gedenken an den Unabhängigkeitskrieg am Straßenrand stehen, fangen seinen Blick. Ich erzähle kurz über sie. Jedes Volk hat sein Narrativ. Unterwegs frage ich ihn, ob er dieses und jenes Dorf kennt, die es hier vor 1948 gegeben hat. Von den meisten hat er nie gehört.

Unten an der Küstenebene frage ich ihn, ob er über die A6, die A4 oder die A2 fahren möchte. Er fragt nach den Unterschieden. »Die A6 geht ziemlich direkt an der Grünen Linie, die A4 durch verschiedene Städte und die A2 mitten durch Tel Aviv«, erkläre ich. Er möchte die A6, um die Entfernungen zu verstehen. Sobald der Mauerabschnitt bei der Stadt Qalqilya kommt, mache ich ihn darauf aufmerksam.

»So nah?« Er kann es kaum glauben. »Ich kenne die Straße auf der anderen Seite. Ich wusste nicht, dass direkt hinter der Mauer die Autobahn verläuft.«

»Nicht nur ihr habt Platzmangel. Auch bei uns wird jeder Quadratmeter gebraucht«, kommentiere ich und frage ihn, ob er eine Ausfahrt früher als unsere nehmen möchte, um einen jüdischen und einen arabisch-israelischen Ort zu sehen. Natürlich will er. Wir fahren in den 10 000-Einwohner-Ort Kokhav Ya'ir. An der Einfahrt sind zwei Fahrbahnen für Einwohner markiert und eine für Besucher. Einwohner fahren durch ein automatisches Kfz-Erkennungssystem, Besucher werden digital erfasst und dürfen sich 24 Stunden ohne Anmeldung im Ort aufhalten, erklärt das Schild. Zusätzlich schaut ein Sicherheitsmann auf den Fahrer. Khaled ist wieder angespannt. Mit einer Kontrolle hat er nicht gerechnet. »Du kannst dich beruhigen, es geht hier hauptsächlich um Schutz vor Diebstahl«, beruhige ich ihn.

Der Sicherheitsmann fragt mich: »Wie geht's?«, wie er es bestimmt hundertmal die Stunde sagt. Ich höre seinen arabischen Akzent und sage Khaled, er könne sich mit ihm auf Arabisch unterhalten. Khaled lacht angespannt und wünscht einen guten Abend. »Oh, guten Abend mein Bruder«, wünscht der Sicherheitsmann auf Arabisch zurück und öffnet die Schranke.

»Wir wären die besten Terroristen«, scherze ich.

Khaled ist noch abgelenkt. »Ein Araber passt auf Juden auf?«, fragt er irritiert.

»Es ist sein Job. Er wird dafür bezahlt. Außerdem sind arabische Sicherheitsmänner das Beste für die Orte.«

Khaled fragt mich, was der Sicherheitsmann verdient. »Das wird nicht viel sein, es gilt als einfacher Job. Vielleicht 7 000 Schekel (1 800 Euro). Wenn er viel am Wochenende, an Feiertagen und nachts arbeitet, dann mehr.«

Khaled ist erschlagen von der Realität. Im nächsten Kreisverkehr steht ein Olivenbaum, der dekorativ beleuchtet ist. Khaled möchte ihn fotografieren. Er schaut auf die Häuser mit den Vorgärten, auf ein Einkaufszentrum und auf die weitläufigen Wiesen des Parks.

»Ich habe hier ganz normal Empfang«, stellt er verwundert fest.

»Wir sind vielleicht zwei Kilometer von Qalqilya entfernt, hast du gedacht, hier wäre kein palästinensisches Netz mehr?«, frage ich.

Er ruft seinen Vater an. »Papa, du wirst nicht raten, wo ich bin«, sagt er aufgeregt ins Telefon, »in Israel.«

Ich kann den Vater nicht hören, aber anhand von Khaleds nächsten Worten verstehe ich, dass sein Vater besorgt reagiert. Von seiner Genehmigung weiß er ja noch nichts. Dann stellt Khaled seinen Vater auf laut, ohne es ihm zu verraten, damit ich mithören kann.

»Bleibe von Soldaten fern! Und vertrau deinem Partner nicht, nicht dass er dich irgendwohin mitnimmt! Pass auf dich auf und ruf gleich an, wenn du wieder zurück bist«, weist ihn sein Vater an. Diese Sätze hätten in nahezu identischer Form von meinen Eltern kommen können, wenn ich sie aus den palästinensischen Autonomiegebieten angerufen hätte. Und wenn ich sie aus Ramallah angerufen hätte, hätten sie vielleicht das Militär alarmiert, falls ihr Herz nicht schon vorher gestreikt hätte.

Drei Minuten nach dem jüdischen Kokhav Ya'ir beginnen die ersten Häuser der arabisch-israelischen Stadt Taybe. Khaled ist überrascht, dass wir so schnell da sind. Er hat schon oft von der Stadt gehört und sie sich reicher vorgestellt. »Man sieht sofort, dass hier Araber leben«, urteilt er.

Schnell sind wir am Grenzübergang. Wieder bewegt sich Khaled unruhig auf dem Sitz. »Die Kontrolle gibt es nur in die andere Richtung«, erkläre ich ihm. Bei ihm im Dorf angekommen, lasse ich ihn aussteigen. Er möchte nicht, dass ich zu nah an sein Elternhaus fahre. Wenn er aus einem israelischen Auto aussteigt, macht ihn das verdächtigt, vor allem weil der israelische Geheimdienst solche Autos wie meins benutzt. Die Straßen sind hier nur mit alten blassen Neonlichtern beleuchtet. Es ist schon nach Mitternacht. Er macht sich Sorgen, ob ich den Weg hinausfinde. Mit dem Weg habe ich keine Probleme, er muss mir nur versichern, dass mich keiner mit Steinen bewerfen wird.

»Schau dich um, alle schlafen«, antwortet er.

Wir beide haben an diesen intensiven Tagen unheimlich viel gelernt. Wir hatten das Gefühl, den uns unbekannten Teil des Landes kennenzulernen. Und wir haben dabei einen neuen Freund gefunden.

Die alte Ruine im neuen Licht

Gleich am nächsten Morgen fahre ich nach Qaqun. Vor fast 20 Jahren war ich hier zum letzten Mal. Ein neu angelegtes Denkmal verewigt die sechzehn im 48er-Kampf um Qaqun gefallenen israelischen Soldaten. Vom arabischen Dorf wurde immer wieder auf den benachbarten Kibbuz geschossen, erzählt die Tafel die Vorgeschichte. Gekämpft wurde hier gegen die irakische Armee sowie einheimische Bewaffnete. Unweit des Parkplatzes bemerke ich einen zugewachsenen Brunnen. Nie zuvor ist mir dieser aufgefallen.

Am höchsten Punkt auf dem Hügel erreiche ich die Burg, die ich aus meiner Kindheit kenne. Im Laufe der Jahre hat sich aus den vom Jüdischen Nationalfonds gepflanzten Johannisbrotbäumen ein kleines Wäldchen entwickelt. Auch hier gedenken Tafeln der gefallenen israelischen Kämpfer. Ein anderes Schild erzählt über alle Epochen der Festung seit dem römischen Zeitalter. Napoleon besiegte hier die Osmanen. Die Infos über das arabische Dorf sind spärlich. Wie viele Menschen haben hier gelebt? Was ist mit ihnen passiert? Wo sind sie heute? Ich weiß es nicht.

In meiner Jugend stand hier noch nicht, dass man auf die Ruine nicht klettern darf. Jetzt ist es verboten, aber ich klettere trotzdem. Über meinem Kopf weht die israelische Fahne im morgendlichen Ostwind. Vier Kilometer vor mir liegt die palästinensische Stadt Tulkarm, hinter ihr die Berge, über die die Familie des Mannes geflüchtet sein müsste, der uns im Flüchtlingslager auf einen Kaffee eingeladen hat. Ich stelle mir vor, wie die jungen Eltern ihren dreijährigen Sohn auf dieser Strecke mitgenommen haben. Ich frage mich, womit die Flüchtlinge damals gerechnet haben. Wie schnell hatten sie gehofft, zurückzukehren?

Auf einmal fällt mir ein Haus im benachbarten Sportzentrum auf. Es sieht wie ein altes arabisches Gebäude aus. Das Sportzentrum mit dem Schwimmbad kannte ich, aber ich habe es nie in Verbindung mit der Ruine gebracht, vielleicht weil eine Verkehrsstraße die beiden trennt. Ich fahre hin und frage eine Mitarbeiterin, was hier vorher gewesen ist. »Eine Schule«, sagt sie. »Bis zu den 1980er-Jahren war sie aktiv.« Die Mitarbeiterin meint die jüdische Schule, die wohl nach der arabischen hier war. Der Verkäufer im Flüchtlingslager hatte recht, das Gebäude steht noch.

Ich frage die Mitarbeiterin, wann die Schule gebaut wurde. Sie weiß es nicht, erzählt mir aber über die Ma'abara, die es in den 50er-Jahren hier gab. So nennen wir die Flüchtlingslager, in denen Massen von Neueinwanderern in Israel gehaust haben. »Die meisten kamen aus Rumänien, aber es gab auch Jemeniten«, erzählt sie. Auch von der Existenz des israelischen Flüchtlingslagers an dieser Stelle habe ich nichts gewusst.

In Gedanken bin ich mit den Flüchtlingen beschäftigt. Ich frage mich, weshalb die Entwicklung bei beiden Völkern so unterschiedlich war. Auf beiden Seiten gab es zur selben Zeit Flüchtlinge in Lagern. Die jüdischen Flüchtlingslager wurden innerhalb von 15 Jahren alle abgebaut. Die Flüchtlinge hatten sich erfolgreich ein gutes Leben aufgebaut. Ihre Enkel gehen heute dort in ein Sportzentrum schwimmen, wo sie früher in Zelten und Baracken gewohnt haben.

Die palästinensischen Flüchtlingslager existieren bis heute, die Enkel der Flüchtlinge leben immer noch dort. Dabei hat den Juden keiner geholfen. Nur der junge Staat Israel, der selbst aus einem Sammelsurium von Einwanderern und Flüchtlingen bestand, kümmerte sich um den Aufbau. Die palästinensischen Flüchtlinge bekamen und bekommen eine Sonderbehandlung der Weltgemeinschaft. Während sich die UNHCR um die Flüchtlinge weltweit kümmert, kümmert sich die UNRWA nur um palästinensische Flüchtlinge. Alle Flüchtlinge der Welt verlieren ihren Flüchtlingsstatus, sobald sie irgendwo eingebürgert werden. Nur Palästinenser behalten auch nach Einbürgerung ihren Flüchtlingsstatus. In den Flüchtlingslagern zahlt keiner Strom, Wasser oder Steuern. Ich habe den Eindruck, dass diese Politik das palästinensische Flüchtlingsproblem eher erhalten will.

Wieso nur 300?

Michel, christlicher Palästinenser aus Bethlehem, hat eine Dönerbude. Zwischen hektischen Phasen setzt er sich zu mir und zum Busfahrer an den Tisch. Wir kennen uns seit etlichen Jahren.

»Kommt noch ein Palästinenserstaat?«, frage ich ihn.

»Nicht in absehbarer Zeit.«

»Wie wäre es mit einem gemeinsamen Staat?«

»Perfekt. Was will man mehr.«

»Und wenn du dort nicht wählen könntest?«

»Auf Dauer würde mich das stören. Wenn gemeinsam, dann wirklich gemeinsam.«

Dann beschwert sich Michel über die Grenzanlage und die Trennung von Jerusalem. Es sei dieselbe Stadt. »Neulich hat man 300 Autos aus Bethlehem erlaubt, nach Israel zu fahren. Wieso nur 300?«, fragt er aufgeregt. »Sind sie besser? Haben sie mehr bezahlt? Haben sie Kontakte? Wenn man es erlaubt, dann bitte allen. Und die Israelis sollen auch mit dem Auto rüber dürfen, wie früher.«

»Für das Geschäft?«, frage ich.

»Sicher. Sie waren gute Kunden.«

»Würdest du die israelische Staatsbürgerschaft annehmen, wenn sie dir angeboten würde?«

»Warum nicht, das kann mir nur helfen.«

»Was schätzst du, wie viele sie in Bethlehem annehmen würden?«

»60 Prozent sofort, der Rest später.«

Nicht alles ist politisch

Heute übernachte ich in einer Bungalowanlage direkt am Toten Meer. Ich sitze mit Gründerin Dina zusammen, einer außergewöhnlichen marokkanischstämmigen Jüdin aus Jerusalem. Sie erzählt mir, wie sie 200 Jugendliche in ihrer Kneipe gerettet hat. Es waren die Jahre der Zweiten Intifada, als ein Gast, der ihr in den letzten Wochen aufgefallen war, eine Tüte zu den Geschenken eines Geburtstagskindes stellte. Ohne zu zögern, nahm sie die Tüte, stellte sie raus auf die Straße und blockierte den Weg mit ihrem Auto, damit niemand der Tüte zu nahe kam. »200 Jugendliche hätte ich niemals aus der Kneipe rausgekriegt«, sagt sie. Es war tatsächlich eine Bombe. Dina konnte der Polizei sogar Infos geben, die kurz später zum Täter führten. Er wurde in seinem palästinensischen Wohnort gefasst. »Premier Arik (Ariel) Scharon rief mich an und bedankte sich persönlich«, erzählt sie stolz.

Noch etwas ist an unserem Gespräch besonders: Mit uns sitzt ein palästinensisches junges Paar aus Hebron am Tisch. Sie hören zu und sprechen ihre Anerkennung für Dinas Mut aus. »Ist es für euch nicht komisch, die Geschichten aus der anderen Perspektive zu hören?«, frage ich.

»Schon ungewohnt«, antwortet die junge Frau mit Kopftuch.

»Aber lass mal die Politik weg. Es ist eine menschliche Geschichte. Und so wie Dina muss jeder handeln«, fügt der junge Mann hinzu.

»Seid ihr öfter hier?«, frage ich.

»Zum ersten Mal.«

»Und wie findet ihr es?«

»Super. Wir haben eine gute Zeit.«

»Wie seid ihr auf das Hotel gekommen und wie habt ihr gebucht?«, erkundige ich mich interessiert.

»Schlimmer als die Mukhabarat (palästinensischer Geheimdienst)«, meint Dina grinsend dazu.

Das Paar hat das Hotel über Booking.com gefunden und gebucht. Sie wussten, dass es ein israelisches Hotel ist. Palästinensische Hotels gibt es hier keine. »Meine Türen sind offen für alle, egal wer sie sind und woher sie kommen«, sagt Dina. »Es kommen Israelis, Palästinenser auch aus Sichem und sogar Dschenin und Touristen aus der ganzen Welt. Die meisten Mitarbeiter in meinem Hotel sind Palästinenser aus Jericho. Wir gehen dort oft essen und kaufen dort ein, auch schon mal besondere Sachen für das Hotel.«

»Gehst du in A-Zonen?«, frage ich sie.

»Der Buchstabe ist mir egal. Dort, wo ich mich sicher fühle, gehe ich hin. Wir sind in Jericho bekannt, niemand würde uns etwas antun.« Dann zeigt sie mir auf ihrem Handy Fotos aus einem Jerichoer Restaurant, in dem man mit den Füßen im kalten Oasenwasser sitzt. »Wie im Paradies«, sagt sie.

Ich mache einen Spaziergang zu einem benachbarten Strand, an dem israelische und palästinensische Autos nebeneinander parken. Betrieben wird der Strand vom benachbarten Kibbuz. Ich beobachte, wie der Sicherheitsmann drei junge Palästinenser nicht reinlässt, obwohl sie den Eintritt ganz normal bezahlen wollten. Schimpfend fahren sie weg.

»Wieso hast du sie nicht reingelassen?«, frage ich den Sicherheitsmann. Ich befürchte, dass die israelischen Strandbetreiber keine palästinensischen Gäste haben wollen. Die palästinensischen Autos halte ich für Autos der Mitarbeiter.

»Keine Singles unter 30«, erklärt der Sicherheitsmann.

»Und wenn sie Juden wären?«, frage ich nach.

»Kommt drauf an. Wenn ich denke, dass sie Frauen anbaggern würden, würden sie auch draußen bleiben. Nicht angenehm, aber junge Araber baggern immer an.« Selbst ist der Sicherheitsmann Palästinenser, er kommt aus Jericho.

Am Wasser sitzen jüdische und palästinensische Familien nebeneinander. Als eine orientalischstämmige jüdische Familie ein bekanntes Lied eines israelischen Sängers aus ihrer Musikanlage spielen lässt, singen die Männer der nebenan grillenden palästinensischen Großfamilie laut mit, sie kennen den hebräischen Text.

Ihre Frauen klatschten. Als einer der Männer am Grill meinen Blick bemerkt, bietet er mir Schaschlik an. Die Politik ist nicht in allen Lebensbereichen gegenwärtig.

Gut und nicht gut

Im Jahr 2010 fuhr eine Reisegruppe, die ich geleitet habe, nach Ramallah. Obwohl der Busfahrer israelischer Araber war und keine Angst hatte, in die Stadt zu fahren, stieg die Gruppe in einen palästinensischen Bus um. Die Versicherung würde nichts bezahlen, wenn ein Schaden in einer A-Zone verursacht würde, lautete die Begründung der Busgesellschaft. So fuhren wir zwei im 56-Sitzer in ein palästinensisches Dorf in einer B-Zone nebenan. Dort setzten wir uns in ein Café, in Begleitung des Busfahrers hatte ich keine Angst.

Im Café saßen außergewöhnlich viele Männer. Der Busfahrer fragte, weshalb heute so viele hier wären. Rund 20 von ihnen hätten ihre Arbeit verloren, erzählten sie. Sie arbeiteten im Bau in der benachbarten Siedlung Bethel und gerade waren nach amerikanischem Druck alle Bauprojekte auf einmal gestoppt worden. Die Männer waren verzweifelt. Alternativen gäbe es keine, sagten sie. Jeder von ihnen hatte fünf bis zehn Kinder, sie waren auf das Einkommen eines jeden einzelnen Tages angewiesen. Man müsse sofort den Bau wieder starten, verlangten sie. Zu meiner Frage, ob sie keine Schwierigkeiten mit dem Siedlungsbau hätten, sagten sie, sie bräuchten die Arbeit und alles andere sei erst mal uninteressant.

Bis zu dieser Begegnung war ich überzeugt, ein Baustopp wäre politisch nötig und konstruktiv. Dass die Familien der palästinensischen Bauarbeiter mehr davon betroffen waren als alle anderen, war mir nicht bewusst. Ich habe angefangen, hochzurechnen. Wenn wir von mehreren Tausend Wohneinheiten sprechen, und an jeder Wohneinheit nur fünf Arbeiter tätig gewesen waren, steckten mehrere Zehntausend Familien in einer akuten Krise. Mir wurde klar, dass man nicht so leicht zwischen »gut« und »nicht gut« unterscheiden kann.

Israel durch seine Augen

Vor ein paar Jahren fragte ich in einem Gästehaus, wer der Koch sei, der mit so viel Talent die europäische Küche in den Nahen Osten gebracht und etwas Neues geschaffen hatte. Die Auswahl war kleiner als in den großen Hotels, aber das Niveau konnte mit 5-Sterne-Häusern mithalten. Deshalb wurde Shady, 26 Jahre alt, aus der Küche gerufen.

Seinen Vater Johnny Shahwan kenne ich schon länger. Der gebürtige palästinensische Christ hat Theologie in Deutschland studiert und Marlene, eine Deutsche, geheiratet. Zusammen haben sie ein Missionswerk in seiner Heimatstadt Beit Dschala gegründet. Als sie aus Deutschland hergezogen sind, war Shady vier Monate alt. Später ging er selbst nach Deutschland und lernte Koch und Konditor, kam zurück und übernahm die Leitung der Küche im Gästehaus des Missionswerkes.

Nun sitze ich auf dem Land der Familie außerhalb der Stadt, wo sie in ihrer freien Zeit Obst anbauen. Johnny grillt für uns und hat auch einige Bauarbeiter dazu eingeladen, die in den letzten Monaten die Steinterrassen in dem wunderschönen Gelände erneuert haben.

»Ihr sprecht aber gutes Hebräisch«, sage ich anerkennend zu den Bauarbeitern.

»Wir hatten viele israelische Freunde«, erzählt der eine und fragt nostalgisch: »Wo sind die guten alten Zeiten, als wir frei durch das Land reisen und in Israel arbeiten konnten?«

»Welche Jahre meinst du?«, frage ich.

»Vor 1987«, lautet die Antwort.

»Es war so einfach«, ergänzt Johnny, »ich habe den Schlüssel in die Zündung gesteckt und fuhr einfach so nach Tel Aviv.«

Der Abend ist eine Feier unseres Wiedersehens, aber auch ein kleiner Abschied, denn am nächsten Tag fahre ich mit Shady ins 48er-Gebiet, das er nur teilweise kennt. Wir werden eine Woche zusammen verbringen.

Schon beim Losfahren haben wir ein Dilemma. Er hat eine Erlaubnis, ins 48er-Gebiet zu kommen, aber sie gilt nur für den Checkpoint von Bethlehem nach Jerusalem. Dort muss er mit seiner Erlaubniskarte durch die automatische Schleuse. Zurück darf er durch jeden Checkpoint, ohne Kontrolle. Warum Israel die Einreisen ins 48er-Gebiet registrieren will und sich für die Rückreisen nicht interessiert, weiß keiner. Ich hingegen darf den ihm zugewiesenen Checkpoint nicht nutzen, weil seine Bethlehemer Seite in einer A-Zone liegt. Ich bin bereit, den Soldaten das Problem zu erklären, aber sie fragen nicht. Wir sind in Jerusalem.

Shady war schon viele Male im 48er-Gebiet, aber zu Juden hatte er kaum Kontakt, denn er ist in einer Zeit der Trennung aufgewachsen.

»Warst du schon mal in einer Siedlung?«, frage ich ihn.

»Ja, hinter der Jerusalemer Shoppingmall, wo die Hochhäuser sind.« Er meint einen jüdischen Jerusalemer Stadtteil.

»Aber das ist im 48er-Gebiet. Ich meine eine Siedlung in eurer Gegend. Neve Daniel oder Har Gilo oder so.«

»Nein, dürfen wir ja gar nicht. Sie würden mich nicht reinlassen.« Er hat recht.

Wir sind im Wohnort meiner Eltern angekommen. Shadys Augen entdecken das Denkmal für Menschen, die beim Anschlag an der nahen Beit-Lid-Kreuzung getötet wurden, und ich erzähle ihm, wie ich die beiden Explosionen als Kind gehört habe. Aber er hat viel mehr zu erzählen. Die Jahre seiner Kindheit waren die Jahre der Zweiten Intifada. Palästinensische Bewaffnete schossen aus seiner Straße auf Jerusalemer Häuser, israelische Soldaten besetzten sein Haus. Er erzählt belustigt von der Oma, die nie die Treppe hochlaufen konnte, sie aber auf einmal hochrannte, als ein israelischer Panzer vor der Haustür wegen einer Panne stecken geblieben war.

Shady hat eine besondere Vorliebe für Landwirtschaft und ich schlage ihm vor, über die Plantagen in den Ort zu fahren. Er schaut sich alles genau an. Mir fällt auf, dass er das heiße Klima der Küstenebene nicht wirklich kennt. Hier wachsen andere Pflanzen als im Judäischen Bergland und der Boden ist anders.

»Schöne Häuser«, kommentiert Shady, als wir den Ort erreichen.

»Diesen Ort haben belgische Juden 1932 gegründet«, erzähle ich ihm. »Was ist für dich der Unterschied zwischen einem solchen Ort und einer Siedlung im Westjordanland?«

»Keiner«, antwortet er.

»Weißt du, dass ich das erst vor wenigen Jahren verstanden habe?«, erzähle ich. »Bei uns war alles im 48er-Gebiet legitim und keine Siedlung. Nur im 67er-Gebiet waren es Siedlungen, und die haben viele kritisiert.«

»Das verstehen auch die Europäer nicht. Viele Male habe ich versucht, es ihnen zu erklären. Aber sie übernehmen eure Perspektive.«

»Meinst du ›Khudud-aw-Wudschud‹?« So betitelt man die Diskussion über den Grundsatz des Nahostkonfliktes auf Arabisch (»Grenzen oder Existenz«).

»Genau. Sie verstehen nicht, dass es uns nicht um Grenzen geht. Ob dieser jüdische Ort vor oder nach 1948 gegründet ist, macht für uns keinen Unterschied. Sei mir nicht böse, aber ihr seid alle neu hier, eure Russen sind wie Russen und eure Amerikaner wie Amerikaner«, erklärt er.

»Es entsteht aber schon etwas Neues und Eigenes, oder siehst du das nicht?«

»Doch, ich sehe es schon. Aber ihr seid trotzdem immer noch sehr, sehr verschieden.«

»Ich habe den Eindruck, dass beide Völker versuchen, die Existenz des anderen Volkes infrage zu stellen. Auch bei uns behaupten viele, Palästinenser gäbe es nicht, sondern nur Araber.«

»Vielleicht sind beide Identitäten jung, aber wir sind viel länger hier«, stellt er fest.

»Waren wir nicht vor euch hier, im antiken Israel?«, widerspreche ich.

»Das ist ewig her. Ist für dich der Staat Israel die verheißene Wiederherstellung des biblischen Israels?«, fragt er und macht damit seine christliche Prägung sichtbar. Er präzisiert die Problematik: »Mit so viel Leid und auf Kosten des Blutes anderer Menschen?« Auf diese Frage habe ich keine klare Antwort.

»Wie wäre das Land heute ohne Juden?«, frage ich.

»Bestimmt etwas zwischen Jordanien und Ägypten.«

»Dann musst du zugeben, dass die letzten 140 Jahre auch viel Gutes hier in Gang gesetzt haben. Du siehst ja selbst, wie viel Fortschritt die Juden mitgebracht haben. Ihr lebt dadurch auf einem höheren Niveau als in Ägypten oder Jordanien. Aber sicher sehe ich den Preis, den ihr zahlt, und euer Leid. Eines Tages wird euer Leid ein Ende haben, das ist unsere Hauptaufgabe.«

Wir essen bei meiner Mutter zu Mittag, bekommen eine Hausführung bei meinem Vater und gehen zusammen mit ihnen zum Grab meiner Schwester. Dann fahren wir zu einer anderen Schwester von mir. Shady ist von den öffentlichen Outdoor-Gyms, dem vielen Grün, den gepflegten Straßen und Häusern und der Mülltrennung begeistert. »Und jeder hat genügend Parkplätze«, kommentiert er.

Am Abend bauen wir unsere Zelte am Strand auf. Es ist Shadys erste Nacht direkt am Meer. In Holland war es viel zu kalt und windig, erzählt er. »Wenn ich es könnte, würde ich es regelmäßig machen. Mein Hund Prinz hätte hier viel Spaß gehabt«, sagt er.

»Ich hoffe, du hattest heute keine Juden-Überdosis«, sage ich und er lacht.

In den kommenden Tagen besuchen wir eine Gärtnerei und Baumschulen, übernachten im Wald, am Bergjordan und auf den Golanhöhen. Shady liebt die Äpfel-, Pflaumen-, Birnen- und Kiwiplantagen und wundert sich über die Mango- und Avocadopflanzungen in allen Tieflagen. Wir spazieren durch einen Kibbuz und schauen auf Syrien. Normalerweise ist Israel immer klein in meinen Augen, aber durch Shadys Augen wirkt es auf einmal groß.

Das jüdische Umfeld wird ihm immer vertrauter. »Du siehst ja überall, wie gemütlich sich es die Juden gemacht haben«, sage ich.

»Allerdings«, gibt er zu. Seine europäische Prägung ist spürbar. »Es ist fast wie in Deutschland hier, nur dass die Leute besser drauf sind.«

Als wir an Ein Hod vorbeifahren, erzähle ich ihm, dass im Dorf, das bis 1948 arabisch war, heute wohlhabende Juden leben. Ein Teil der ursprünglichen Einwohner hat das arabische Dorf zwei Kilometer vom alten Standort entfernt neu aufgebaut.

»Wie viel müsste Israel Flüchtlingen zahlen?«, fragt mich Shady, »mindestens zwei Drittel des verlorenen Eigentums, oder?«

»Den Prozentsatz überlasse ich Experten und Verhandelnden, aber sicher muss eine Entschädigung gezahlt werden«, sage ich.

»Und manche wollen nicht das Geld. Sie wollen ihr Haus und Land wiederhaben. Solange sie es nicht bekommen, werden sie nie sagen können, dass sie für Versöhnung bereit sind«, fügt Shady hinzu. »Und auch solange der Name ›Staat Israel‹ existiert, würde das viele stören.«

»Damit begräbst du jegliche Chance, weiterzukommen. Die Juden wären nicht dazu bereit, auf den Staatsnamen zu verzichten«, sage ich. Nicht alle Probleme sind lösbar. »Wann hat für dich die Nakba begonnen?«, frage ich, »48?«

»48 war der Höhepunkt. Begonnen hat sie mit dem Zionismus.«

»Und wann hat sie geendet?«

»Nie so richtig. Wir verlieren immer weiter.«

Illegal zu Hause

Zurück bei Shadys Eltern erzählen wir von unseren Erlebnissen und ich frage, ob es Neuigkeiten bei Marlene gibt. Nachdem sie 25 Jahre lang als Deutsche eine Aufenthaltsgenehmigung für Israel hatte, verlangte die Zivilverwaltung eines Tages ihre Unterschrift für eine neue Erklärung. Ihr Visum würde nur dann verlängert werden, wenn sie wie die anderen PA-Bürger das 48er-Gebiet nicht mehr betreten und nicht mehr über den Tel Aviver Flughafen fliegen würde. Was jeder deutsche Tourist automatisch darf, dürfte sie als Frau eines Palästinensers mit Wohnsitz im PA-Gebiet nicht mehr.

Nie mehr in Jerusalem einkaufen oder dort zum Tierarzt gehen? Nie an den Strand? An den See Genezareth? Nur im kleinen 67er-Gebiet sein und jedes Mal extra nach Amman, um ins Ausland zu fliegen? Für diese Freiheitsberaubung wäre ich selbst auch nicht bereit. Ich kann nicht im Ansatz verstehen, was Israel daran stört, Menschen wie Marlene die Reisefreiheit zu geben. So wurde sie illegal im eigenen Zuhause. Sie erzählt von einem Schimmer Hoffnung und von vielen Enttäuschungen. Ich ärgere und schäme mich, weiß aber nicht, wie ich ihr helfen kann.

Zusammen unaufhaltbar

»Wo beginnt für dich Israel und wo hört Palästina auf?«, frage ich Johnny, Shadys Vater, als wir am frühen Morgen von Bethlehem nach Jerusalem fahren. Lachend antwortet er: »So eine Trennung gibt es nicht. Es ist das gleiche Land.«

Wir nutzen unsere Kombination für einen Ausflug an Stellen, die entweder für ihn oder mich unzugänglich sind. Wir besichtigen die Ausgrabungen von Bethel und Schilo. Er, der Bibelkenner, ist begeistert. Ohne mich wäre er nicht reingekommen. Zusammen fahren wir zu Josuas Altar auf dem Berg Ebal. Wir sind beide überglücklich, hinzukommen. Ich erzähle ihm von meinem langjährigen Wunsch, Tulkarm zu sehen. Er biegt spontan ab und lädt mich dort zum Kaffee ein. Für ihn ist Tulkarm noch eine palästinensische Stadt. Ich kann es kaum glauben, dass ich die unerreichbare Stadt meiner Jugend von innen sehe. Zusammen sind wir unaufhaltbar.

OSTJERUSALEMER

Alle Juden sind Siedler

Seit 40 Jahren hat Fauzi einen Stoffladen in der Jerusalemer Altstadt. Wir haben bei ihm maßgeschneiderte Kissen für unser Sofa bestellt, als wir in Jerusalem wohnten. Die meisten seiner Kunden sind Juden, aber auch Araber kommen her. Manchmal kaufen sogar Touristen Stoffe, vor allem jüngere Frauen.

Wenn ich an Fauzis Laden vorbeigehe und nicht zufällig mit einer Reisegruppe dort bin, zerrt er mich immer für eine Tasse Kaffee oder Tee in den Laden. Jeden Tag liegt bei ihm die palästinensische Zeitung Al-Quds. Seitdem man eine ganze Internetseite mit einem Klick übersetzen kann, schaue ich auch öfter in die Online-Version. Gelegentlich hört Fauzi Nachrichten im israelischen Militärfunk. »Es ist der beste Sender«, urteilt er.

Wir beide kennen den Perspektivenunterschied. Wenn israelische Medien über den Angriff eines Terroristen auf eine Soldatin in einer Bushaltestelle in Tel Aviv berichten, schreiben palästinensische Medien über einen Widerstandskämpfer, der die Besatzungskräfte den Besatzungsschmerz spüren lässt. In der Zeitung von heute lese ich einen Bericht über Raketen auf israelische Siedlungen am Gazastreifen.

»Wieso nennt die Al-Quds die Orte rund um Gaza Siedlungen?«, frage ich Fauzi. »Sie liegen doch gar nicht im Gazastreifen.«

»Für uns gibt es da keinen großen Unterschied. Alle israelischen Orte sind neue Kolonien. Sie waren nie da, und plötzlich sind sie da.«

»Ich lese oft über ›getötete Siedler‹ bei euch, aber wenn ich weiterlese, sehe ich, dass das Opfer gar kein Siedler war. Auch der Tatort ist im 48er-Gebiet.«

»Das ist dasselbe wie mit den Ortschaften«, erklärt mir Fauzi.

»Sind wir für euch alle Siedler?«, frage ich. Ich weiß genau, dass er die Begrifflichkeiten auf beiden Seiten bestens kennt. Er ist Palästinenser, aber er lebt faktisch in Israel. Er beherrscht die hebräische Sprache und konsumiert teilweise dieselben Informationen wie wir.

»Ihr und der Westen, ihr unterscheidet so. Für uns sind alle Zionisten wie Siedler. Sei mir nicht böse, aber ihr seid alle fremd. Wir nennen euch auch manchmal ›Fremde‹ und alle wissen, dass Juden gemeint sind. Wo sind deine Eltern geboren?«

»In Ungarn«, antworte ich.

»Siehst du?«

»Sind auch die Juden, die länger als der Zionismus hier leben, fremd?«

»Nein, die nicht«, antwortet er.

»Fauzi«, frage ich nun, »wo bin ich zu Hause? Was ist meine Heimat?«

»Du bist schon hier zu Hause, ich weiß es. Aber du bist eigentlich ein Europäer. Wenn meine Eltern und die Generationen davor aus Europa kämen, wäre ich auch Europäer, und wenn sie aus Amerika kämen, wäre ich Amerikaner.«

»Denkst du, wir dürfen hier leben?«

»Das spielt keine Rolle. Ihr seid da, so wie wir da sind.«

»Manchmal hört man arabische Vorschläge, die Juden sollten alle zurück in ihre Heimatländer«, sage ich.

Fauzi rührt seinen Tee um und meint: »Wir bleiben alle hier, ihr und wir.«

Eine Baugenehmigung hätte ich niemals erhalten

Früher habe ich jeden Morgen den Straßenkehrer auf meinem kurzen Fußweg von der Wohnung bis zum Landschaftsarchitekturbüro gegrüßt. Er war immer zur selben Zeit am selben Ort. Klein, dünn und mit blauen Augen, im blauen Overall mit weißen Leuchtstreifen, mit blauer Mütze und dem Jerusalemer Löwen-Stadtwappen auf dem Oberarm. Der etwa fünfzigjährige Mann war immer freundlich und lächelte einen an. Man sah, dass er mitdachte und mehr machte als nur das Nötige.

Eines Morgens lehnte er den Besen an seinen Kehrwagen und kam schnellen Schritts auf mich zu. »Kannst du mir mit etwas helfen?«, fragte er mich leicht angespannt.

»Klar, womit?«

»Du arbeitest doch im Architekturbüro, nicht?«, fragte er und zeigte auf das Gebäude.

»Stimmt«, bestätigte ich.

Er holte einen Brief aus seiner Tasche und gab ihn mir. »Was steht da?«

Im ersten Moment dachte ich, er könne vielleicht nicht lesen, aber dann erklärte er: »Mein Hebräisch ist nicht gut genug.«

Es war ein Schreiben von der Stadt. Ja'akub, so hieß er, drohte der Abriss seines Hauses. Er hatte es wohl ohne Baugenehmigung errichtet. Ich erklärte es ihm, aber er hatte es schon selbst richtig verstanden. Nun setzte er sich auf die Bank, die dasselbe Löwen-Wappen zierte wie seinen Overall und den Brief.

»Stimmt es? Hast du ohne Baugenehmigung gebaut?«

Die Worte purzelten nur so aus ihm heraus: »Es ist mein Grundstück. Ich habe es gekauft. Wenn wir eine Baugenehmigung beantragen, wird sie niemals erteilt. Das Haus habe ich mit zwei meiner Brüder zusammen gebaut. Alle Häuser bei uns werden ohne Genehmigung gebaut. Wir haben gar keine andere Wahl.«

»Und werden sie wirklich abgerissen?«

»Selten. Meistens findet man eine Lösung.«

»Das hoffe ich für dich.«

»Kannst du mir als Architekt helfen?«

»Ich habe kein eigenes Büro und bin nicht unterschriftsberechtigt. Du kannst mit mir reinkommen, aber wir machen solche Sachen nicht. Wir haben nur Großprojekte aus der öffentlichen Hand«, klärte ich ihn auf. »Du brauchst einen Ingenieur, der Erfahrung auf dem Feld hat. Ich kenne leider keinen passenden.«

»Wie lange wohnst du schon in Dschabal Mukabar?«, fragte ich. Den Namen des arabischen Stadtteils im Südosten von Jerusalem hatte ich auf dem Brief gelesen.

»Dort geboren.«

»Und deine Eltern?«

Ja'akub lachte und antwortete: »Hier, in Ein Karem«, während er mit beiden Zeigefingern auf den Boden zeigte. Ein Karem ist heute ein Jerusalemer Stadtteil, aber bis 48 war es ein arabisches Dorf.

»Was?! Sind sie 48 hier weg?«, fragte ich erstaunt. Er nickte.

»Weißt du, welches Haus ihnen gehörte?«

»Es steht unten im Jemeniten-Wadi.«

Diesen Namen haben die Häuser im unteren Areal bekommen, als in den 1950er-Jahren jemenitische Juden dort untergebracht wurden.

Ich weiß nicht, was mit Ja'akub und seinem Haus passiert ist. Aber die Ironie der Geschichte, seiner Geschichte, hat mich nicht losgelassen. Er kehrte die Straßen im ehemaligen Dorf seiner Familie. Im Haus der Familie, das unter normalen Umständen ihm gehört hätte, wohnten andere. Er hatte keine Chance, das Haus wiederzubekommen. Und für eine Baugenehmigung für ein neues Haus glaubte er ebenfalls keine Chance zu haben.

Frieden in der Shoppingmall

In den Medien gab es neulich eine Kontroverse über den Bau einer neuen Shoppingmall der Rami-Levy-Gruppe im Gewerbegebiet Atarot in Nordjerusalem. Das 25 000-Quadratmeter-Projekt mit 13 000 Quadratmeter Gewerbefläche für fünfzig Geschäfte und mit 500 Parkplätzen sorgte für Schlagzeilen, weil es auf 67er-Land steht. Ramallah ist um die Ecke. Am Anfang zögerten die Ketten, die Sicherheit könnte in diesem Gebiet ein problematischer Faktor sein. Dann überzeugte sie aber das Potenzial. »Über 200 000 Ostjerusalemer wohnen im Einzugsgebiet. Heute müssen sie eine halbe Stunde mit dem Auto bis zur nächsten Shoppingmall fahren. Auch diese Bevölkerung verdient die Versorgung und den Service«, sagte Investor Levy einer Zeitung.

Ich möchte mir anschauen, was daraus geworden ist. Im über Jahre vernachlässigten Industriegebiet erreiche ich den nagelneuen Komplex, der genauso aussieht wie die anderen neueren Shoppingmalls in Israel. Das aus den USA importierte Konzept bietet einen freien und großzügigen Parkplatz in der Mitte, umgeben von Geschäften im u-förmigen Bau mit zwei Etagen. An den Fassaden glänzen die Logos bekannter Ketten.

Das Konzept ist eine Erfolgsgeschichte, der Parkplatz ist gut gefüllt. Mit einem Coffee to go und einem Croissant drehe ich eine Runde. Der Ort scheint beiden Völkern gleichermaßen zu gefallen, unter den Besuchern gibt es lediglich etwas mehr Araber. Unter den Mitarbeitern sind fast alle Araber, auch wenn die Geschäfte mehrheitlich jüdisch sind. So sieht die Vision des Investors aus. Er hat immer wieder von der ersten israelisch-palästinensischen Shoppingmall gesprochen. Zwei Labels sind mir vorher noch nie begegnet, ein Mode- und ein Schmuckgeschäft. Ich frage in beiden Geschäften nach, wo die Firmen herkommen. Das Modegeschäft ist unter Ostjerusalemern bekannt, der Stammladen sitzt in der arabischen Innenstadt. Das Schmuckgeschäft kommt aus Ramallah und hat mehrere Filialen in palästinensischen Städten. Ich frage, ob hier auch Juden kaufen, und erhalte ein Ja. Mir wird klar, dass die neue Filiale der erste Zugang der palästinensischen Kette zum israelischen Markt ist. In drei israelischen Geschäften frage ich nach, wie die neuen Filialen geführt werden. Eine wird direkt geführt, die zwei anderen über arabische Zwischenhändler, die die Filialen in arabischen Orten im ganzen Land betreiben.

Im Kellergeschoss entdecke ich einen Indoor-Spielplatz, in dem arabische und jüdische Kinder toben. Für mich sieht Frieden so aus. Wenn er nicht aus der Politik kommt, wird er von der Wirtschaft kommen.

Auf beiden Hochzeiten

Sicher über hundert Mal habe ich mit Reisegruppen bei Sayed zu Mittag gegessen. Sein Hummus ist eine kulinarische Krönung Jerusalems.

»Bei diesem Hummus kann ich kaum aufhören«, lobe ich.

»Bei eurer Küche muss euch alles schmecken«, antwortet er scherzend.

»In Sachen Essen seid ihr unsere Rettung«, ergänze ich. »Ohne euch müsste ich immer noch Gefilte Fisch runterschlucken.«

Für jeden, der das osteuropäisch-jüdische Gericht nicht kennt: Sei froh.

Heute telefonieren wir, weil wir mit dem Gedanken spielen, zusammen eine israelisch-palästinensische Hummusbar in Zürich zu eröffnen. Sayed hatte die Idee, ich fand sie sehr gut, und jetzt zögert er.

»Wenn ich etwas mache, dann muss ich dabei sein«, erklärt er mir seine Gedanken. »Und trotz all dem Potenzial, ich will hier nicht weg. Ich bin Jerusalemer und kann nicht woanders leben.«

So wandert unser Gespräch vom Hummus zur Politik. »Wenn du dich selbst in drei Kategorien aufteilen müsstest, zu wie viel Prozent bis du Palästinenser, zu wie viel Prozent Jerusalemer und zu wie viel Israeli?«, frage ich ihn.

»Israeli 0 Prozent, Jerusalemer und Palästinenser je 100 Prozent.«

»Aber das ist doch keine Mathematik. Wenn ich deine 100 Prozent hälftig aufteile, was bedeutet für dich mehr, Palästinenser oder Jerusalemer sein?«

»Wenn du es so sagst, dann Jerusalemer. Wir sind seid zig Generationen hier.«

»Und hast du gar nichts Israelisches? Die Supermärkte, in denen du einkaufst, die Straßenbahn, in der du fährst, der Handyvertrag?«

Sayed antwortet ruhig: »Ja, mein Alltag hat schon viel Israelisches, aber freiwillig ist es nicht.«

»Und ist es nur schlecht? Wenn du arbeitslos werden würdest, würdest du nicht deine Rechte wie jeder andere in Israel bei der Nationalversicherung verlangen?«

»Ich sage nicht, dass es nur schlecht ist. Ich sage, dass der israelische Einfluss durch die Besatzung kommt und wir nicht gefragt wurden.«

Nun will ich es genau wissen: »Nehmen wir an, Jerusalem würde geteilt werden. Würdest du wollen, dass dein Stadtteil zum palästinensischen Staat oder zu Israel gehört?«

Er antwortet, ohne zu zögern: »Zum palästinensischen natürlich.«

»Und es wäre für dich okay, dass du gar keine Rechte in Israel hättest? Keinen Ausweis, keine Krankenkasse, keine Sozialleistungen, kein Bankkonto. Und wenn es schlecht geht, wird eine Mauer beide Stadtteile und Staaten trennen, und du könntest nicht in den israelischen Teil.«

»Bei Frieden kann man überall hin.«

»Ja, aber als Tourist. Keine Rechte in Israel.«

Er denkt nach und sagt: »Für uns Jerusalemer bräuchten wir eine Sonderlösung.«

»Zum Beispiel?«

»So, dass unser Status in Israel erhalten bleibt.«

»Sagst du das, weil du vielleicht keine so drastische Abstufung in der Lebensqualität willst?«

»Klar. Das versteht doch jeder.«

Palästinensische Umfragen[50] zeigen, dass Ostjerusalemer die Vorteile ihres Status schätzen. Ein größerer Teil von ihnen würde lieber unter israelischer Souveränität leben und sogar in ein israelisches Gebiet umziehen, wenn der eigene Stadtteil unter palästinensische Souveränität käme.

Ich möchte über die Ostjerusalemer nicht urteilen. Sie leben in einer extremen Diskrepanz zwischen der politischen und der Alltagsebene. Politisch ist es leicht, sich zu Palästina zu zählen. Im eigentlichen Leben genießen sie aber viele Vorteile Israels. Früher habe ich sie irgendwie bemitleidet. Heute denke ich, dass sie es leichter haben als viele andere Palästinenser. Sie sind die Einzigen, die auf beiden Hochzeiten tanzen können, ohne schlechtes Gewissen. Keiner hat sie gefragt.

Im Teufelskreis

Neulich hat Wasim seinen Strand am Toten Meer aufwendig renoviert. Die Außenanlagen wirken mit Stufen und Mauern aus Glattbeton und Naturstein nobel. Wir kennen uns noch aus den Tagen, als er ein SB-Restaurant an der Jerusalemer Promenade betrieben hat, zusammen mit seinem jüdischen Geschäftspartner, Jerusalemer seit neun Generationen. Wasim selbst kommt aus Silwan, einem Jerusalemer Brennpunkt in der Nähe der Davidstadt, in dem die Grenzen zwischen sozialen, wirtschaftlichen und politischen Problemen verschwimmen. Der besonders arme Stadtteil entwickelte sich aus einem Friedhof und war nie eine gute Wohngegend. In den Jahren der Zweiten Intifada kamen sogar ein paar Selbstmordattentäter von dort. Doch Wasim konnte trotz dieser Herkunft aufsteigen. Eines Tages kam eine neue Geschäftsoption auf ihn zu und er eröffnete seinen Privatstrand. Die Fahrt wurde ihm zu lange, weshalb er in die Stadt Arad zog. Als Ostjerusalemer kann er das uneingeschränkt.

Vor einigen Monaten hat er mir erzählt, dass er die Einbürgerung in Israel beantragt hat, für sich, seine Frau und seine Kinder. Ein Ostjerusalemer, der sich einbürgern lässt, kann in seinem eigentlichen Umfeld größere Probleme bekommen. Die Einbürgerung wird grundsätzlich als Verrat angesehen, als Kooperation mit dem Feind. Bis heute haben schätzungsweise 10 Prozent der Ostjerusalemer die israelische Staatsangehörigkeit beantragt und erhalten, wobei im letzten Jahrzehnt die Zahl der Antragsteller um ein 15-Faches gestiegen ist.[51] Ohne zu urteilen, ob die Einbürgerung gut oder schlecht ist, schätze ich Menschen, die auf ihre innere Stimme hören, auch wenn sie gegen den Strom schwimmen müssen.

»Was macht die Einbürgerung?«, frage ich Wasim an diesem Nachmittag, während meine Reisegruppe die Badezeit genießt.

»Alles Rassisten!«, schimpft er. »Erst gewinnen sie Zeit und verschleppen die Bearbeitung, dann hörst du nichts von ihnen, bis sie dich am Ende einfach ablehnen.«

Ich kenne nur die Theorie auf der Gesetzgeberebene, nicht die Praxis. Soweit ich weiß, dürfen Ostjerusalemer die Einbürgerung immer beantragen und jeder Fall wird individuell überprüft.

»Mit welcher Begründung haben sie dich abgelehnt?«

»Rassismus. Diskriminierung. Weil ich Araber bin. Sonst kenne ich keinen Grund«, empört er sich.

Ich hake nach: »Was haben sie für einen Ablehnungsgrund angegeben?«

»Keinen. Du bekommst keine genauen Infos. Ich bin hingegangen und wollte hören, warum wir abgelehnt wurden, und habe das Amt zusammengeschrien. Dann kam die Chefin und wollte mich beruhigen. Ich habe ihnen klargemacht, dass wir ihren Rassismus durchschauen. Als ich wütend blieb, haben mich die Sicherheitsleute rausgeworfen.«

Ich war nicht vor Ort und kenne den Fall nicht wirklich, aber Wasim kenne ich. Er ist ein friedlicher und ruhiger Mensch, der auch in Stresssituationen belastbar bleibt. Ihm müssen die Konsequenzen des Kontrollverlustes klar gewesen sein. Er muss sich wirklich verletzt gefühlt haben, dass es so weit gekommen ist.

»Bereust du deine Reaktion?«, frage ich.

»Überhaupt nicht. Sie wollen uns nicht und das war es. Ich hatte nichts zu verlieren.«

»Als du den Antrag gestellt hast, hast du aber geglaubt, dass ihr eingebürgert werdet, oder?«

»Ja. Ich habe an die Gleichberechtigung geglaubt, an die Demokratie. Aber jetzt weiß ich, dass es hier Demokratie nur für Juden gibt.«

Wasims Worte sind hart. Ich fühle mich mitschuldig. Auch wenn seine Empfindungen keine gewollte Politik direkt bestätigen, tut es weh, zu hören, wie er sich diskriminiert fühlt. Gerade solchen integrationswilligen Arabern sollten die Türen einladend geöffnet werden.

Ich möchte ihm das Positive zeigen: »Ihr dürft ja bei den Kommunalwahlen mitwählen. Bist du beim letzten Mal wählen gegangen?«

»Die Wahlen bringen nichts. Da gehen fast nur orthodoxe Juden wählen, die säkularen kaum.«

»Denkst du, dass die Aufrufe der PA, die Jerusalemer Kommunalwahlen zu boykottieren, eine Rolle spielen? Dass Leute auch deswegen nicht wählen gehen?«

»Mir sind die Aufrufe völlig egal. Ich habe nicht gewählt, weil diese Wahlen für uns einfach gar keine Änderung bringen.«

»Aber ist das nicht ein Teufelskreis? Ihr seid ein Drittel der Stadtbevölkerung und könntet unter Umständen sogar die größte Partei werden, wenn ihr eine hättet. Solange sich keiner von euch zur Wahl stellt, könnt ihr natürlich nichts ändern. Bei uns würde man sagen, wer nichts unternimmt, darf auch nicht klagen.«

Wasim mustert mich nachdenklich: »Da ist was dran. Aber es ist nicht so einfach, aus dieser Lage rauszukommen.«

Ich verstehe die PA, wenn sie zum Boykott der Kommunalwahlen ausrufen. Für sie ist die Integration der Ostjerusalemer in Israel eine Gefährdung des eigenen Anspruches auf die Stadt. Mehrmals haben muslimische Religionsträger sogar eine Fatwa zur Teilnahme an den Wahlen verhängt, ein religiös begründetes Verbot, das theoretisch mit der Todesstrafe geahndet wird. 2018 machten Ostjerusalemer 1 Prozent der Wähler aus. Im selben Jahr stellte sich der Ostjerusalemer Aziz Abu Sara zur Bürgermeisterwahl, »um sich um die Rechte des palästinensischen Volkes zu kümmern«, erklärte er. Wenige Wochen später zog er seine Kandidatur zurück.

Damit stellen die PA und Ostjerusalemer Verfechter ihrer Linie ihr politisches Interesse vor das Wohl der Jerusalemer Palästinenser. Am Ende leben diese dadurch in Stadtteilen mit schlechteren Infrastrukturen und fast ohne öffentliche Grünflächen. Nicht nur, dass die Lebensqualität dort schlechter ist als in den jüdischen Stadtteilen, auch die Chancen der jungen Generation, im Leben weiterzukommen, sind geringer. Letzten Endes zahlt die Ostjerusalemer Bevölkerung den Preis des politischen Spiels.

ISRAELISCHE ARABER

Mit den Juden verschweißt

Jahrelang war ich mit Razi unterwegs. Wir waren ein eingespieltes Team, manchmal sogar ein bisschen wie ein Ehepaar. In manchen Monaten haben wir einander mehr gesehen als unsere Ehefrauen. Was als Zusammenarbeit angefangen hatte, entwickelte sich zu einer Freundschaft. Auch nachdem er aus verschiedenen Gründen den Job gewechselt hat, blieb diese bestehen, bis heute.

Schon an seinem Aussehen erkennt man seine beduinische Herkunft. Er ist groß, schmal und dunkel, fast schwarz. Besonders am Anfang betonte er seine Herkunft. Aber als wir uns besser kennengelernt hatten, erzählte er mir, dass nur sein Vater Beduine war. Seine Mutter stammte aus einer Fellachenfamilie, sie waren arabische Bauern.

Geboren und aufgewachsen ist Razi in Galiläa in einem Beduinendorf, das nach 1948 gegründet wurde. In seiner Jugend schickten ihn seine Eltern in eine jüdische Schule im benachbarten Kibbuz, wo er einige Jahre sogar im Internat wohnte. Dadurch ist sein Hebräisch ausgezeichnet. Er ist in der israelischen Kultur zu Hause. Nach der Schule ging Razi zum Militär. Das israelische Gesetz regelt nicht, wer zum Wehrdienst eingezogen wird, sondern überlässt es den Sicherheitskräften. Seit der Staatsgründung hat sich die Praxis etabliert: Juden werden grundsätzlich eingezogen, alle anderen können freiwillig dienen. Razi ging freiwillig zum Militär, wie nicht wenige Männer seines Beduinenstammes zur damaligen Zeit. Wie fast alle Beduinen wurde er Fährtenleser.

Als ich ihn einmal fragte, was für ein Gefühl es für ihn als muslimischen Araber war, die Grenzen des Judenstaates vor muslimisch-arabischen Feinden zu schützen, antwortete er, der Judenstaat sei auch sein Staat, und erklärte lachend: »Außerdem habt ihr Juden keine Ahnung, wenn es um Fährtenlesen geht. Ihr könnt nicht mal Eselsspuren als Gefahr einstufen, weil ihr nicht daran denkt, dass auf Eseln Menschen sitzen können.«

Die Jahre im Militär haben Razi endgültig mit den Juden zusammengeschweißt. In seinem Bus liegt immer eine hebräische Tageszeitung, die er früh morgens holt. Eines Tages brachte ich ihm als Überraschung eine arabische Zeitung. Da verriet er mir, dass er Arabisch langsamer liest. »Arabisch hatte ich nur in der Grundschule, danach nie wieder. In der Mittelstufe wurde ich als Araber vom Arabischunterricht befreit.«

Razis Tochter ist der Stolz nicht nur ihres Vaters, sondern gewissermaßen des ganzen Dorfs, denn sie ist Englischlehrerin. Nicht einfach irgendwo, sondern in Ramat Yishai. Die jüdische Kleinstadt liegt zehn Minuten Fahrt entfernt und dort wohnt die stärkere Mittelschicht.

Seinen jüngsten Sohn konnte Razi überzeugen, mit 18 zum Militär zu gehen. Er wollte Lasterfahrer werden und so den etwas teureren Führerschein auf Kosten des Militärs machen. Aber das Militär wollte ihn als Fährtenleser einsetzen. Nach einigem Hin und Her wurde er Einsatzsoldat. Er war Dolmetscher einer Einheit, die in palästinensischen Häusern Festnahmen durchführte. Nicht nur für den Leib ist das ein gefährlicher Job. Nach kurzer Zeit destabilisierte sich sein psychischer Zustand. Für Araber ist es bestimmt noch mal eine viel größere Herausforderung, nicht wegen der politischen Einstellungen, sondern weil man sich ganz schnell mit den Familien der Gesuchten identifiziert. Sie hausen und leben gleich. So wurde der Sohn vorzeitig aus dem Dienst entlassen und machte eine längere Psychotherapie. Inzwischen hat er den Weg zur alten Lebensfreude wiedergefunden, geheiratet und einen Job bei der staatlichen Natur- und Parkbehörde bekommen, der ebenfalls zum Ansehen der Familie beiträgt.

Als ich sie eines Tages im Dorf besuchte, fragte ich Razi: »Woher kommen die Mengen an Abfall, die überall am Dorfrand liegen? Keiner kommt von außen her und kippt seinen Müll hier aus. Das müssen Leute vom Dorf sein.«

»Umgekehrt. Ich fahre nach Giv'at Ela (benachbarter jüdischer Ort) und kippe dort meinen Sperrmüll aus«, antwortete Razi lachend. »Dort gibt es Container. Bei uns nicht.«

Aus Palästina, nur Jude

Als eine unserer Gruppen einen zweitägigen Ausflug nach Petra in Jordanien machte, nutzten Razi und ich die Gelegenheit, die jordanische Hafenstadt Akaba zu erkunden. Gleich nach der Grenze stiegen wir in ein Taxi.

Als der Taxifahrer fragte, woher wir kommen, antwortete Razi zu meiner Verwunderung: »Aus Palästina.«

Nachdem wir ausgestiegen waren, fragte ich ihn, warum er gelogen hatte.

»Ich habe nicht gelogen«, erwiderte er. »Palästina und Israel ist das Gleiche für die Araber im Ausland. Und Israel kann man nicht einfach so sagen.«

Ich kannte die arabische Semantik, aber trotzdem war es eine Überraschung, es aus Razis Mund zu hören, da ich weiß, wie wichtig es für ihn ist, in Israel dazuzugehören.

»Denkt der Taxifahrer jetzt, du wärst aus Israel oder aus den palästinensischen Gebieten?«, frage ich ihn.

»Ihm ist klar, dass ich nicht aus den Gebieten bin. Die kommen gar nicht zu diesem Grenzübergang. Für die Leute hier sind wir auch Palästinenser, nur dass wir in Israel leben. Viele israelische Araber kommen rüber.«

Als sich die Situation einige Male wiederholte, antwortete ich selbst. Ich wollte sehen, wie sie reagieren würden, wenn sie hören, dass ich aus Palästina komme. Alle waren überrascht, Arabisch aus meinem Mund zu hören. Mehrere fragten, ob ich wirklich Araber sei. Darauf antwortete ich: »Aus Palästina, aber Jude.« Damit erntete ich ein Lächeln, begleitet von der Aussage: »Herzlich willkommen.«

Nach vierzig Stunden fuhren wir zusammen zurück zur Grenze. »Endlich wieder ins Normale«, sagte Razi, sobald wir im israelischen Terminal ankamen. »Ich muss schon seit Stunden auf die Toilette, drüben habe ich es lieber zurückgehalten. Die haben Klos ohne Klo, nur so ein Loch«, erzählte er.

Auf diesem Kurztrip lernte ich: Dein Verhalten bezüglich öffentlicher Toiletten zeigt am besten, in welchem Land du zu Hause bist.

Das trinke ich jeden Morgen

In Vorbereitung auf einen neuen Masterplan für die israelisch-arabische Stadt Baqa el-Gharbijja durfte ich zusammen mit einer Arbeitskollegin aus dem Landschaftsarchitekturbüro den Bürgermeister interviewen. Er lud uns in sein Haus ein, das in einem Neubaugebiet lag. Dem Aussehen nach hätte das Neubaugebiet fast 1:1 auch in einem jüdischen Ort stehen können. Die Häuser waren allerdings wesentlich größer als jüdische Häuser und verspielter geplant.

Eine seiner Töchter öffnete uns, nachdem sie über die Kamera gefragt hatte, wer wir wären. Drinnen konnten wir uns eine aus mehreren Sitzgarnituren aussuchen. Der Bürgermeister nahm uns sehr herzlich auf. Von dem Essen, das uns gebracht wurde, hätten wir uns mindestens eine Woche ernähren können.

Der Bürgermeister erzählte uns über die Bedeutung der Oliven in der arabischen Kultur und über seine eigenen Olivenbäume, die er spaßeshalber noch pflegte. »Aber inzwischen habt ihr nicht nur von uns gelernt, Oliven anzubauen und Olivenöl herzustellen, ihr habt uns schon überholt!«, sagte er. »Habt ihr gesehen, wie der benachbarte Kibbuz Magal anbaut und erntet? Die Bäume schneiden sie wie eine Hecke, damit sie mit den Maschinen überall hinkommen. Und die gesamte Ernte machen Maschinen. Sie haben Rüttelmaschinen mit Saugschläuchen, es geht ganz schnell, und keine einzige Olive geht verloren! Und die Qualität ist die höchste.«

»Ihr könnt ja mit ihnen kooperieren, das hätte vielleicht ein wirtschaftliches Potenzial für beide«, schlug ich vor.

»Machen wir schon. Ich habe es in die Wege geleitet und die vom Kibbuz waren einverstanden«, erzählte der Bürgermeister stolz.

Anschließend bat er seine Tochter, uns die »Frühstückstasse« zu bringen. »Das ist das traditionelle Frühstück der Fellachen«, erklärte er. »Jeden Morgen in der Frühe tranken es die Männer. Brot und so, das aßen sie erst ein paar Stunden später.«

In den kleinen Tassen gab es zwei Flüssigkeiten und etwas Weißes. »Zwei Drittel Olivenöl und ein Drittel frisch gepresste Zitrone. Die Knoblauchzehe kann man entweder zerquetschen oder so runterschlucken«, sagte er mit sichtbarer Freude in den Augen. Die Erklärung war eine Einladung, die wir als Gäste nicht ablehnen konnten. Vom Olivenöl mussten wir beide husten, nach dem Schlucken blieb ein scharfer Biss im Rachen. Der Bürgermeister lachte und gab uns ein Stück Fladenbrot. »Das hilft am besten«, sagte er und lobte dann die guten Heileigenschaften des Gerichtes.

Bei unserem Besuch war die Grenzanlage zum Westjordanland direkt am Ostrand der Stadt noch neu. Daher erkundigte ich mich: »Habt ihr gute Kontakte zu den Palästinensern im anderen Baqa?«

Seine Reaktion überraschte mich. Ohne zu zögern, antwortete er: »Mit ihnen haben wir nichts zu tun.« Ich wollte in kein Fettnäpfchen treten und fragte nicht weiter nach.

Als wir das Haus verließen und wieder neben der Videokamera am Tor standen, sagte ich: »Ich dachte, bei euch wären die Türen für Besucher immer offen, aber ihr seid inzwischen schlimmer als wir.«

Der Bürgermeister lachte laut und erwiderte: »Ihr habt von uns gelernt, Oliven anzubauen, wir haben von euch gelernt, uns abzuschotten.«

Ein nützlicher Jude

Ich setze mich auf den Bürostuhl im Nebenzimmer der Autowerkstatt, in die ich mein Auto regelmäßig bringe. Der Inhaber, Ende 40, ist auf Landrover spezialisiert. Er kennt sich wie kaum ein anderer in Israel mit alten Kisten wie meiner aus. Jetzt sitzt Muhammad vor mir, wie immer mit Brille und kariertem Hemd. Seine Kunden sind fast alle Juden. Etliche von ihnen fahren meistens Luxuswagen und sind in führenden Positionen. Es sind CEOs, leitende Ärzte und Geschäftsleute, die in ihrer freien Zeit gern mit ihrem Geländewagen in die Wüste fahren. Muhammad kennt viele persönlich und genießt ihr Vertrauen. Die Werkstatt liegt im Industriegebiet einer arabischen Stadt im Landeszentrum, wo Muhammad aufgewachsen ist.

»Wenn ich dich zum ersten Mal gesehen hätte und nicht wüsste, dass du Muhammad heißt, hätte ich dich für einen Juden gehalten«, meine ich.

»Ich hätte dich auch für einen Juden gehalten«, antwortet er zynisch und ohne jeglichen Akzent im Hebräischen.

»Aber den Satz hast du sicher schon eine Million Mal gehört, oder?«

»Zwei Millionen mindestens.«

Muhammad tippt alle Positionen in den Computer ein, um die Rechnung fertigzustellen. »Ich habe schon Angst vor dem Ergebnis«, flüstere ich ihm zu.

»Und ich viel Vorfreude. Da bin ich jüdischer als ein Jude«, antwortet er scherzend.

Vor Kurzem hat US-Präsident Donald Trump seinen Friedensplan bekannt gegeben. Muhammads Stadt ist in der Karte als Kandidat zum Gebietsaustausch markiert. Sollte der Plan realisiert werden, könnte die Stadt zum neuen Palästinenserstaat gehören. »Nutze die Zeit«, spreche ich es provokativ an, »bald wird die Stadt und deine Werkstatt zu Palästina gehören. Wessen Autos wirst du dann reparieren?«

»Genau darum zocke ich dich und die anderen Juden ab. Wer weiß, wie lange die Party noch dauert.«

»Jetzt im Ernst, glaubst du, es könnte dazu kommen?«

»Quatsch mit Soße«, antwortet Muhammad, »eher wird Tulkarm zum Judenstaat gehören, bevor wir zum palästinensischen Staat gehören.«

»Was würdest du tun, wenn es doch dazu käme?«

»Keiner in der ganzen Stadt würde da mitmachen. Wir würden auf die Barrikaden gehen. Wir sind eine arbeitende, produktive Stadt, in unserer Mentalität noch ein großes Dorf. Alle sind mit allem seit siebzig Jahren vernetzt, wir leben in Israel. Was soll das mit dem Gebietsaustausch? Sind wir so schlimm, dass uns jemand so gern loswerden will?«

»Das habe ich mir schon gedacht, aber weißt du, die Logik ist klar. Wenn man die Grenzen endgültig zeichnet, dann leuchtet das Prinzip ein: Juden mit Juden, Araber mit Arabern.«

»Für dich vielleicht. Für mich ist es ein schwachsinniges Prinzip.«

»Was wäre für dich das richtige Prinzip?«

»Kein Prinzip. Ich will mein Leben nicht verändern, außer eines Tages weniger zu arbeiten.«

Ich leite ihm eine Ausschreibung der palästinensischen Polizei weiter, die mir ein Freund zugeschickt hat. Dreißig alte Defender bietet die palästinensische Polizei zum Verkauf an.

»Oh, jetzt bist du ein nützlicher Jude geworden«, sagt Muhammad und klopft mir auf die Schulter.

Heiraten und Messer im Rucksack

Viele Hotels gibt es am See Genezareth nicht. Die Wahrscheinlichkeit, dort Kollegen zu treffen, ist hoch. Heute Morgen entdecke ich Hammudi, Busfahrer und genau mein Jahrgang, im Speisesaal des Kibbuz-Gästehauses.

»Immer noch nicht verheiratet?«, grüße ich ihn nach unserem Ritual.

»Immer noch nicht und so bleibt es auch.«

»Hammudi, was wird aus dir, du brauchst eine Frau. Sie würde dich beruhigen. Du bist immer so unruhig«, meldet sich der arabische Busfahrer, mit dem ich unterwegs bin.

»Ich bin nicht so blöd wie ihr. Ich bleibe frei. Ihr müsst mich beneiden und ich darf euch bemitleiden.«

Die beiden Busfahrer sind in derselben Firma angestellt, einer der größten privaten Busgesellschaften im Land. Die Inhaber sind zwei Juden, die Angestellten halbe-halbe, vielleicht etwas mehr Araber. Die meisten Fahrer wohnen in Galiläa.

»Woher hat er die Einstellung? Ist er in Tel Aviv aufgewachsen?«, frage ich.

Hammudi antwortet: »Heute ist das ganze Land Tel Aviv. Wo ist noch der Unterschied?«

Der andere Busfahrer ist 13 Jahre älter, verheiratet und Vater von drei Kindern.

»Jetzt übertreibe mal nicht«, sagt er. »In Tel Aviv bleiben viele Single. Generell ist es im jüdischen Sektor nicht mehr so selten, dass manche nie heiraten. Aber bei uns bist du schon noch eine Ausnahme.«

»Weil bei uns die Entwicklung langsamer ist.«

»Er hat recht«, stimmt der andere Busfahrer zu. »Meine Jungs sind über 20 und wollen nicht heiraten.«

»Und was sagst du dazu?«, frage ich.

»Dass sie sich nicht beeilen sollen. Heute ist das Leben so teuer, dass man lieber erst Geld sammeln und dann nicht so viele Kinder haben sollte. Du willst ja nicht, dass deine Kinder weniger haben als die anderen. Aber ich bin mir sicher, dass sie nur so lange nicht heiraten wollen, bis sie sich richtig verlieben. Dann wird ihr Kopf ausgeschaltet sein und sie werden das machen, was ihre Freundin will. Und die Frauen wollen heiraten. Es ist nur eine Frage der Zeit.«

»Wisst ihr, vor 30 Jahren war es bei uns Juden auch so. Die ganze Welt ist im selben Prozess. Das nennt man Modernisierung.«

»Siehst du«, meint Hammudi zu dem anderen, »ich bin modern.«

Heute Mittag werden wir mit unserer Gruppe picknicken. Wir haben aber nur zwei Küchenmesser und bräuchten weitere, damit sich mehr Leute an der Zubereitung beteiligen können. Ich frage in der Küche nach, ob wir ein paar Messer ausleihen dürfen, und garantiere, sie sauber zurückzubringen. Wir bekommen sie.

»Vielleicht werden wir in unserem Heiratsverhalten immer ähnlicher«, meint Hammudi, während er zuschaut, wie ich die Messer in meinen Rucksack stecke. »Aber was Messer angeht, da sind wir noch meilenweit voneinander entfernt. Wenn ich nach Messern gefragt hätte, hätte ich sie nicht bekommen. Araber und Messer sind eine schlechte Kombination in diesem Land. Und ich würde mich niemals trauen, mit Messern im Rucksack rumzulaufen. Wenn jemand sie entdeckt, bin ich automatisch ein Terrorist.«

Integration

Anders als in vielen Ländern betreiben die Krankenkassen in Israel die Arztpraxen selbst. Sie bauen die Gebäude, kaufen die Geräte und stellen die Ärzte und Schwestern ein. Wenn man zum Arzt geht, heißt es: »Ich gehe zur Krankenkasse.«

In dem Ort, in dem ich aufgewachsen bin, leitete die Praxis Dr. Dschum'a, ein arabischer Israeli. Und das tut er bis heute.

Dr. Dschum'a hatte immer einen überlasteten Zeitplan. Pro Patient wurden nur zehn Minuten einkalkuliert. Die Listen hingen immer an der Tür. Ich konnte nie mehr als das nötige Minimum mit ihm besprechen. Mehrere Male gingen mir Fragen durch den Kopf wie: »Wie ist es für dich, DER Arzt in einem jüdischen Ort zu sein?« oder: »Hat deine arabische Herkunft schon mal eine Rolle im Kontakt mit Patienten gespielt?« Aber dazu fehlte immer die Zeit. Ich weiß, dass er täglich aus der benachbarten arabischen Stadt Taybe kommt. Ich weiß auch, dass er Griechisch kann. Ab und zu denke ich daran, dass er im Laufe seines Lebens der Hausarzt Tausender jüdischer Familien war. Für mich ist Dr. Dschum'a ein Beispiel gelungener Integration.

Die Juden sind unsere Blutsbrüder

Aliya ist eine tüchtige Drusin aus einem Dorf im Norden Israels. Gelegentlich komme ich mit Reisegruppen zu ihr. Im Garten serviert sie uns zusammen mit ihren Kindern drusische Spezialitäten zum Mittagessen. Das ist immer eine gute Gelegenheit, persönliche Einblicke ins Leben dieser Minderheit zu bekommen, die knapp 8 Prozent der arabischen Minderheit und fast 2 Prozent der Gesamtbevölkerung Israels ausmacht. Beim Kaffee kann ihr jeder Fragen stellen.

Drusen sind sprachlich und kulturell arabisch, aber keine Muslime. Sie waren lange vor der Staatsgründung da. Im 48er-Gebiet sind sie patriotische Israelis und die Männer gehen freiwillig zum Wehrdienst. Oft belegen sie Schlüsselpositionen im Militär, in der Politik und der Gesellschaft. Wirtschaftlich geht es einigen Drusendörfern besonders gut. Juden überfüllen ihre Geschäfte, besonders am Samstag, wenn die meisten Geschäfte in den jüdischen Orten geschlossen haben. Sie gelten unter Juden als »die freundlichen Araber«. Vor ihnen hat man keine Angst.

Fast in jedem Gespräch mit Gruppen, wenn es zu politischen Themen kommt, wiederholt Aliya den Satz: »Israel braucht einen drusischen Premierminister, dann gäbe es schnell Ordnung. Die Juden sind lasch, zu vorsichtig. Sie kennen die Araber nicht.« Aliya ist mit ihrer eher militanten Einstellung nicht alleine. Im Regelfall bekommen in den drusischen Ortschaften die rechten Parteien bei jeder Parlamentswahl die meisten Stimmen.

Einmal wollte sich ein Reiseteilnehmer aus Wien während des Besuchs bei Aliya von der Gruppe ausklinken. Als er von seinem Spaziergang zurückkam, war unser Gespräch fast zu Ende. Ohne Aliyas Aussagen zur Politik gehört zu haben und ohne zu verstehen, was Drusen sind, stellte er ihr die Frage: »Wie ist es, unter israelischer Besatzung zu leben?«

Aliya war empört. »Welche Besatzung?!«, fragte sie. »Hier ist nichts besetzt.«

»Nicht besetzt?«, fragte er belehrend. »Und was war hier vor Israel?«

Da hatte er sich mit der falschen Frau angelegt. »Hören Sie mal, mein Vater hat für die Gründung dieses Staates gekämpft. Es ist unser Staat, genau wie der der Juden. Die Juden sind unsere Blutsbrüder.«

Wir sind anders als die anderen Drusen

Heute bin ich mit einer Reisegruppe auf den Golanhöhen, wo es jetzt im Februar schon seit ein paar Tagen kalt und verregnet ist. Als wir das höchste Dorf in Israel erreichen, liegt der fast Dreitausender im Nebel, sodass sich die Teilnehmer lediglich vorstellen können, dass er weiß bedeckt ist. Die Kamin-Stube unter der Wohnung einer Drusenfamilie ist da ein guter Pausenort. Alle freuen sich über die Fladenbrote mit dem traditionellen Käse direkt vom Ofen, den Kaffee und den Tee.

Aber auch Anwars Anwesenheit ist erheiternd. Sie ist Anfang 30, wohnt bei den Eltern ein Stockwerk über uns, ist kommunikativ, lebhaft und direkt. Und sie nimmt kein Blatt vor den Mund.

Anders als die Drusen im 48er-Gebiet sind die Drusen der Golanhöhen erst 67 unter israelische Kontrolle gekommen. 1981 fing Israel an, sein Bürgerrecht in den Golanhöhen anzuwenden und annektierte somit das Gebiet praktisch. So bekamen die Einwohner der Region denselben Status wie die Ostjerusalemer, obwohl sie eigentlich syrische Staatsbürger sind. Nur ein kleiner Teil der Drusen in den vier benachbarten Bergdörfern hat die israelische Staatsangehörigkeit beantragt.

»Wir sind anders als die anderen Drusen in Israel. Sie sind mit den Zionisten verbunden, wir weniger«, erklärt Anwar. Sie fühlt sich als Syrerin und schaut viel mehr syrisches Fernsehen als israelisches. Sie hat auch familiäre Beziehungen nach Syrien. »Bis zum Ausbruch des syrischen Bürgerkrieges studierten viele von den Golan-Drusen in Damaskus«, erzählt sie. »Das geht heute nicht mehr.«

Anwar studiert seit knapp zwei Jahren Reiseleitung. Dafür fährt sie regelmäßig zur Universität nach Haifa, zwei Stunden pro Strecke.

»Keiner hier hasst Israel, aber wir haben eine Sonderstellung«, schildert sie.

Ich frage sie, ob das gemeinsame Studium mit Juden etwas bei ihr verändert hat.

»Natürlich. Viel. Wir studieren die Geschichte aus der zionistischen Perspektive. Diese Perspektive kannte ich vorher nicht. Dadurch verstehe ich euch viel besser. Am Anfang fiel mir das sehr schwer. Dann habe ich nach und nach verstanden, dass es ein ganz anderes Narrativ ist. Die anderen haben gleich am Anfang mitbekommen, dass ich in der Opposition bin, und haben sich darüber lustig gemacht, aber nach einer so intensiven Zeit zusammen wird man zu Freunden. Wir haben auch arabische Studierende. Alle haben gelernt, die anderen zu akzeptieren.«

Auf meine Frage, ob es auch gut aussehende Juden an der Uni gibt, lacht Anwar und wird rot.

Wenn sie die Prüfungen besteht und die Lizenz bekommt, möchte sie in eine Großstadt ziehen. Hier auf dem Golan ist es zu abgelegen.

Wie sicherlich viele Drusen auf dem Golan sieht sich Anwar in einer Sonderstellung. Vielleicht ist es ihr nicht ganz bewusst, aber sie lebt in einem fortgeschrittenen Israelisierungsprozess. Wenn sie mir schreibt, schreibt sie von ihrem Leben in Israel. In ausgezeichnetem Hebräisch.

Ich bin Israeli, nur auf eine andere Art

»Wann hörst du endlich auf zu rauchen?«, frage ich Sliman an diesem frühen Morgen hinter dem Frühstückszelt im Wüstencamp. Vor knapp einer Stunde ist die Sonne aufgegangen, und schon zieht er neben seiner Tasse Kaffee an der selbstgerollten Zigarette. »Nie«, antwortet er trocken.

Bei den Beduinen rauchen alle Männer. Frauen nie, zumindest nicht in der Öffentlichkeit. Seit 14 Jahren arbeitet Sliman im Camp in Vollzeit als Mann für alles. Am frühen Morgen ist er im Speisesaal, danach bewältigt er Hausmeisteraufgaben, manchmal arbeitet er auf der Baustelle. In den Mittagsstunden geht er heim, um abends Besuchern etwas über Beduinen zu erzählen. Die meisten Gruppen sind jüdische Schüler.

»Wie ist es für dich mit all den jüdischen Schülern? Kommst du dir nicht irgendwie ein bisschen wie eine touristische Attraktion vor?«, erkundigte ich mich.

»Gar nicht. Sie sind allgemein schlecht erzogen, wild, laut, hören nicht. Aber sobald ich in traditioneller Kleidung vor ihnen stehe, werden sie ruhig. Sie haben viel Respekt vor uns.«

»Meinst du generell vor Beduinen oder nur vor Beduinen in Tracht?«

»Wenn wir normal rumlaufen, wissen sie nicht, dass wir Beduinen sind. Dann sind wir für sie einfach Araber. In der Tracht steht plötzlich ein echter Beduine vor ihnen, wie sie sich ihn vorgestellt haben.«

Ich erzähle Sliman von meiner ersten Schularbeit. Im dritten Schuljahr durften wir ein Thema frei aussuchen, über das wir zehn Seiten füllen sollten. Mein Thema war: »Beduinen«. Irgendwie hatten sie mich magisch angezogen. Und nicht nur mich. Viele Schüler waren von dem Thema begeistert, viel mehr als von den anderen Themen wie »Hunde« und »Ponys«. Beduinen waren für uns ein Pendant zu Indianern, etwas Zauberhaftes. Bis heute werden sie unter israelischen Kindern idealisiert und romantisiert.

»Fühlst du dich als Israeli, so wie die Schüler, mit denen du sprichst?«

»Auf eine andere Art, aber natürlich bin ich Israeli.«

»Hast du dich jemals als Palästinenser verstanden?«

»Nein. Wir sind Beduinen, das ist was anderes.«

»1948 haben auch viele von euch Land verloren, oder?«

»Das stimmt. Auch in diesem Gebiet gab es früher Beduinen. Nicht viele, aber es gab ein paar. Und nach dem Krieg wurden sie vertrieben.«

»Ich habe mich mit ein paar Beduinen an der Jerichoer Straße unterhalten, die aus diesen Stämmen kamen. Israelische Militärjeeps haben ihnen befohlen, in die Berge Hebrons zu gehen«, berichte ich und zeige auf die Hügel, die man von hier aus sieht. »Fühlen sich solche Beduinen nicht als Opfer der Nakba?«

»Doch, solche bestimmt schon. Aber wir sind im Negev geblieben und haben uns im Krieg rausgehalten. Wir mussten den Ort wechseln, aber sind im Land geblieben.«

»Hat euch der Staat Israel auch Vorteile gebracht?«

»Klar. Die Moderne käme so oder so. Israel hat sie schneller gebracht. In Jordanien leben Beduinen wie Könige, aber hier sind wir besser abgesichert. Dort haben sie keine Krankenkasse und keine Nationalversicherung wie hier.«

»Kennst du jemanden von euch, der zum Militär gegangen ist?«

»Nein. Von den Beduinen im Norden gehen manche zum Militär, bei uns nicht. Vielleicht vereinzelt, aber ich kenne keinen.«

Wegen des Jobs ist Sliman mit seiner Familie in die Nähe des Camps gezogen. Im Laufe der Jahre haben sie ein paar Blechhütten gebaut. Wasser holen sie im Anhängertank. Die Inhaber des Camps, eine jüdische Familie, lassen sie abzapfen. Auch andere angestellte Beduinen sind in die Nähe gezogen, sodass eine Art Beduinensiedlung entstanden ist. Anerkannt wird sie nicht, aber geduldet. Hier stören die Beduinen keinen.

Ich setze mich an den Frühstückstisch zu Dani, Gründersohn und Campleiter. Wir kennen einander schon lange. Er stellt mir einen Gast vor. Der zirka 60-jährige Jude arbeitet als Freelancer für das Amt für Entwicklung und Siedlung der Beduinen im Negev. Im Auftrag der Regierung erfasst er die heutige Realität der Beduinen.

»Sprichst du fließend Arabisch?«, frage ich.

»Das muss ich gar nicht. Sie sprechen alle gut Hebräisch, sogar die Frauen.«

Die Männer gehen auswärts arbeiten und benutzen Hebräisch täglich, die Frauen haben viel weniger Kontakt zur Außenwelt, daher ist ihre Sprachgewandtheit umso erstaunlicher.

»Was ist euer Ziel? Wollt ihr alle Beduinen in feste Siedlungen bringen?«, möchte ich wissen.

»Die Einstellung ist passé. Wir wollen wirklich ihre Bedürfnisse und Wünsche verstehen.«

Gezwungen wurde auch früher kein Beduine in Israel, in eine feste Siedlung umzuziehen, aber es war im Interesse des Staates, sie auf einem kleineren Areal zu verteilen. Denselben Prozess gab es auch in benachbarten arabischen Ländern. Rund die Hälfte der 250 000 Beduinen im Negev lebt in nicht anerkannten Siedlungen, die in den letzten Jahrzehnten aus Blechhütten und Zelten spontan entstanden sind. Manchmal wurden solche Siedlungen polizeilich geräumt, vor allem als es zu Konflikten in der Flächennutzung kam. Beispielsweise hatten sich Beduinen in Militärübungsgebieten niedergelassen, in Schadstoffdeponien oder im Gebiet eines geplanten Kraftwerks.

»Sie sind sauer über Räumungen und werfen dann dem Staat ihre Benachteiligung vor«, erzählt der Mann. »Für sie ist der Staat Israel die neuere von beiden Parteien. Sie haben Schwierigkeiten, zu akzeptieren, dass die frühere Ordnung, in der sie gelebt haben, nun untergeordnet ist.«

»Und was hast du bislang gelernt? Was wollen die Beduinen?«

»Viele von ihnen wollen ihre Freiheit, die schlichten Bedingungen werden von ihnen nicht als Armut empfunden.«

»Reichen die stark vergünstigten Bauplätze nicht, um sie zu ködern? Stell dir vor, Juden hätten vom Staat 500 Quadratmeter Bauland und die Anschlüsse fast geschenkt bekommen …«

»Sie sind schlauer als wir«, wirft Dani ein.

Wer nur wenige Minuten von einer jüdischen Ortschaft im Negev zur Beduinensiedlung fährt, hat den Eindruck, dass er aus einem amerikanischen Vorort in ein armes orientalisches Schwellenland gesprungen ist. Das wirtschaftliche Gefälle ist sehr steil. Gelegentlich hört man Beschwerden in der israelischen Öffentlichkeit, die Beduinen im Negev wären besonders häufig in Diebstähle involviert und würden wild und gefährlich Auto fahren. Auch kommt die Modernisierung sicherlich verzögert bei ihnen an. Aber insgesamt ist das Verhältnis zwischen ihnen und den Juden gut. Auf alle Fälle friedlich.

Hau ab oder du bist tot

Einmal bekam das Büro, in dem ich als Landschaftsarchitekt tätig war, den Auftrag, den Landschaftsanhang des neuen Masterplans für die drei arabischen Städte Tira, Taybe und Kalanswa vorzubereiten. Mit einem Dienstwagen und einer guten Kamera fuhr ich hin, um den Ist-Zustand der öffentlichen Grünflächen zu erfassen.

Als ich in den Norden von Taybe fuhr, stellte ich fest, dass rund zwanzig Häuser jenseits der Grünen Linie gebaut worden waren. Sicherlich war keine Baugenehmigung für sie erteilt worden, weil das Gebiet gar nicht der Stadt gehörte. Wenn es jüdische Häuser gewesen wären, wäre es politisch schwierig gewesen. Würde sich Israel an die Grüne Linie zurückziehen, müssten diese Häuser eigentlich geräumt werden. Aber es sind arabische Häuser und sie interessieren wohl keinen.

Ich wollte einen Spielplatz besichtigen, der laut Karte nur fußläufig zu erreichen war. Doch egal über welchen Weg ich versuchte, zum Spielplatz zu gelangen, überall standen Häuser. Irgendwann verstand ich, dass es den Spielplatz nur auf der Karte gab. In echt war alles verbaut worden, ganz sicher ohne Baugenehmigungen.

Als ich ein paar Fotos machte, kamen sofort zwei junge Männer auf mich zu. Ihre Blicke und ihr Gang machten mir Angst.

»Was tust du hier?«, fragten sie mich auf Hebräisch.

»Wir planen die Grünflächen der Stadt«, versuchte ich, die Situation zu entschärfen.

»Gib sofort die Kamera her und hau ab, sonst bist du tot.« Solche Sätze hatte ich vorher nur in Filmen gehört. Ich wusste nicht, ob sie es mit dem Tod wörtlich meinten, wollte es aber auch nicht austesten, sondern gab ihm die Kamera.

»Es ist eine teure Kamera und sie gehört meinen Chefs«, wagte ich zu sagen. »Wenn ich ohne sie zurückkomme, bin ich auch tot. Könnt ihr die Fotos löschen, und ich verspreche, dass keiner davon erfährt und ich sofort abhaue?«

Sie schauten einander an und waren ruhiger als vorher. Nachdem die Fotos gelöscht waren, konnte ich nach einer Warnung, nie wiederzukommen, unversehrt wegfahren. Je länger ich darüber nachdachte, desto bewusster wurde mir, dass dieses Erlebnis auch einen positiven Aspekt hatte. Vor einer oder zwei Generationen hätte der politische Konflikt bei einer solchen Begegnung vermutlich eine Rolle gespielt. Die »Einheimischen« (Araber) lassen sich vom »Fremdling« (Jude) nicht vorschreiben, wo und wie sie in ihrem eigenen Wohnort zu bauen haben. Doch diese beiden störte es nicht, dass ich Jude bin. Sie hatten einfach Angst, weil ich für sie das Bauamt repräsentierte. Wäre ich Araber gewesen, hätten sie mich vermutlich genauso vertrieben.

Inschallah

Der Wind weht durch die Piniennadeln wie ein Gesang in Moll. Der Himmel strahlt tiefblau. Ich stehe mit rund zwanzig anderen Personen am Waldrand an einem Hügel unweit des Ben-Gurion-Flughafens und warte auf den Beginn einer Exkursion ins zerstörte arabische Dorf el-Khaditha. Angeboten wird sie von einer israelischen Stiftung. Es sind etwas mehr Juden als Araber gekommen. Die jüdischen Teilnehmenden wohnen nicht in der Gegend, die arabischen hingegen stammen aus Familien, die bis 1948 hier gelebt haben. Sie begleiten vor allem zwei mit ihnen verwandte Frauen, zwei Schwestern. Die eine war sieben Jahre alt, die andere fünfzehn, als ihre Familie el-Khaditha verlassen hat. Beide sind heute traditionell angezogen. Die jüngere ist größer und schlank, die ältere klein und füllig. Ihr Hebräisch ist nicht sehr gut, sodass jemand dolmetschen muss.

Wir gehen hinter ihnen, es geht bergauf. Obwohl sie nur ein Mal seit 1948 hier waren und selbst dieser Besuch schon lange her ist, bestimmen sie den Weg, als wären sie erst kürzlich hier gewesen. Trotz der vielen Veränderungen sind sie hier sichtbar zu Hause. Die ältere erzählt kurz und trocken: »Hier stand der Ofen und drum herum standen viele Häuser.« Die jüngere erkennt einen Felsen, hinter dem sie sich als Kind gern versteckt hat. Viel mehr als Felsen, ein paar Bausteine im Gebüsch, Oliven und Kaktusfeigen ist nicht übrig geblieben.

Wir erreichen den höchsten Punkt. Unter uns verschlingt der Hügel die A6, wo sie durch einen Tunnel führt. Dahinter sind die Landebahnen des Flughafens zu sehen und weiter hinten das Meer der Hochhäuser im Ballungsraum Tel Aviv. Eine junge Frau fragt die alten Damen, wo sie heute leben.

»Als wir verstanden, dass unser Dorf angegriffen würde, entschieden wir uns, zu gehen. Die Erwachsenen hatten Angst.« Die beiden berichten, wie sie mit Sack und Pack nach Ramla gingen, damals eine rein arabische Stadt. Aus ihrer Erzählung könnte man meinen, Ramla wäre weit weg, dabei sind es gerade mal 8 Kilometer Luftlinie, wir sehen es in der Ebene vor uns. Ich kenne Ramlas Geschichte und frage, wie lange sie dort bleiben konnten.

»Zwei Tage«, antwortet die ältere Schwester, »dann wurden wir alle vertrieben.«

Sie erzählen, wie sie es nach einigen Tagen doch geschafft haben, nach Ramla zurückzukehren.

»Aber ins Dorf wurden wir nicht gelassen. Und dann haben sie alle Häuser im Dorf zerstört, abgerissen«, klagt die jüngere und zeigt mit der rechten Hand auf die Bäume um uns. Den Rest ihres Lebens haben die beiden Schwestern in Ramla verbracht. Wie die übrige arabische Bevölkerung der Stadt sind sie israelische Staatsbürgerinnen geworden. Beide haben geheiratet, Kinder und Enkel bekommen.

»Fühlt ihr euch immer noch als Flüchtlinge?«, fragt ein älterer Jude.

»Natürlich, das ganze Leben.«

»Würdet ihr immer noch gern zurückkommen?«, erkundige ich mich.

»Inschallah«, lautet ihre Antwort.

Die beiden Schwestern haben mich nachhaltig geprägt. Ich hätte nicht gedacht, dass sich jemand wegen acht Kilometern sein Leben lang als Flüchtling fühlen kann. Sie sind keine Staatenlosen, sondern Staatsbürgerinnen Israels. Sie haben mich gelehrt, dass weder der Pass noch die Entfernung die palästinensische Flüchtlingsidentität stiften. Es ist der Fakt, dass ihre vorherige Welt zerstört wurde. Das Gefühl des Unrechts, das ihnen angetan wurde, ist das, was ihnen am meisten wehtut. Diese zwei alten Frauen hassen keinen. Sie sind keine Terrorristinnen und träumen nicht von der Zerstörung des Staates Israel. Sie denken überhaupt nicht politisch. Sie leben mit offenen Wunden und leiden am Schmerz.

Das Beste rausholen

2009 bleibt unser nagelneuer Reisebus plötzlich stehen. Zu viele Computer. Ein Ersatzbus derselben Firma kommt innerhalb kürzester Zeit. Wir wollen vom Norden bis nach Eilat fahren und der eingesprungene Busfahrer Atrash und ich haben viel Zeit, uns auf der Fahrt kennenzulernen.

»Aber du hörst schon?«, frage ich scherzend, denn Atrash bedeutet »taub«.

Er ist überrascht, dass das arabische Wort zu meinem Wortschatz gehört, und erklärt, alle Juden würden ihn beim Nachnamen nennen, sein Vorname sei Imad. Da ihn seine Frau am Telefon »Ahmad« nennt, frage ich ihn, ob er Agent sei. »Im Ausweis steht Imad, aber meine Mutter wollte mich eigentlich Ahmad nennen und rief mich immer so. Alle im Dorf kennen mich als Ahmad«, antwortet er.

»Wie heißt dein ältester Sohn?«

»Suliman.«

»Dann bist du auch noch Abu Suliman?« Vater von Suliman, das ist der Ehrenname, den Araber als Anrede verwenden würden. Atrash hält nicht viel von dieser Tradition: »Ja, aber ich hasse das. Nenn mich einfach Atrash.«

Im Laufe der Jahre ist Atrash für mich eine wichtige Person geworden. Wir halten den Kontakt, auch wenn wir uns ein paar Monate nicht sehen. Obwohl er nur wenige Jahre seines Lebens in der Schule verbracht hat, habe ich von ihm mehr gelernt als von vielen anderen. Er hat eine gesunde Logik, ist offen, direkt und pragmatisch. Seine Instinkte würden ihm das Überleben auf einer einsamen Insel oder im Dschungel sichern, im Ausland oder auf dem Mond. Er kann immer sagen, was er denkt, aber nie sagt er es zur falschen Zeit oder am falschen Ort.

Atrash kommt aus einem Dorf unweit von Nazareth. Als ich ihn einmal mit öffentlichen Verkehrsmitteln besuchte, erzählte er: »Wenn du durch das Dorf latschst, fragen sich die Leute, was du hier suchst.«

»Und was denken sie, wer ich bin?«

»Vielleicht ein Pilot oder so. Oder etwas anderes Gutes. Aschkenasen gibt es hier schon manchmal, aber nur bei den Geschäften, wenn sie einkaufen. Sie laufen nicht rum.«

»Haben sie Angst vor mir? Oder sollte ich Angst vor ihnen haben?«

»Nein. Weder noch.«

Als wir zum ersten Mal über 1948 sprachen, offenbarte er mir: »Weißt du, ich hätte nicht gedacht, dass sich irgendein Jude mit der Nakba auseinandersetzt. Ich dachte, bei euch wäre das einfach kein Thema. Wenn du dich so mit Leuten bei uns im Dorf unterhalten würdest, wären sie alle überrascht.«

Eine Zeit lang zeigte ich ihm mithilfe einer interaktiven Karte unterwegs Stellen, an denen bis 1948 arabische Dörfer gewesen waren. Zusammen lasen wir deren Geschichte. Als unsere Gruppe Zeit zur Besichtigung des Museums in der Holocaustgedenkstätte Yad Vashem hatte, fragte ich Atrash, ob ich ihn durch die Ausstellung führen dürfe.

»Ich kann die Juden verstehen, warum sie so geworden sind«, sagte er am Ende des Besuches. »Ich hätte genauso reagiert und auf Stärke gesetzt. Andererseits müssten gerade die Juden nach dieser Erfahrung mehr Mitgefühl mit den Palästinensern haben.«

Eines Tages fragte Atrash mich, warum wir Juden den 1948er-Krieg »Befreiungskrieg« nennen. Als Busfahrer hatte er schon oft auf Tagesausflügen jüdischer Gruppen Geschichten zum Thema gehört. »Von wem habt ihr euch denn befreit?«, fragte er offen.

»Von den Briten«, antwortete ich.

»Aber der Kampf war gegen uns, nicht gegen die Briten. Sie waren sowieso schon am Packen. Oder meint ihr, ihr habt das Land befreit und nicht euch? Dann habt ihr das Land von seinen Bewohnern befreit. Was ist das für eine Befreiung?«

Mir fiel es nicht leicht, ihm zu antworten. Sein Schmerz war spürbar, aber er stellte seine Fragen ohne Vorwürfe. Er wollte uns wirklich verstehen.

Als ein palästinensisches Kind in Bethlehem im Stau zu uns kam und bettelte, fragte Atrash es, wieso es nicht in der Schule sei. »Wegen der Besatzung«, antwortete der Junge. »Mein Vater ist im Gefängnis, meine Mutter ist allein.« Atrash gab ihm etwas Geld und erklärte: »Weißt du, ich bin auch Araber. Aus dem Norden. Ich lebe also in Israel. Unser Dorf war früher besetzt. Die Leute haben das Postamt in Brand gesteckt, weil es israelische Post war. Aber dann hatten wir keine Post. Wen haben die Leute bestraft, außer sich selbst? Jetzt käme keiner bei uns auf die Idee, das Postamt zu verbrennen. Und sie denken nicht mehr, dass sie besetzt sind. Bei uns lebt man gut. Es ist nicht alles wegen der Besatzung. Die Frage ist, was du mit deinem Leben machst. Tue alles, um nicht wie dein Vater im Gefängnis zu landen. Wenn du dich auf die Schule konzentrierst, wird dich nie jemand festnehmen.«

Zum Thema Palästinenserstaat ist Atrash ambivalent. Als wir in Jericho sehr viele palästinensische Flaggen zu einem uns unbekannten Anlass sahen, meinte er: »Sie werden nie auf einen eigenen Staat verzichten. Wer das glaubt, kennt sie nicht.« Nachdem ihn ein palästinensischer Verkehrspolizist sehr autoritär zurechtgewiesen hatte, sagte er: »Stell dir vor, wie ihr Staat werden würde. Schrecklich.« Als die Gespräche über Annexion begannen, erklärte er, es wäre am besten und am einfachsten, wenn die Palästinenser dann auch ihre Rechte bekämen: »Es würde reichen, mit ein paar Städten zu beginnen, vielleicht Bethlehem und Jericho. Dann würden alle anderen Städte es auch wollen. Und dann wäre die palästinensische Farce beendet.«

»Stellst du dir manchmal vor, wie es wäre, wenn die Juden nicht ins Land gekommen wären und es Israel nicht gäbe?«, wollte ich einmal wissen.

»Dann wäre es hier sicher viel weniger entwickelt, ähnlich wie in den Nachbarländern.«

»Wäre es friedlicher?«

»Das kann man nie wissen. In den Nachbarländern ist es auch ohne Juden nicht immer friedlich.«

»Wäre es besser oder schlechter?«

»Was gewesen ist, ist gewesen. Jetzt soll man das Beste rausholen.«

Einmal fuhr Atrash mit seiner Frau und Tochter für ein Wochenende nach Ramallah. Sie buchten ein Zimmer im Hotel im höchsten Hochhaus der palästinensischen Autonomiegebiete. Er hatte gehört, die Stadt wäre wie Tel Aviv, und seine Frau wollte dort shoppen gehen. In Israel hätte er viel mehr Geld für so ein Wochenende ausgeben müssen. Als ich ihn anschließend fragte, wie es war, antwortete er: »Nett. Aber wie wir werden sie dort auch in 200 Jahren nicht werden.«

»Wer ist ›wir‹?«, erkundigte ich mich.

»Israelis.«

ISRAELISCHE JUDEN

Der Sinn einer Vision

Zufällig treffe ich die Reiseleiterin Maya am Tel Aviver Flughafen. Als gebürtige Amerikanerin arbeitet sie hauptsächlich mit Gruppen aus den USA. Da wir beide auf die Ankunft unserer Gruppen warten müssen, setzen wir uns ins Café. Sie erzählt über ihren ersten Besuch auf dem Berg Garizim in der letzten Woche. »Die Aussicht auf Sichem ist grandios«, schwärmt sie. Ich verrate ihr, dass ich schon in der Stadt gewesen bin und mir die Ausgrabungen angeschaut habe. Das würde sie auch sehr gerne tun, aber sie wüsste nicht wie.

Ich frage sie, ob sie sich schon mal vorgestellt hat, wie es ist, in dieser Stadt zu leben wie auf einer palästinensischen Insel im israelischen Meer. »Nicht spezifisch Sichem, aber ich stelle mir manchmal vor, wie es ist, im palästinensischen Autonomiegebiet zu leben. Auf Dauer kann das so nicht weitergehen.«

»Was ist deine Vision?«, erkundige ich mich.

Maya nimmt einen langen Schluck von ihrem Cappuccino. »Ich habe keine konkrete Vision. Irgendwie müssten wir uns von ihnen trennen.«

»Irgendwie?«, hake ich nach. »Du kennst die Region. Können wir uns überhaupt von ihnen trennen?«

»Nicht wirklich, aber das müssen die Großen regeln.«

»Heißt ›Trennen‹ ein palästinensischer Staat?«

»Nicht im klassischen Sinne, aber etwas, was man ›Staat‹ nennt. Entmilitarisiert zum Beispiel.«

»Wer sollte seine Außengrenzen kontrollieren?«

»Wir. Alles andere ist zu gefährlich.«

»Dürfte dieser Staat seine Einwanderungspolitik selbst gestalten?«

»Wenn es eine Trennung von uns gibt, schon.«

»Was sollte mit den Siedlungen passieren?«

»Weiß ich nicht.«

»Denkst du, mit einem solchen Staat wären die Palästinenser zufrieden und hätten keine Ansprüche mehr?«

»Bestimmt nicht.«

»Schätzt du, die palästinensische Führung würde so einen Vertrag unterschreiben?«

»Eher nicht.«

»Würde der Konflikt beendet werden?«

Maya blickt in die Ferne und dann wieder auf mich. »Wahrscheinlich nicht.«

Ich frage nicht, was dann der Sinn dieser Vision ist. Die Sinnlosigkeit ist offensichtlich.

Wir gehören zusammen

Amnon ist Teil einer Schiffscrew am See Genezareth. Er stammt aus einer seit vielen Generationen in Tiberias ansässigen Familie. Seine Vorfahren waren vor den Zionisten da. Seine Firma betreibt größere holzverkleidete Boote, die von Reisegruppen gebucht werden. Während meine Gruppe die Bootsfahrt genießt, sitze ich mit ihm am Heck. Eigentlich hätte er längst in den Ruhestand gehen können, aber er will nicht.

»Bestimmt erinnerst du dich an die Zeit vor der Staatsgründung?«

»Natürlich. Gut. Ich war neun.«

»Hattest du damals Kontakt zu Arabern?«

»Jeden Tag. Tiberias war eine gemischte Stadt, genau wie heute Jerusalem, Haifa oder Jaffa.«

»Hattest du arabische Freunde?«

»Wir waren mehr unter uns, aber ab und zu haben auch arabische Jungen mit uns gespielt. Die ältere Generation sprach auch Arabisch und wir als Kinder kannten viele Worte. Und die arabischen Kinder verstanden viele hebräische Worte. Aber Kinder kommen so oder so ins Spiel. Unsere unmittelbaren Nachbarn waren Araber. Zu ihnen hatten meine Eltern guten Kontakt. Sie hätten uns auch bei den Unruhen in ihren Schutz genommen, wenn es nötig geworden wäre, da bin ich mir sicher.«

»Weißt du, wo sie heute sind?«

»Leider nicht. Ich schätze, sie sind nach Jordanien gegangen, wie die meisten aus Tiberias. Jedenfalls müssten die meisten sehr alt sein oder schon verstorben.«

»Was hättest du ihnen gesagt, wenn du die Möglichkeit hättest?«

»Dass es schade ist, dass man ihre Häuser plattgemacht hat. Das hätte man nicht tun sollen. Wir hätten miteinander in Frieden leben können, wie in Akko. Dann wäre die Stadt auch viel schöner. Es waren zum Teil hübsche alte Häuser, alle aus Stein. Jetzt haben wir keine Altstadt mehr.«

»Die Häuser hättest du gern, aber hättest du auch die Leute gern?«

»Wer friedlich lebt, stört mich nicht.«

»Würdest du sie heute wieder als Rückkehrer aufnehmen?«

»Ich sage dir, wer friedlich lebt, stört mich nicht. Ich hätte kein Problem damit, wenn es wirklich die Familien von hier wären und sie mit guten Absichten kämen.«

»Wäre das deine Einstellung für das ganze Land?«

»Schwer zu sagen. Alles muss im Maß sein.«

»Wäre eine Trennung zwischen den Völkern mit zwei Staaten nicht besser?«

»Um Gottes willen! Einen eigenen Staat dürfen sie niemals haben. Das wäre das Ende von beiden Völkern im Land. Und trennen kann man gar nicht. Das konnte man nie. Es gibt keine Alternative, beide Völker gehören hierher und zusammen, ob wir es wollen oder nicht.«

Legitim und nicht legitim

Heute Abend bin ich zu Besuch bei einem alten Schulfreund in dem Kibbuz, aus dem er stammt. Er wohnt schon lange nicht mehr hier, sondern besucht heute seine Eltern. Für mich ist es leichter, ihn hier zu treffen. Außerdem freue ich mich, seine Eltern nach 20 Jahren wiederzusehen.

Die Jahre haben auch bei ihnen ihre Spuren hinterlassen. Früher leitete sein Vater die Fabrik. Seine Mutter war im Sozialen tätig. Heute sind beide pensioniert. Damals waren sie Anhänger der Arbeitspartei und der linken Partei Merez. Das konnte man bei der Menge an Aufklebern am Auto nicht übersehen.

»Seid ihr heute von Merez und der Arbeitspartei so begeistert wie damals?«, frage ich sie. Der Vater lacht mit seiner tiefen Stimme, die Mutter seufzt und macht eine abwehrende Handbewegung. »Ich bleibe meiner Ideologie treu«, sagt der Vater, »die Parteien leider nicht.«

»Gehst du überhaupt noch wählen?«, frage ich die Mutter.

»Sicher. Ich will diesen Staat nur von den Krallen Netanjahus befreien.«

»Alles, nur nicht Netanjahu?«

»Alles, nur nicht Netanjahu«, bestätigt sie.

»Was ist deine Ideologie, der du treu geblieben bist?«, erkundige ich mich beim Vater.

»Frieden.«

»Die Ideologien unterscheiden die Wege zum Frieden. Sie wollen alle dorthin, oder nicht?«, versuche ich, klarere Antworten zu bekommen.

»Ich gehöre dem Friedenslager an«, definiert er.

»Land für Frieden, Zweistaatenlösung, Siedlungsräumung und so weiter, ist das bei dir heute genauso relevant wie damals?«

»Auf jeden Fall. Zurück zur 67er-Grenze.«

»Selbst in Jerusalem?«

»Mit Grenzkorrekturen und Gebietsaustausch. Und ohne Rückkehrrecht.«

»Wäre dann ein Vertrag noch erreichbar?«

»Da bin ich mir sicher«, antwortet er und faltet seine Arme über dem Bauch.

»Gaza?«

»Wir müssen mit ihnen reden.«

»Mit der Hamas?«

»Ja. Keine Wahl.«

»Denkst du, es wäre politisch machbar, so viele Siedlungen zu räumen?«

»Momentan nicht, aber vielleicht in der Zukunft.«

Mein alter Freund hört neugierig zu und mischt sich nicht ein. Er lächelt, als würde ihm die Interaktion zwischen uns gefallen.

»Wann wart ihr das letzte Mal in Judäa und Samarien?«, frage ich.

»Oh, Ewigkeiten her«, antwortet die Mutter und der Vater erklärt: »Da gehe ich nicht hin.«

»Vielleicht solltet ihr euch ein Bild machen, wie es geworden ist. Die Siedlungen, die Straßen … Wenn man es sieht, weiß man danach, wovon man spricht.«

»Solange diese Gebiete besetzt sind, gehe ich nicht hin«, bleibt der Vater hartnäckig.

»Heißt das, dass du an das Tote Meer nicht über Jerusalem fährst, sondern den Umweg über Arad machst?«

»Doch. Die Straße von Jerusalem zählt nicht. Es ist nur eine Durchfahrt.«

Ich muss lachen und frage: »Kennt ihr Palästinenser? Habt ihr Kontakt zu welchen gehabt?«

»Ich brauche keinen Kontakt, um zu wissen, wie schlecht es ihnen geht.«

»Und früher?«

»Nicht wirklich. Wir hatten keine Gelegenheit, außer vielleicht in Jerusalem in der Altstadt. In unserer Jugend sind wir in ihren Gebieten gewandert, aber das ist lange her.«

»Ist es das, was die Palästinenser wollen? Einen Staat im 67er-Gebiet?«, frage ich nach ihrer Einschätzung.

»Das ist das Beste, was sie bekommen können. Das wissen sie ja auch.«

»Und ist dieses Beste gut genug?«

»Das musst du sie fragen.«

»Das tue ich, aber ich habe nicht den Eindruck, dass es so ist. Sie wissen eher, dass sie selbst das nicht mehr bekommen können. Ich habe auch nicht den Eindruck, dass sie es jemals wollten.«

»Was wollen sie dann?«, fragt mich der Vater und lehnt sich auf dem Stuhl nach hinten.

»Gerechtigkeit. Euer Kibbuz wurde auf dem Land eines kleinen arabischen Dorfes gebaut.«

»Wir haben das Land gekauft. Dann kam der Krieg«, unterbricht mich der Vater.

»Und das Dorf?«

»Gibt es nicht mehr. Aber das ist genau der Grund, warum ich zum Friedenslager gehöre. Das geschah im Krieg. Wenn man Frieden hat, geschieht so etwas nicht«, erklärt er.

»Würdet ihr zulassen, dass das Dorf durch Nachkommen, die heute vielleicht in Flüchtlingslagern leben, wiederaufgebaut wird?«

»Unmöglich. Wir müssen nach vorne schauen.«

»Und was ist mit der Gerechtigkeit?«

»Die Gegenwart soll gerecht sein«, antwortet er.

»Ohne Unrecht aus der Vergangenheit zu korrigieren, geht es nicht«, urteile ich.

»Wir sollten zuschauen, wie wir die Völker trennen. Gute Zäune machen gute Nachbarn.«

»Der Zaun zu Gaza ist sehr gut«, antworte ich zynisch.

»Was schlägst du vor?«, fragt mich der Vater.

»Ich glaube inzwischen nicht mehr wirklich an zwei Staaten.«

»Dann willst du einen binationalen Staat?«, fragt er.

»Die Realität ist schon jetzt binational«, antworte ich.

»Das wäre das Ende des Zionismus. Ein nationaler Selbstmord. Nicht dafür haben unsere Eltern den Staat gegründet«, entgegnet er.

Dieses Gespräch hat mich in die Jahre meiner Jugend versetzt. In meinem Umfeld an der Kibbuz-Schule dachten alle, die Besatzung von 67 wäre die Wurzel allen Übels. Im Nachhinein fühle ich mich belogen. Im klassischen Mitte-Links-Lager war 48 keine Besatzung und legitim, nur 67 war eine Besatzung. Unsere Kibbuzim und die anderen Ortschaften waren richtig, nur das Siedlungswerk im 67er-Land war eine Art Krebs im Körper der Nation. Heute weiß ich, dass wir keine andere Wahl hatten, als es uns schönzureden. So konnten wir unser Gewissen schonen.

Bloß keine Cousins

Im Telefongespräch bitte ich eine Immobilienmaklerin, unser kleines Häuschen in Israel zu vermieten. Nach ein paar Tagen sehe ich immer noch keine Online-Anzeige und frage, ob ich etwas verpasst hätte. »Ich kenne genug Interessenten. Bei Anzeigen rufen allerlei Leute an und ich muss erst mal selektieren«, erklärt sie. Dann spricht sie leiser und fügt hinzu: »Dann rufen auch viele Cousins an.«

»Cousins« ist das hebräische Codewort für Araber. In mir kocht die Wut hoch. »Was ist das Problem mit arabischen Interessenten?«, frage ich. Sie merkt, dass der Satz bei mir nicht gut angekommen ist, und versucht, ihre Aussage abzumildern. »Nichts Grundsätzliches. Aber sie machen oft Chaos. Sie pflegen Haus und Garten nicht so und machen Lärm.«

»Alle?«

»Nicht alle. Aber meine Erfahrungen waren bisher nicht gut.«

»Für mich kommt es auf die Personen an. Wenn sie sympathisch und zuverlässig sind, ist mir ihre Herkunft egal. Auch Juden können schlechte Mieter sein.«

Ich erkundige mich, wie ihre Erfahrung mit den Reaktionen von Juden ist, wenn sie neue arabische Nachbarn bekommen.

»Das kommt auf die Leute an. Generell ist es nicht ganz einfach«, erklärt sie.

»Es gibt im Ort schon arabische Familien. Hast du da Schlechtes gehört?«

»Nein, Schlechtes habe ich nicht gehört. Aber man hat darüber gesprochen, als sie eingezogen sind.«

»Weißt du, eine arabische Familie, die sich für ein Mietshaus in einem jüdischen Ort bewirbt, will aufsteigen. Es werden gebildete Leute sein, die auch gute Jobs haben. Solche Mieter wären mir persönlich lieber als manche Juden.«

»Alles klar, das verstehe ich.«

Unser Verhältnis ist gut geblieben. Ich unterstelle der Immobilienmaklerin keinen Rassismus an sich und das Gespräch hat mich auch nicht völlig überrascht. Solche Situationen gibt es in Europa ebenfalls. Selbst im toleranten Nachkriegsdeutschland haben arabische Mietbewerber es oft schwer, und das, obwohl es dort keinen jahrzehntelangen Konflikt mit Arabern gibt. Und dennoch hat das Gespräch etwas in mir bewegt. Ich träume von dem Tag, an dem Anrufe von »Cousins« keine Ängste mehr auslösen.

Nenn es halt anders

Meine Mutter war nie ein politischer Mensch. Wenn sie etwas in der Politik interessiert, dann ist es der eine oder andere Politiker als Person. Im Mittelpunkt ihres Lebens standen zwei Dinge: ihre Kinder und Arbeit. Alles andere war nebensächlich. Zu den Stärken meiner Mutter gehören mehrere Bereiche. Geografie ist nicht dabei. Geschichte auch eher nicht.

Über vierzig Jahre war sie OP-Schwester im selben Krankenhaus. Krankenhäuser sind Katalysatoren der Interaktion zwischen Juden und Arabern. Wer dort arbeitet, kennt das andere Volk aus erster Hand. Wenn man meine Mutter fragt, wie die Zusammenarbeit mit arabischen Kolleginnen und Kollegen ist, differenziert sie gleich. »Muhammad ist fleißig, Marwa eine echte Lästerbacke.«

Heute habe ich bei ihr übernachtet. Am Nachmittag muss ich am Flughafen sein. Ich möchte diese Stunden nutzen, um ein paar Orte zu besuchen, und lade sie ein. »Aber wir fahren durch Samarien«, warne ich sie vor.

»Gut. Kenne ich nicht.«

Am Anfang spricht sie über alles Mögliche, hauptsächlich über meine Schwestern und meinen Vater. Am Checkpoint wird sie ruhig und schaut raus. »Hier bin ich noch nie gewesen. So nah ist das. Sind es schon Schtachim?«

»Ja. Eigentlich seit drei Kilometern, aber der Checkpoint ist nicht exakt an dem Ort.«

»Woher weißt du das?«, fragt sie überrascht.

»Aus der Landkarte.«

»Wenn man es im Fernsehen sieht, denkt man, es wäre so weit weg. Aber wir sind gerade mal 15 Minuten gefahren. Ich brauche zur Arbeit länger.« Ihr Blick fällt auf ein Schild Richtung Siedlung Avnei Chefetz. »Von hier kommen zwei Kolleginnen. Ich dachte, es wäre viel weiter.«

Die Straße führt nun bergauf und die Landschaft wird immer interessanter und schöner. Sie betrachtet bewundernd die palästinensischen Dörfer, die in den Hang gebaut sind, und schwärmt: »Wie im Ausland. So schön.«

An einer Kreuzung sieht sie einen Stand mit Oliven. »Davon hätte ich gern welche.«

Ich fahre rückwärts. »Nein, brauchst du nicht. Ist schon gut«, wimmelt meine Mutter ab.

Der Verkäufer rennt schon mit einer Flasche Öl und einem Glas Oliven in der Hand zu unserem Auto.

»Keine Angst«, sage ich zu ihr.

»Vor ihm? Er will doch nur verkaufen«, antwortet sie. Sie ist mit dem Preis sehr zufrieden und will noch ein Glas.

Auf der weiteren Fahrt kommen wir zum ersten Mal durch eine palästinensische Ortschaft und meine Mutter stellt fest: »Es ist wie in einem arabischen Ort hier.«

»Es ist ja auch ein arabischer Ort.«

»Ja, aber palästinensisch. Was ist hier eigentlich anders als in den arabischen Orten bei uns, außer den Nummernschildern?«

»Es sind keine Israelis. Sie sind staatenlos und leben im palästinensischen Autonomiegebiet. Sie können nicht zur Knesset wählen und brauchen eine Genehmigung, um in Israel zu arbeiten oder einzureisen.«

»Aber es ist so nah und hier gibt es auch israelische Orte. Es ist kein richtiges Ausland. Könnte man sie nicht irgendwie integrieren? Ich kenne viele Araber. Wenn man ihnen Respekt zeigt, kann man mit ihnen gut klarkommen.«

»Meinst du einbürgern?«

»Ja, zum Beispiel.«

»Aber dann hätten wir halbe-halbe im ganzen Land und vielleicht würden sie bald zur Mehrheit«, verweise ich auf die Problematik.

»Dann eben mit zwei Parlamenten, aber in einem Land«, schlägt sie vor.

»Meinst du zum Beispiel wie früher in Österreich-Ungarn?«

»Vielleicht.«

»Viele wollen nichts vom binationalen Staat hören«, gebe ich zu bedenken.

»Dann soll man das halt anders nennen«, antwortet sie pragmatisch.

Wurdest du nicht entführt?

Als ich mit Khaled in Judäa und Samarien unterwegs bin, hält uns ein Soldat westlich von Sichem an.

»Was will er?«, frage ich Khaled, während er ranfährt.

»Keine Ahnung. Kommt schon mal vor«, antwortet er.

Der Soldat winkt uns vor die Bushaltestelle ein. Neben ihm steht eine arabische Frau mit weißen Kleidern und weißem Kopftuch. Er macht mir ein Zeichen, ich solle das Fenster öffnen, und spricht uns auf gebrochenem, hebräischem Englisch an: »Könnt ihr für die Frau übersetzen? Sie versteht kein Englisch.«

Ich überlege kurz, ob ich mich als Israeli outen soll, entscheide mich dafür und antworte ihm auf Hebräisch: »Bei deinem Englisch ist das auch kein Wunder.«

»Was machst du in einem palästinensischen Auto? Bist du okay? Hat er dich entführt?«

Ich beruhige ihn und erkläre, Khaled wäre mein Geschäftspartner.

»Kennst du ihn gut genug?« Er macht sich wirklich Sorgen um mich.

»Ja. Wir sind Partner, sage ich dir doch. Von ihm geht absolut keine Gefahr aus.«

Der arme Khaled hat keine Ahnung, was wir auf Hebräisch reden, kann es sich aber sicher denken. Der Soldat mustert ihn länger und fragt Khaled: »Du machst keinen Quatsch mit ihm, oder?«

»Er ist mein Freund«, antwortet dieser.

»Wartet mal«, sagt der Soldat und geht einen Schritt zurück. Sein Kamerad steht neben ihrem Militärfahrzeug und beobachtet alles. Sie tauschen sich aus. Der Soldat, der mit uns gesprochen hat, nimmt den Funk. Ich kann nicht hören, was er sagt, aber ich weiß, dass er sich erkundigt, was er tun soll. Dann kommt er wieder zu uns und erklärt: »Okay, passt auf. Wir schreiben uns das Autokennzeichen und eure Handynummern auf. Ich will auch eure Identitätskarten abfotografieren. Nur für den Fall, dass etwas schiefgehen sollte.« Dann warnt er Khaled: »Wehe, du tust ihm etwas an. Wir kommen ganz schnell an dich ran.«

Nun helfen wir beide beim Übersetzen. Vorhin war die Frau mitten in der Rotphase der Ampel aus ihrem Auto ausgestiegen und hatte einen großen weißen Kanister in ein anderes Auto gestellt. Die Soldaten möchten wissen, was es war.

»Benzin«, erklärt sie.

»Und wer war der Mensch?«

»Mein Neffe.«

»Trefft ihr euch immer bei roter Ampel an solchen großen Kreuzungen in der Pampa?«, fragt der Soldat mit Ironie in der Stimme.

»Das war abgesprochen.«

Der Soldat weiß nicht, was er mit der Aussage anfangen soll, und meldet alles im Funk weiter. Dann sagt er auf Hebräisch zu mir: »So sind sie, die Araber. Natürlich, um einen Benzinkanister abzugeben, zieht sie sich weiß an und fährt zum Neffen zur roten Ampel am Ende der Welt. Von Tankstellen haben sie nie gehört. Der Kanister war auch weiß, natürlich. Passend zum Kleid. Mensch. Verstehen werde ich sie nie. Ich sage dir, sie leben auf einem anderen Planeten.«

Der graue Himmel über Gaza

Am Aussichtspunkt bei Kibbuz Nir Am stehe ich auf einem Hügel 500 Meter vom Gazastreifen entfernt. In zwei Kilometer Entfernung sind die Häuser der Stadt Beit Hanun zu sehen. Weiter links werden die Häuser höher. Das müsste Dschebalia sein, leite ich von der Karte ab. Und dort, wo es städtisch aussieht, ist schon Gaza, acht Kilometer vor mir.

Der Himmel über Gaza ist heute grau. Ich schaue auf die mir unbekannte Welt und versuche, mir vorzustellen, wie es ist, dort zu leben. Ich war noch nie dort. Schade, dass ich vor der Abkopplung nicht die Gelegenheit genutzt habe, mir zumindest die Siedlungen und alles, was sonst noch zugänglich war, anzuschauen.

An der Grenze entlang wird tüchtig gebaut. Große Bau- und einige Militärfahrzeuge fahren ständig hin und her. Hätte es die letzten Tage nicht geregnet, wäre hier eine einzige Staubwolke. Viele Betonmischer fahren hin oder zurück. Ich kann nicht erkennen, wohin der ganze Beton kommt. In die Höhe jedenfalls nicht. Nur wenn es für einen Moment etwas leiser wird, kann ich das Summen im Himmel hören. Militärdrohnen. Oben entdecke ich zwei weiße Ballons. Auch sie gehören dem Militär. Ich weiß, dass sie gute Kameras daran haben, lächle und winke beiden zu.

Auf einmal kommt ein weißer Pick-up mit orange-farbenem Blinklicht. »Bitachon« (»Sicherheit«) prangt groß darauf. Ein bärtiger rothaariger Mann steigt aus.

Auf seiner Weste steht »Sicherheitsbeauftragter«. So einen haben alle kleineren jüdischen Orte.

»Hast du mich gerade in der Kamera gesehen?«, frage ich erstaunt.

»Nein. Es ist meine feste Runde«, antwortet er.

»Das wäre auch arg schnell gewesen. Gerade habe ich den Ballons lächelnd gewinkt und schon bist du da.«

»Und was machst du hier?«, fragt er mich.

»Neugier. Auf Gaza schauen.«

»Das ist gut. Immer spannend, nicht?«

»Wohin geht der ganze Beton? Stopfen sie alles in irgendwelche Tunnel?«, frage ich.

»Dafür braucht man nicht so viel Beton. Sie bauen eine unterirdische Mauer, ein paar Dutzend Meter, bis zu sechzig.«

»Wow, kommt man da nicht schon ans Grundwasser?«

»Genau das ist die Idee.«

»Dann wird es mit dem Tunnelbau schwierig werden.«

»Bingo. Dazu kommen unterschiedliche Sensoren und eine überirdische Mauer mit Zaun und Elektronik.«

»Weißt du, was es kostet?«, frage ich nach.

»Etwa vierzig Millionen Schekel (rund zehn Millionen Euro) pro Kilometer und sie bauen fast 65 Kilometer.«

»Das macht zweieinhalb Milliarden Schekel«, rechne ich hoch.

»Mit allem drum und dran etwa drei Milliarden Schekel (etwa 750 Millionen Euro)«, gibt er genauer an.

»Wo gibt es sonst so eine Anlage auf der Welt?«, frage ich mich selbst. Meinen nächsten Gedanken spreche ich laut aus: »So schade, dass wir so weit gekommen sind.«

»Du sprichst mir aus der Seele«, stimmt er zu.

»Kennst du den Streifen von innen?«

»Ich war früher drinnen, als es noch ging. Es gab gute Lammrippchen.«

»Und jetzt?«

»Jetzt ist es die Hölle geworden. Sie tun mir leid, die Leute dort. Die meisten können nichts dafür.«

»Wer kann etwas dafür?«, frage ich nach seiner Einstellung.

Er atmet tief ein und langsam aus. »Am Ende sind wir alle Opfer eines historischen Dramas.«

»Drama oder Tragödie?«, frage ich.

»Im Streifen schon eher eine Tragödie.«

»Fühlst du dich mitverantwortlich für ihr Schicksal?«

Sein Blick schweift zu den Hochhäusern. »Dort ist das Flüchtlingslager Dschebalia. Ohne uns wären sie nicht dort. Natürlich haben sie uns bekämpft und den Krieg verloren. Und natürlich gibt es auch heute genug Bösewichte unter ihnen, aber ich weiß, dass wir historisch mitverantwortlich sind.«

»Und heute? Können wir heute etwas besser machen?«

»Da bin ich ratlos. Ich glaube nicht.«

»Vielleicht ändert sich die Situation eines Tages«, spreche ich eine Hoffnung aus.

»Ganz sicher. Ewig macht die Bevölkerung nicht mit.«

Der graue Himmel über Gaza passt zur Lage an dieser schwierigsten Ecke des Landes. Die neuen Baumaßnahmen bestätigen, dass Israel sich auf eine lange Konfrontation einstellt. Es tut mir leid, dass man mehr Wert auf technische als auf politische Lösungen legt, aber selbst sehe ich momentan auch keine andere Wahl. Und dennoch habe ich mich gefreut, gerade beim Sicherheitsbeauftragten Empathie zu finden. Bestimmt konfrontiert ihn sein Job mit unschönen Sachen, mit Gewalt, Angst und Leid. Ausgerechnet er sieht auch den Menschen im Feind. Für mich ist das wie ein Stück Blau am Horizont.

Sie dort, wir hier

Adir, Ende 30 und Vater von vier Kindern, arbeitet in der Hightech-Branche. Wir haben mehrere Überlappungen im Leben gehabt. Nun sitzen wir bei ihm im Garten auf den letzten Metern des 48er-Gebietes, dicht an der Grünen Linie. Den Muezzin hört man bestens aus den Moscheen. Meistens sieht man eine Mauer, wenn man nach Osten blickt. Dort, wo der Blick frei ist, weht eine gigantische palästinensische Fahne, die einen an die Existenz der anderen erinnert. Ich kenne Adir schon länger und weiß, dass er meistens wortkarg ist. Mit seinen kurzen Antworten trifft er aber genau, was er sagen will.

»Würdest du dir gern die palästinensische Nachbarstadt anschauen, wenn es ungefährlich wäre?«, frage ich ihn.

»Nicht besonders. Das Arabische zieht mich nicht so an.«

»Und wenn es günstiger wäre, dort zu tanken oder einzukaufen?«

»Dann wahrscheinlich schon.«

»Warst du schon mal in der C-Zone hinter dem Checkpoint?«

»Noch nie.«

»Interessiert dich auch das nicht? Es gäbe einige sehr schöne Ausflugsziele für das Wochenende«, erzähle ich.

»Überflüssiges Risiko«, urteilt er.

Gern möchte ich einen Einblick in seine politische Vorstellung bekommen. »Wenn die Annexionspläne umgesetzt werden würden, würde vieles dort israelisch werden. Wäre das in deinem Sinne?«

»Wir brauchen keine Annektierungen.«

»Zwei Staaten?«

»Lieber ein palästinensischer Staat als ein binationaler.«

»Die Fahne hinten macht deutlich, wie nah ein Palästinenserstaat an euch wäre. Von dort könnte man mit jedem Gewehr auf eure Häuser schießen.«

»Deswegen müsste das Militär für die Sicherheit sorgen.«

»Würden die Palästinenser israelisches Militär in ihrem Staat dulden?«

»Natürlich nicht.«

»Dann bleibt nur der jetzige Zustand als Option, oder?«

»Ist auch nicht gut auf Dauer.«

»Warum macht dir ein binationaler Staat solche Sorgen?«

»Weil es ein Desaster wäre. Sie würden zur Mehrheit. Dann können wir gehen.«

»Und was, wenn wir irgendeinen Weg finden würden, in einem gemeinsamen Staat zu leben, ohne dass große Sachen geändert werden könnten?«, versuche ich, die Grenzen abzutasten. »Sie könnten zum Beispiel israelische Einwohner sein, aber nicht automatisch Staatsbürger oder vielleicht ein autonomes Parlament haben.«

»Dann sind wir bankrott.«

»Bist du sicher?«

»Ziemlich. Du weißt besser als ich, wie arm sie sind. Es sind zu viele. Die Nationalversicherung würde zusammenbrechen.«

»Und wenn es eine internationale Finanzierung gäbe?«

»Schon besser. Aber eine Trennung wäre noch besser.«

»Hältst du das für machbar?«

»Nicht sicher.«

»Würdest du Siedlungen räumen?«

»Wenn nötig. Kleine einsame.«

»Für einen Friedensvertrag oder auch einseitig?«

»Ein Vertrag ist unwahrscheinlich. Deswegen auch einseitig.«

»Und was würde das bringen? Versprichst du dir Ruhe dadurch?«

»Ich erhoffe sie.«

Das Gespräch mit Adir hat in unterschiedliche Sackgassen geführt. Wie viele israelische Juden in der politischen Mitte zeigt er eine gewisse pragmatische Kompromissbereitschaft, ohne sagen zu können, in welche neue Realität diese führen könnte. Und wie vielen israelischen Juden sind ihm zwei Sachen unverzichtbar: eine jüdische Mehrheit und die Sicherheit. Das Wohl der Palästinenser, ihre Zustimmung und überhaupt ihre Sichtweise sind da nebensächlich. Die Menschen sind für sie unsichtbar.

Unter einem Dach

»Die besten Lammspieße habe ich in Sichem gegessen«, erzähle ich Tomer, Gründer und Inhaber eines Anbieters diverser Online-Kurse zur Vorbereitung auf Bewerbungsgespräche. Inzwischen hat sein Unternehmen im amerikanischen Markt Fuß gefasst. Die Idee hat sich als brillant erwiesen. Er ist so alt wie ich und hat eine kleine Tochter. Seine Frau ist Architektin. Wir telefonieren, während ich auf der schweizerischen Autobahn bin und er zu Hause in einem Dorf in den Jerusalemer Bergen sitzt.

»Ich übertreibe nicht, wenn ich sage, dass ich jeden Tag Trauer spüre über das, was wir hier verpassen«, sagt er als Antwort auf meinen Bericht aus Sichem.

»Meinst du die Lammspieße?«

Er lacht. »Auch, aber du weißt schon … Es ist alles so schief.«

Nun stehe ich im Stau vor Zürich und kann auch auf das Display schauen. Im großen Fenster hinter Tomer sehe ich den Sonnenuntergang. Dann wechsele ich die Kamera, sodass er den Stau sehen kann. »So, so, nicht alles, was glänzt, ist Gold«, kommentiert er. Auch ich habe mir die Schweiz ohne Stau vorgestellt – bis ich hier war.

»Wie sähe es für dich aus, wenn es nicht mehr schief wäre?«, frage ich.

»Mit natürlichen Beziehungen zwischen Menschen, egal aus welchem Volk.«

Seine Antwort finde ich sehr schön. »Und in welchem politischen Rahmen? Ein Staat, zwei Staaten?«

»Das ist zweitrangig. Ehrlich gesagt, ich glaube nicht mehr, dass es zu zwei Staaten kommt. Wenn du mich vor zwanzig Jahren gefragt hättest, hätte ich darauf geschworen. Aber im langsamen Prozess hat sich meine Perspektive geändert. Zwei

Staaten ist nicht das, was wir beide brauchen. Wir brauchen eine gemeinsame Basis, Kooperation.«

Tomers Blick ist eine Mischung von Analyse und Empathie. Ich möchte schauen, wie weit er bereit wäre, auf persönlicher Ebene zu gehen. »Ihr wohnt selbst auf Ruinen eines zerstörten arabischen Dorfes. Hast du manchmal schlechtes Gewissen?«

»Ganz klar. Aber immer wieder komme ich zu dem Schluss, dass ich nicht wirklich etwas dafür kann. Irgendwo müssen wir ja auch leben.«

»Wärst du bereit, Flüchtlingsnachkommen im Dorf aufzunehmen?«

»Prinzipiell ja, aber es kommt auf die Menge an. Es müsste realistisch bleiben. Ein paar Familien wäre machbar, wenn sie friedlich wären und mit uns leben würden.«

»Wie würden die anderen im Dorf darauf reagieren?«

»Es gäbe sicher Pro und Kontra. So etwas müsste in einem langen Prozess stattfinden, ohne Wind und Glocken. Wenn alle mit guten Absichten kommen, ist es möglich.«

Gerade jemanden, der auf persönlicher Ebene bereit ist, so weit zu gehen, muss ich nach der nationalen Ebene fragen. »Was hältst du von einem binationalen Staat?«

Tomer schnauft. »Schwierig. Ich kann mir vorstellen, dass man mit dieser Idee bei vielen Arabern offene Türen finden würde. Die meisten Juden wehren sich, wie du weißt, vehement dagegen. Binational par excellence wäre daher nicht möglich. Aber vielleicht gibt es weniger abschreckende Formen.«

»Hättest du eine Idee?«

»Manchmal denke ich über Föderalismus nach. In einem föderalistischen System könnten beide Völker unbedroht und würdig unter einem Dach leben.«

Der Veränderungsprozess hat begonnen

Die Landschaft nordöstlich von Jericho ähnelt in einem Tal einer afrikanischen Savanne. Es ist zweifellos die schönste Christusdorn-Savanne im ganzen Land. Ich sitze hier mit den Füßen im Wasser. Ein alter Kanal aus Beton leitet das klare Wasser von der Quelle den langen Hang hinunter, 300 Meter lang und ganz schön steil. Es war sicher nicht so gedacht, aber für viele steht hier die längste Wasserrutsche im Land. Schon im römischen Zeitalter gab es hier ein Aquädukt.

Vor wenigen Wochen habe ich von einer Saubermachaktion in dieser Gegend gehört. Gern wollte ich sehen, ob und wie lange es sauber geblieben ist. Na ja, es ist wesentlich besser als zuvor, aber schon wieder nicht ganz so sauber, wie es hätte sein müssen.

Überall sind Familien, palästinensische und jüdische. Sie sitzen auf mitgebrachten Klappstühlen und großen Picknickmatten, dicht beieinander. Alle wollen Schatten, und so groß sind die Bäume nicht. Viele der palästinensischen Familien grillen. Die Jugendlichen rutschen immer wieder den Kanal runter. Man kann an jedem beliebigen Punkt einsteigen, sodass die Einstiegshöhe zur Mutprobe wird. Nass und in Badehosen muss man sehr genau hinschauen, um zu wissen, wer Jude und wer Araber ist. Juden tragen häufiger Brillen, aber beim Rutschen setzen sie sie ab. Die kleineren Kinder plantschen im flachen Kanal, wo die Eltern auf sie aufpassen, jüdische und arabische Mütter nebeneinander. Als ein Mann neben dem Grill seine kopftuchtragende Frau ruft, fragt sie ihre jüdische Sitznachbarin mit einer ausgeprägteren Gestik als sonst, ob sie kurz auch auf ihre Kinder ein Auge haben kann. Sie redet Arabisch und die Jüdin versteht nicht jedes Wort, aber sicher die Bitte. Sie antwortet auf Hebräisch, ebenfalls mit übertriebener Gestik: »Natürlich.«

Zwei jüdische Familien haben ihre Hunde mitgebracht. Araber haben viel seltener Hunde. Die zwei Hunde haben einander entdeckt und fangen an zu bellen. In dem Moment rennen viele arabische Kinder hysterisch in alle Himmelsrichtungen. Sofort kommt der abgedroschene Hundebesitzersatz: »Er tut nichts, ist ein ganz lieber.«

»Die armen Kinder«, meint ein etwa dreißigjähriger Jude, der neben mir sitzt, zu seinem gleichaltrigen Freund.

»Sie kriegen einen Schock«, stimmt der andere zu.

»Kommt ihr öfter her?«, frage ich die beiden.

»Zum ersten Mal. Wir haben neulich von dem Platz gehört.«

Ich stelle mich vor. »Ori«, antwortet der eine, »Yuval«, ergänzt der andere.

»Wo kommt ihr her?«

»Herzlia.«

»Oh, nicht aus der Gegend. Wie lange seid ihr gefahren, anderthalb Stunden?«

»Ja, so in etwa.«

»Über Jerusalem?«

»Nein, das Navi hat uns über Ariel und dann über eine traumhaft schöne Straße über dem Jordantal geführt«, erzählt Yuval. Offensichtlich waren sie vorher noch nie im samarischen Bergland über Jericho.

»Und, hat sich die Fahrt gelohnt?«

»Auf jeden Fall.«

Sie fragen mich, ob ich ein Restaurant in der Nähe empfehlen kann.

»In Jericho gibt es ein paar ganz gute, aber da fahrt ihr sicher nicht rein, oder?«

»Darf man das?«

»Wenn man Jude ist, nicht«, antworte ich.

»Gibt es sonst etwas?«

»Wenn ihr zu Israelis wollt, gibt es den Jordantal-Treff, eine Viertelstunde nach Norden, mit einer Pizzeria, Eis und einem Café. Wenn ihr zu Arabern wollt, dann gleich hier im Dorf U'dscha. Da gibt es zwei. Einer heißt Abu Hussein, glaube ich. Steht auch auf Hebräisch angeschrieben.«

»Mit Hummus und Fleisch und so?«, will Ori wissen.

»Ja, typisch arabisch.«

»Dann gibt es nichts zu überlegen«, sagt Ori entschieden.

»Das heißt?«

»Natürlich zum Araber«, erklärt Yuval.

»Habt ihr gar keine Angst hier, mit so vielen Palästinensern?«, möchte ich wissen. Die beiden sind keine Siedler und kennen den unmittelbaren Kontakt vielleicht weniger.

»Hier? Nein. Es sind Familien. Sie wollen nur baden«, antwortet Ori.

»Und grillen«, fügt Yuval hinzu.

»Außerdem gibt es hier doch auch viele Juden.«

»Habt ihr schon mit jemandem hier gesprochen?«

»Ja, eben mit diesen zwei«, antworten sie und zeigen auf zwei palästinensische junge Männer, die gerade aufgehört haben, zu rutschen.

»In welcher Sprache?«

»Sie konnten ein bisschen Hebräisch, aber wir haben mehr Englisch benutzt.«

»Und wo kommen sie her?«

»Irgendein Dorf bei Ramallah.«

Die zwei Palästinenser bemerken, dass wir über sie sprechen. Ori macht ihnen ein Zeichen mit der Hand und sie kommen zu uns. Mukhsen und Adib heißen sie. Ich frage, aus welchem Dorf sie genau kommen, und kenne es auch nicht.

»Stört es euch nicht, dass hier viele Juden hinkommen?«, frage ich sie. Wir sind immerhin im 67er-Gebiet.

»Uns? Gar nicht. Wir leben sowieso überall zusammen«, antwortet Adib.

»Es vergeht kein Tag, ohne dass wir Juden und Araber sehen, egal wo, nicht wahr?«, ergänzt Mukhsen. Dann spricht Adib weiter: »Alle kommen her, um zu baden, wollen Spaß haben und keine Probleme, ob Araber oder Juden, egal.«

Alle sind sich einig. Nach einer kleinen Pause fragt Ori: »Hasst ihr Juden nicht?«

»Nein«, antworten beide gleichzeitig. »Ich hasse nur den, der mir Böses antut oder mir Böses antun will«, erklärt Mukhsen. »Ich bin froh, dass sie herkommen. Sie haben hier alles aufgeräumt und den Müll gesammelt. Unseren Müll. So was muss man ehren.«

Ich nutze den günstigen Moment und stelle eine große Frage in die Runde: »Meint ihr, wir könnten in einem Staat leben?«

»Wir könnten es schon, es hängt nicht von uns ab, sondern von den großen Politikern«, antwortet Mukhsen als Erster.

»Wenn man will, findet man einen Weg dazu«, meint Ori.

»Vom Krieg und Kampf haben alle genug«, sagt Adib. Alle schauen auf Yuval, der als Einziger noch nicht geantwortet hat.

»Irgendwo tun wir es jetzt schon«, meint er.

Ich will die gute Stimmung nicht versauen, muss aber den kritischen Punkt aufzeigen: »Fast. Adib und Mukhsen leben mit weniger Rechten als wir. Sie können nicht einfach so nach Herzlia fahren. Wenn sie nicht gerade in Israel oder bei Israelis arbeiten, verdienen sie viel weniger als wir. Und der Staat, der unter dem Strich entscheidet, was hier passiert, fragt nicht nach ihrer Meinung. Sie wählen nicht für die Knesset und können sich auch nicht zur Wahl stellen.«

Ich weiß nicht, inwiefern Yuval und Ori politisch interessiert und informiert sind. Bei Adib und Mukhsen ist sichtbar, dass sie überrascht und erfreut sind, dass ich für sie Partei ergreife.

Mukhsen meint: »Das hat noch nie ein Jude über mich gesagt.«

Schnell antwortet Ori: »Schaut, wenn ihr keinem etwas antun wollt, haben wir sicher nichts dagegen, wenn ihr überall hinkommt. Aber wie ihr wisst, es gab und gibt zu viele, die Anschläge machen. Schon ein Messer oder ein Schraubenzieher reicht ihnen. Viele haben Angst.«

»Das wissen wir«, sagt Adib. »Das soll nicht so sein. Nur wenige wollen diese Sachen machen. Viele, die ein Attentat verüben, rächen sich. Vielleicht hat das Militär ihren Bruder oder Vater erschossen. Es gibt viel Leid bei uns. Aber die meisten wollen den Frieden.«

Ich möchte unser Gespräch zur Frage der Bürgerrechte zurückholen: »Wärt ihr damit einverstanden, wenn Leute wie diese zwei für die Knesset wählen könnten?«

Ori, der die ganze Zeit gesprächsfreudiger war, meldet sich wieder schnell: »Das ist eine größere Frage als wir. Auf den hohen Etagen könnte man bestimmt einen Weg finden, mit dem alle leben können.«

»Bis dahin können wir hier weiter rutschen«, fasse ich zusammen.

Ich bin in dieses Tal bei Jericho gekommen, um die Saubermachaktion zu beurteilen und die Christusdorn-Savanne zu bewundern. Was ich vor Ort gesehen habe, bewundere ich noch viel mehr. Ich habe im umstrittenen Gebiet keinen Konflikt gefunden, sondern gelebten, einfachen Frieden, ohne Wirtschaft im Bild, ohne Sicherheitskräfte oder Regelungen. Vor fünfzehn Jahren wäre so etwas fast undenkbar gewesen. Ich glaube, hier die Anfänge eines Veränderungsprozesses gefunden zu haben. Den Beginn einer inneren Versöhnung.

Eine Reise
HIN ZUM
FRIEDEN

WORUM GEHT ES EIGENTLICH?

In den Kreisen, in denen ich groß geworden bin, sprach man über die Besatzung von 1967, die Problematik der Siedlungen, die Unterdrückung der Palästinenser, die Notwendigkeit der Teilung Jerusalems und die Grüne Linie als die wahre Definition von Israel und Palästina. Wir lebten im Gedanken, dass das Ende der Besatzung und die Landesteilung die Probleme lösen und den ersehnten Frieden bringen würden. Wir haben die Schuld in uns gesucht und im Sechstagekrieg gefunden. Ehud Barak wuchs in dem meiner Kibbuzschule benachbarten Kibbuz auf. Sein Slogan »Wir hier, sie dort« war der Slogan von uns allen.

Erst im vierten Jahrzehnt meines Lebens habe ich allmählich verstanden, dass wir in einer Illusion gelebt haben. Für jeden Palästinenser ist das Kernproblem 1948. 1967 war nur der vorletzte Nagel im Sarg. Israels Entstehung und die Nakba ist ihre wahre Katastrophe, viel mehr als die Resteroberung von 1967.

Ich habe gelernt, dass wir für Palästinenser letzten Endes alle Siedler sind. Dass Tel Aviv nicht weniger »Siedlung« ist als Maale Adumim. Dass ein Kibbuz aus den 30er-Jahren am See Genezareth nicht mehr Existenzberechtigung hat als ein Kibbuz aus den 70er-Jahren im Jordantal. Der Sekretär der Arabischen Liga hat es in der Begründung der Ablehnung des UN-Teilungsplans auf den Punkt gebracht: »Die Araber verachten die Anwesenheit von Juden in Palästina selbst. Nach Auffassung der Araber sind die Juden ein fremder Organismus, der ohne ihre Zustimmung hierhergekommen ist.«

Sogar über das Problem uneinig

Manche behaupten, im Streit gehe es um Land. Das wäre richtig, wenn wir uns um ein bestimmtes Gebiet gestritten hätten. Aber wir streiten uns um das ganze Land.

Und wenn wir uns um das ganze Land streiten, geht es nicht um das eine oder andere Gebiet, sondern um das Lebensrecht in diesem Land. Nicht als Einzelne, sondern als Nation.

Je mehr ich zugehört habe, umso mehr habe ich verstanden, dass wir uns nicht einmal darüber einig sind, was unser Kernproblem ist. Noch mehr: Uns ist gar nicht bewusst, dass wir, Juden und Araber, so unterschiedlich auf den Konflikt schauen. Während Juden oft an abstrakte Begriffe denken (Selbstbestimmung, Souveränität, Nationalstaat, Grenzen, Territorien), sprechen Araber am häufigsten über ihr ehemaliges Dorf, über Großvater und Großmutter und über das verlorene Haus. Juden möchten den Judenstaat sichern, am liebsten im gesamten Land. Araber sprechen über Gerechtigkeit und sehnen sich nach der Korrektur des Unrechtes.

Und dann kehren wir zur Frage zurück: Wann war die »Stunde null«? Ist das Unrecht das von heute? Ist es das von 1967? 1948? Oder 1917, wie es der palästinensische Nationalrat festlegt?

Ursachen und Symptome

Als dieser Konflikt begann, hatten die Juden keinen Staat und kein Militär, sie waren nicht in der Übermacht und besetzten kein Land. Es gab keine Flüchtlinge, keine Mauern und Grenzen, keine Siedlungen und keine Autonomiebehörde. All das sind Symptome des Konfliktes und nicht seine Ursachen. Lassen wir uns von Symptomen nicht ablenken. Wir müssen die Ursachen erkennen, um Wege zur Genesung zu suchen. Und die Ursachen waren am Anfang.

Das Erwachen des jüdischen Volkes hat ein anderes Volk geweckt. Noch mehr, es zu dessen Geburt geführt. Ob sich ohne den Zionismus ein Araber im Land je als Palästinenser gefühlt hätte, ist fraglich. In vielerlei Hinsicht ist die palästinensische Nationalbewegung eine Reaktion auf die jüdische, auf den Zionismus.

Im Laufe seiner hundertjährigen Geschichte bekam der Konflikt eine religiöse Dimension. Seine Anstifter wie der Mufti oder Arafat wussten es, religiöse Gefühle für den Kampf zu politisieren. Sie fanden sie in heiligen Stätten oder im Paradies, aber ihr Kampf war ein politischer. Bei der Hamas sind die Abgrenzungen zwischen dem nationalen Kampf und der islamistischen Vision verwischt, aber ihre Popularität hat sie weniger wegen der Ideologie und mehr als Alternative zur Fatah an der Spitze der enttäuschenden korrupten PA gewonnen. Auch die Fähigkeit der Hamas, Israel wehzutun, machte sie beliebt. Aber der palästinensische Kampf blieb in seiner Basis politisch. Religiöse Extremisten gießen manchmal Öl ins Feuer. Sie machen die Flammen höher und blockieren friedliche Auswege, besonders wenn sie mit islamischen Begründungen den Krieg für ewig erklären, aber gezündet haben sie das Feuer nicht. Bei religiösen Zionisten verschmelzen die Grenzen zwischen dem nationalen Aufbau und religiösem Enthusiasmus. Sie kämpfen dafür nicht direkt mit Waffen, sind aber besonders hartnäckig, ideologisch mit dem Land verbunden und eher kompromisslos.

Ab der Staatsgründung erschien der Konflikt im arabischen Staatsgewand. Eine Zeit lang zog er Kriege zwischen Staaten nach sich. Aber wir sollten uns nicht vertun: Es ist kein Konflikt zwischen Staaten. Nach und nach setzte der Konflikt dieses Gewand ab und kehrte zu dem zurück, was er am Anfang war: ein Kampf zwischen zwei Nationalbewegungen zweier Großkommunen, die ineinander verzahnt sind und dieselbe Heimat beanspruchen.

Ein schlechtes Gewissen

Die furchtbare Gewaltwelle im Mai 2021 wuchs aus einer tiefen Wut heraus und war in ihrem Kern ein arabischer Aufstand. Für viele israelische Juden kam dieser aus dem Nichts. Für sie waren die Araber wieder einmal die Gewalttätigeren und

Gefährlicheren. Die brutalen Taten waren der Beweis dafür. Dabei übersehen wir oft die weniger sichtbare Gewalt, die wir Juden permanent ausüben. Sie kommt in Form von Gesetzen, Behörden, Gerichten und Polizei und sichert unsere Vorherrschaft im gesamten Land. Aus der arabischen Perspektive ist die Gewalt eine berechtigte Gegengewalt, eine Kurzschlussreaktion einer Gesellschaft, die sich zertreten fühlt. Wie ein Ehrenmord auf nationaler Ebene, bei dem durch das Blutvergießen die Ehre des erniedrigten Volkes wiederhergestellt werden soll.

Eine bestimmte Szene aus Lod hilft, einiges zu verstehen. In jener Nacht tauschten Jugendliche eine israelische Fahne gegen eine palästinensische, während die Masse ihnen zujubelte. Auch wenn die israelischen Araber Staatsbürger sind und materiell wie rechtlich wesentlich besser leben als die Palästinenser in den Autonomiegebieten, können sie nicht leugnen, dass sie doch ein Volk sind. Das Leid ihres Volkes tut ihnen weh und eint sie. Der Schmerz ihrer Volksgenossen im Jerusalemer Stadtteil Scheich Dscharah oder in Gaza ist für sie eine offene Wunde, deren Heilung nicht durch Wohlstand erkauft werden kann. Es ist ein Aufstand einer Bevölkerung, die ständig in einer Identitätskrise steckt.

Ein arabischer Rapper aus Lod erklärte vor Kameras: »Die Nakba geht immer weiter … Glaube bitte nicht, dass ich dieses Baby schön finde« – er meinte die Gewalt, in die die Koexistenz mündete – »Aber es ist ein Baby, das aus einer Vergewaltigung zur Welt kam.« Seine Worte tun mir weh, aber ich muss ihm recht geben. Wir Juden sind ins Land gekommen und konnten unseren Traum gegen den Willen der Araber umsetzen. Wir erwarten eine friedliche Co-Existenz, während wir fast über alles im gesamten Land alleine bestimmen. Wieso können Juden Anspruch auf 1948 verlorenes Eigentum geltend machen, Araber aber nie? Für uns ist es unser Land, weil unsere Vorfahren es vor 2000 Jahren verloren. Für sie ist es ihr Land, weil ihre Vorfahren es vor 70 Jahren verloren. Die Gewalt unter den israelischen Arabern führt zu den Wurzeln des Konfliktes. Sie radiert die Grüne Linie noch mehr aus. »Hört mit dieser Unterscheidung auf«, plädierte der Rapper aus Lod. »Ihr habt sie erfunden.«

Für viele Israelis verläuft die Grenze der Gerechtigkeit entlang der 67er-Linien. Der linksbekennende israelische Journalist Amnon Abramovich brachte es auf den Punkt: »Die Geschichte beginnt 1967 … Für 1948 habe ich kein schlechtes Gewissen.« Ich hingegen schon. Manchmal weckt mich ein bedrückendes Gefühl des schlechten Gewissens in der Nacht. Je mehr Schicksale ich kenne, desto mehr. Nicht wegen 1967, sondern wegen 1948. 1967 wurden kaum Orte zerstört. 1948 verloren so viele ihre Heimat und ihre Existenz. Ich weiß, dass es im ungewollten Krieg kam. Mir ist auch klar, dass auch wir irgendwo leben dürfen müssen. Und weder möchte noch kann ich das Existenzrecht beider Völker absprechen. Dann denke ich wieder an den Vergleich der Koexistenz mit einem Baby aus einer Vergewaltigung und verstehe, dass die Eltern vor zwei Möglichkeiten stehen. Sie können das Baby hassen und manchmal sogar umbringen wollen. Sie können aber auch ihr Bestes geben und versuchen, es zu lieben, sodass es das bestmögliche Leben haben wird.

WIESO IST ALLES GESCHEITERT?

Teilen

»Wenn Frieden zwischen Israel und arabischen Ländern möglich ist, wird es auch mit den Palästinensern möglich sein«, hört man gelegentlich. Wer diesen Vergleich zieht, hat den Konflikt nicht verstanden. Sobald ein arabischer Staat Israels Existenzrecht akzeptiert hat, wurde aus der Konfrontation ein Grenzstreit. Grenzstreite können Staaten lösen. Unseren Konflikt werden Grenzen nicht lösen können, weil es nicht um Grenzen geht.

Oft brüsten wir Juden uns mit der früheren Bereitschaft, das Land zu teilen, und erklären die Araber wegen ihrer Ablehnung für schuldig. Dabei übersehen wir die Veränderung im Machtverhältnis. Als Juden eine kleine Minderheit im Land waren, war ihre Teilungsbereitschaft nicht verwunderlich. Fast jedes Stückchen Land für einen eigenen Staat in der historischen Heimat wäre die Erfüllung ihres nationalen Traums gewesen. Sie mussten sich zwischen dem ganzen Land und einem Staat entscheiden. Die Judenverfolgung in Europa sorgte für Dringlichkeit. Ihr Pragmatismus war der Schlüssel für ihren politischen Erfolg. Heute, als Siegerseite, ist die jüdische Bereitschaft, das Land zu teilen, nicht mehr im Konsens.

Ganz ehrlich: Wieso hätten die Araber einem Teilungsvorschlag zustimmen sollen, solange sie eine große Mehrheit waren? Wer hätte gedacht, dass die Juden so stark werden würden?

Als ich meinen Freund Atrash fragte, warum die Araber alle Teilungsvorschläge total abgelehnt haben, schaute er mich überrascht an und fragte: »Wenn jemand ein Zimmer bei dir gemietet hätte und sich dann in deinem Wohnzimmer auf dem Sofa einnistet und mit dem Vorschlag kommt: ›Lass uns das Haus teilen‹, würdest du annehmen?«

Für uns sind wir im Land zu Hause. Für sie sind wir erst seit vorgestern da.

Binational

Es ist eher in Vergessenheit geraten, aber im Laufe der Geschichte gab es mehrere Male den Vorschlag, den Konflikt durch einen binationalen Staat zu lösen. Schon 1925 warben jüdische Intellektuelle dafür. Für die meisten Zionisten war ein binationaler Staat kein Judenstaat und die Bewegung ging auseinander. Auf der arabischen Seite gab es kaum Resonanz. Viele wissen nicht, dass die UN 1947 einen binationalen Staat als Alternative zum Teilungsplan abwägte. Heute wäre es vermutlich die ideale Lösung für die meisten Araber, aber da ein binationaler Staat in den Augen der meisten Juden die Abschaffung des Judenstaates bedeutet, ist die Idee vom Tisch.

Der palästinensische Traum

Denken wir an einen Menschen, der sich in einem eskalierten Streit lebensgefährlich verletzt (Palästinenser 1948). Seine Verwandten (arabischen Staaten) kommen ihm zu Hilfe, schaffen es aber nicht, den Gegner (Israel) zu schlagen. Der Mensch überlebt, sitzt aber querschnittgelähmt im Rollstuhl. Beim nächsten Versuch, den Gegner zu schlagen, schlägt dieser alle noch härter (1967). Der Querschnittgelähmte liegt nun ganz am Boden und kann kaum noch atmen. Nach und nach verständigen sich die Verwandten mit dem Gegner.

Ein Palästinenserstaat in den 67er-Gebieten wäre, wie wenn sich der Querschnittgelähmte wieder in den Rollstuhl setzen dürfte. Er träumt aber noch von den Tagen, als er ganz normal laufen konnte.

Während der Zionismus immer recht genau wusste, was er wollte, wusste die palästinensische Nationalbewegung eigentlich nur, was sie nicht wollte: den Zionismus. Das hat etwas Tragisches, weil so den Palästinensern von Anfang an konstruktive Ziele gefehlt haben. Im Gegensatz zum Zionismus hat die palästinensische Nationalbewegung keine ideale Zukunft, für die sich ein Verzicht lohnt.

Faisal Husseini, eine Art PA-Außenminister, galt als Gemäßigter und sprach für Koexistenz. Gleichzeitig sagte er, die palästinensische Führung würde niemals die Vision eines Palästinenserstaates im gesamten Land aufgeben. Er hat die Wahrheit gesagt. Die in Israel konsensuale Aussage, die Palästinenser hätten nie eine Gelegenheit verpasst, eine Gelegenheit zu verpassen, übersieht die palästinensische Wahrheit. Aus ihrer Perspektive haben sie nie etwas verpasst, sondern sind schlicht ihrem Traum treu geblieben.

Oslo

Wer das verstanden hatte, hätte wissen müssen, dass Oslo zum Scheitern verurteilt war. Für palästinensische Nationalisten und Islamisten war Oslo von Anfang an eine Schande. Aber auch wer damals für Oslo war, ist heute enttäuscht. Viele Palästinenser sehen Oslo im Nachhinein als eine Falle, die Israel viel Land gegeben hat (dass jeder Endvertragsvorschlag fast die gesamte C-Zone dem Palästinenserstaat übergeben hätte, wird übersehen). Die Enttäuschung der Palästinenser ist eine doppelte: Nicht nur, dass ihr Staat nie entstanden ist, die PA hat sich zum korrupten totalitären Regime entwickelt, ganz zu schweigen vom Leben unter der Kontrolle der Hamas im Gazastreifen.

Der palästinensische Spitzenpolitiker Erekat urteilte: »In Camp David haben wir 90 Prozent erhalten, in Olmerts Angebot 100 Prozent, wieso sollten wir uns also beeilen?«[52] Was wollten sie mit Oslo erreichen, wenn ihnen 100 Prozent der 67er-Gebiete nicht reichen? 1980 sprach Arafat sein Endziel aus: »Wenn wir über die Rückkehr der Palästinenser sprechen, meinen wir Akko vor Gaza, Beerscheba vor Hebron. Wir bestehen auf einer Sache, und diese ist, dass die Palästinafahne über Jaffa gehisst wird.«[53] Aber das wollten Oslos Architekten nicht sehen.

Zwei Staaten

Sogar die Zwei-Staaten-Idee verstehen wir unterschiedlich. In Israel heißt der Slogan »Zwei Staaten für zwei Völker«, bei den Palästinensern »Zweistaatenlösung«. Während die Israelis in »Zwei Staaten für zwei Völker« eine Formel zur Beendigung des Konfliktes sehen, sehen die Palästinenser in der »Zweistaatenlösung« (ein Palästinenserstaat und ein jüdisch-arabischer Staat) eine Formel zur Beendigung der Existenz des jüdischen Staates als solcher, was aus ihrer Sicht zur Beendigung des Konfliktes nötig ist. Daher deklarierte Abbas, dass er einen jüdischen Staat nie anerkennen würde.

Nicht zufällig sind alle Endvertragsverhandlungen am Rückkehrrecht gescheitert. Für Israelis müsste das Flüchtlingsproblem außerhalb Israels gelöst werden. Für Palästinenser wäre damit aber das Unrecht verewigt. Kein palästinensischer Führer kann auf das Rückkehrrecht jemals verzichten. Dafür sollte man sie nicht beschuldigen, es sind die Umstände der Geschichte, die sie dazu verpflichten.

Wer das palästinensische Selbstverständnis nicht versteht, irrt sich leicht. Auf der einen Seite ist der palästinensische Staat nicht entstanden und auf der anderen besetzt Israel die 67er-Gebiete, also sei diese Besatzung daran schuld, dass es nicht zur Zweistaatenlösung kam, leitet man ab. Dabei waren die Palästinenser diejenigen, die die Landesteilung konsequent ablehnten. Ob Israel bereit war, 94, 97 oder 100 Prozent der 67er-Gebiete abzugeben, ist unwichtig. Es wären immer noch höchstens 22 Prozent des Landes. Jede Zusage ohne das Rückkehrrecht nach Israel wäre ein Verzicht auf 78 Prozent. Dabei haben Juden im palästinensischen Verständnis schlicht kein historisches Recht auf Souveränität im Land, egal in welchem Teil.

Das falsche Medikament

Die Trennung von Juden und Arabern im Land ist von Anfang an nie wirklich möglich gewesen. Die Wirtschaft und der kleine Raum schweißen uns bald 150 Jahre täglich zusammen. Bisherige Trennungsversuche haben eine Verschlechterung des Lebens bis hin zur Qual für beide Völker gebracht. Wir sind wie eine Symbiose geworden, fast wie siamesische Zwillinge, deren Trennungsoperationen alle gescheitert sind.

Wenn es einen Palästinenserstaat gäbe und er symmetrisch zu Israel eine Luftwaffe, Panzer und Kriegsschiffe, vielleicht auch Atombomben hätte, wäre das Zerstörungspotenzial unendlich größer. Zwei gleich starke Staaten sind ein sicheres Rezept für einen nie endenden Krieg. Jeder entmilitarisierte Palästinenser-Zwergstaat wäre wiederum ein ewiger Ausdruck des israelisch-westlichen Diktats und der Übermacht Israels.

Im guten Fall wären zwei Staaten ein Medikament für eine andere Krankheit. Im schlechten Fall ein falsches Medikament, das die Krankheitssymptome tödlich verschlimmert.

WIE DENN SONST?

Falls ich jemanden mit dieser Diagnose verärgert habe, möchte ich die Alternative darstellen: Wir können im heutigen Zustand bleiben. Die militärische Kontrolle würde bleiben, die PA mit mehr oder weniger Macht weiterhin existieren und das Besiedlungswettrennen weiterlaufen. Von Mal zu Mal würde die palästinensische Gewalt mit noch stärkerer israelischer Militärgewalt unterdrückt werden und dann bliebe die Höhe der Flammen eine Frage des Ermüdungsgrades. Das sind weder schöne Nachrichten noch Neuigkeiten. Aber zum Glück: Diese Zukunft will keiner.

Nach allem, was ich sehe und höre, kann ich jedoch mit größerer Sicherheit prophezeien: Zwei Staaten wird es in diesem Land nicht geben. Mit Ach und Krach wäre es bis zu den 1980er-Jahren technisch vielleicht noch möglich gewesen, aber die Probleme der Palästinenser hätte es nicht gelöst.

Und wenn wir den Ist-Zustand nicht wollen und zwei Staaten nicht haben können, was bleibt uns dann übrig?

Eiserne Mauer

1923 veröffentlichte der Begründer des revisionistischen Zionismus, Zeev Jabotinsky, den berühmten Zeitungsartikel »Die eiserne Mauer«. Schon damals sah er keine Chance für eine arabische Akzeptanz der Verwandlung des Landes in einen jüdischen Staat. Nie habe es in der Menschheitsgeschichte eine Gruppe von Menschen gegeben, die eine neue große Gruppe freiwillig im eigenen Lebensraum akzeptiert hatte, begründete er. Den anderen Zionisten warf er Arroganz vor, weil sie darauf bauten, dass die Araber des Landes durch geschickte Formulierungen und wirtschaftliche Vorteile zu gewinnen wären. Jabotinsky zitierte aus einer arabischen Zeitung: Die Araber haben keine Angst vor künftiger Unterdrückung, sie wollen schlicht keine Minderheit werden. Der Konflikt war für Jabotinsky vorprogrammiert. Die einzige Möglichkeit, die jüdischen Bestrebungen zu erlangen, sei eine »eiserne Mauer«, also eine schutzfähige militärische Macht aufzubauen. Gleichzeitig sah Jabotinsky die volle Gleichberechtigung der Araber im Judenstaat vor und sein Ziel war der Frieden. Nur könne dieser in dem Fall nicht auf friedlichen Wegen erreicht werden. Erst wenn die Araber erkennen, dass der Kampf sinnlos ist, würde ein innerer Prozess der Versöhnung bei ihnen beginnen, der schlussendlich ein gemeinsames, beteiligendes Leben ermöglichen würde.

Nach der Bekanntmachung des Normalisierungsvertrages der Vereinigten Arabischen Emirate mit Israel twitterte ihr Herrscher: »Die Technologie erfordert Zusammenarbeit.« Damit sagte er, Israel sei stark genug, um es lieber als Freund statt als Feind zu haben. Ich musste an Jabotinsky denken. Die militärische Stärke haben die Juden in kurzer Zeit aufgebaut. Ohne sie hätte es Israel nicht gegeben. Und ohne sie hätte sich kein arabisches Nachbarland für die Alternative des Friedens entschieden. Im Großen und Ganzen findet derselbe Prozess unter Palästinensern statt. Wie oft kann man den Kopf gegen eine eiserne Wand donnern?

Erwartungen runter

Ein erster Schritt wäre im Kopf. Wir müssen lernen, zu akzeptieren, dass nicht alle Probleme lösbar sind. Die Einblicke in die Köpfe und Herzen haben mich mehr als die politische Sackgasse überzeugt: Für unseren Konflikt gibt es keine Lösung. Keine Posaune wird je das Ende des Konfliktes verkünden. Und wenn eine friedlichere Realität erreicht werden würde, wäre sie imperfekt.

Aber das ist kein Grund zur Verzweiflung. Wer geringere Erwartungen hat, wird mit weniger zufrieden sein. »Frieden« ist ein großer Begriff. Die Erwartung an den Ausbruch des Friedens ist verführerisch und Enttäuschungen sind vorprogrammiert. Die Suche nach einem Prozess würde uns weiterbringen als die Suche nach einer Lösung. Anstatt auf den Frieden zu warten, müssen wir uns um Versöhnung bemühen. Kein Vertrag wird unsere Probleme lösen können. Lieber sollten wir einen innerlichen Friedensvertrag mit der Realität schließen und die Normalisierung anstreben, als den Friedenszauber zu erhoffen. Dann könnten wir uns viel leichter auf die Verbesserung der Realität konzentrieren.

Die Zukunft ist entschieden

In gewisser Weise ist die Annexionsdiskussion künstlich. Als ob die Mitteilung an die Welt, dass das Stück Land jetzt einem von beiden aufgrund der eigenen Entscheidung ganz offiziell gehört, etwas ändern würde. In der Realität ist die Annexion von ganz Judäa und Samarien längst vollzogen. Wir sitzen im fahrenden Zug, der Zielbahnhof steht angeschrieben.

Wenn wir unsere Heimat mit einem Haus vergleichen, sind wir zwei Völker nicht Nachbarn, sondern leben im selben Haus. Nur dass das Haus eher eine kleine Wohnung ist, die man nicht wirklich in zwei Wohnungen teilen kann. Es gibt nur eine Küche und nur zwei kleine Zimmer. Ständig muss man durch gemeinsame Flure und jeder hat noch ziemlich viele Sachen im Zimmer des anderen. Nach einhundert Jahren haben wir verstanden, dass wir den anderen Mitbewohner weder umbringen noch vertreiben können. Ausziehen will keiner. Den Durchbruch der Außenwand und den Anschluss des einen Zimmers an die Nachbarwohnung will der Nachbar nicht mehr. In dieser Situation gibt es nur eine Option, die das Wohnen ermöglicht: eine WG.

Für eine friedliche WG werden viel mehr als Regeln gute Absichten gebraucht. Aus guten Absichten ergeben sich Regeln, Rücksicht, Entgegenkommen, Unterstützung und, wer weiß, vielleicht auch eines Tages eine Art Freundschaft. Bis zur Freundschaft ist der Weg weit, aber der erste Schritt ist, aufzuhören, an Illusionen zu glauben. Die Illusion der Landesteilung muss durch unsere Bereitschaft, einander zu beteiligen, ersetzt werden. Diese Zukunft ist die einzige Alternative zum ewigen Blutvergießen. Die Frage ist, wie lange wir für diesen Prozess brauchen. Es wird hilfreich sein, wenn das Ausland aufhört, auf das Zwei-Staaten-Diktat zu pochen.

Annähern

Der Weg zur Versöhnung führt über Annäherung, und die Annäherung gibt es auf zwei Ebenen, der kollektiven und der persönlichen.

Kollektiv müssen wir das Selbstverständnis des anderen verstehen, besonders seine Schmerzen und Ängste. Die Palästinenser müssen unser Trauma, den Holocaust und den europäischen Antisemitismus vor Augen haben, um unser heutiges Posttrauma zu begreifen. Sie müssen unsere biblisch-historische Bindung zum Land und insbesondere zu Judäa und Samarien kennen, um zu sehen, dass uns nicht der Landraub bewegt. Wir dagegen müssen die Nakba nicht nur in ihrer persönlichen und nationalen Bedeutung viel besser kennenlernen, sondern auch unsere Verantwortung an ihr anerkennen. Noch sind wir nicht reif dafür, aber der Besuch palästinensischer Schüler im Holocaustmuseum in Yad Vashem und der Besuch jüdischer Schüler in einem Nakba-Museum (vielleicht in Deir Jassin?) sind vermutlich Meilensteine, die wir noch erreichen werden. Gedenktafeln an zerstörten arabischen Dörfern werden uns das Trauma der Palästinenser vergegenwärtigen und zur Wiederherstellung ihrer nationalen Würde verhelfen, ohne dass wir Angst davor haben.

Auf der persönlichen Ebene ist vieles möglich. Wenn die Palästinenser so weit sind, werden wir Städtepartnerschaften haben, Austauschprogramme, gemeinsame Schul- und Dorfverschönerungstage, Ausflüge und Fußballspiele. Dann werden viel mehr Menschen die Sprachbarriere überwinden wollen. Die jüdischen Schulen haben in diesen Jahren schon den Arabischunterricht intensiviert. Wenn der palästinensische Wind in Richtung Annäherung weht, werden auch ihre Schulen den Hebräischunterricht wiedereinführen (und nicht anders als die arabischen Schulen in Israel sein). Arabisch-Onlinekurse sind in Israel schon heute populär. Wenn eine gute Initiative kommt, wird es auch umgekehrt viel Zulauf geben. Eines Tages werden israelische Juden Sozialdienst in palästinensischen Flüchtlingslagern leisten und Palästinenser in jüdischen Altersheimen und Kindergärten. Sie werden lebende Brücken werden.

Ebene

Der Ort, in dem unser Haus in Israel steht, gehört zu einem kommunalen Regionalverband. Zum selben Regionalverband gehören auch drei arabische Dörfer. Im Regionalverbandsrat sitzen jüdische und arabische Vertreter ihrer Wohnorte. Dieselbe Verwaltung kümmert sich in jüdischen und arabischen Orten um die Müllabfuhr und die Straßenreinigung, um Schulen, Spielplätze, Straßenbeleuchtung und das Kulturprogramm. Wir zahlen unsere Kommunalsteuer mit der gleichen App an die gleiche Kasse. Das ist keine Koexistenz mehr, sondern eine gemeinsame Existenz.

Wenn wir auf den Anspruch verzichten, die politischen Probleme auf der nationalen Ebene zu lösen, kommen wir mit den wahren Problemen des reellen Lebens viel weiter.

Im 48er-Gebiet haben die Araber den Staat Israel als Fakt angenommen. Zusammen beschäftigte man sich mit dem Anschluss der Dörfer an Wasser, Kanalisation, Strom und Telefon, mit Straßen-, Schul- und Sportplatzbau. Ja, der Frieden ist auch dort imperfekt, aber er ist da. Wieso sollte das, was in Nazareth gelungen ist, nicht in Ramallah funktionieren?

Nicht alles ist möglich

Auch die größten Träume und Wünsche haben ihre Grenzen. Wenn wir im Praktikablen bleiben wollen, müssen wir die Grenzen kennen. Dazu gehört die demografische Frage.

Abgesehen von der Hamasherrschaft in Gaza, braucht Gaza sowieso eine Sonderregelung. Mit den Palästinensern im Westjordanland zusammen sind die Juden immer noch rund zwei Drittel der Bevölkerung. Wenn die demografischen Tendenzen weiterhin so blieben wie heute, würde der jüdische Anteil nach meiner Rechnung innerhalb von zwanzig bis fünfundzwanzig Jahren wieder zwischen 70 und 80 Prozent liegen, ähnlich wie im 48er-Gebiet heute. Damit könnten praktisch alle leben. Gaza macht einen Strich durch die Rechnung. Auch wenn es eine offene Wunde für die Palästinenser sein dürfte, ist eine Sonderregelung für Gaza vermutlich das kleinere Übel. Auch hier ließe sich vieles machen, sobald Gaza nicht mehr von Radikalen regiert wird. Es könnte zum Beispiel einen Assoziationsvertrag zwischen Gaza und Israel geben, der Gazas Einwohnern die Arbeit in Israel und die Einreise erlaubt, und sie vielleicht direkt oder indirekt an das israelische Gesundheitssystem anschließt.

Auch das Rückkehrrecht dürfte eine offene Wunde bleiben, aber es wird nie uneingeschränkt möglich sein. Einige zerstörte palästinensische Orte könnten wiederaufgebaut werden, aber in den meisten Fällen wäre es schlicht nicht machbar.

Eine Frage der Formel

Die jüdische Mehrheit in der Knesset ist für Juden fast noch wichtiger als die Mehrheit in der Bevölkerung. Sobald sie in der Knesset nicht mehr bedroht ist, machen uns Gedanken über die demografische Zukunft viel weniger Angst.

Im heutigen Wahlsystem (alle Stimmen im Verhältnis 1:1) würde der Wettbewerb der Gebärmütter nie aufhören. Aber es gibt auch andere Wahlsysteme. Wahlbezirke wie in den USA könnten die Sitzverteilung dauerhaft stabil festlegen. Doch vielleicht gibt es weitere Optionen, die dafür sorgen, dass die Demografie nicht bedrohlich ist, zum Beispiel Föderalismus. Letzten Endes ist es eine Frage der Formel. Wenn wir klug genug werden, könnten wir von erfolgreichen Föderalstaaten lernen, wie zum Beispiel der Schweiz. Es könnte israelische und palästinensische Kantone geben, aber es könnte auch ein einfacherer Föderalstaat mit einem Zwei-Kammern-Parlament sein. Jeder könnte unabhängig vom Wohnort entweder für die israelische oder für die palästinensische Kammer wählen, Räumungen gäbe es keine. So bekämen alle Einwohner ihre Bürgerrechte und könnten dazu noch Symbole der Souveränität nutzen, auf ihrem Reisepass und Nummernschild. Das könnte auch den israelischen Arabern aus ihrer Identitätskrise verhelfen. Natürlich gäbe es heikle Fragen, die man gemeinsam klären müsste, aber ein solches Modell könnte funktionieren.

Es kommt darauf an, wen man fragt

Baraks Aussage, auf palästinensischer Seite gäbe es keinen Partner, stimmt – wenn man den Partner auf nationalpolitischer Ebene sucht. Wer auf die Zustimmung der PA und ihrer Mutterbewegung Fatah für ein gemeinsames Leben warten möchte, wird noch lange warten. Mit der anderen palästinensischen Volksbewegung, der Hamas, wären höchstens zeitbegrenzte Waffenstillstandverständigungen möglich.

Wenn man aber nicht die politische Führung fragt, sondern palästinensischen Bürgern einzeln die Möglichkeit bietet, Teil Israels zu werden, wie auch immer ihr Wahlrecht im Detail geregelt ist, habe ich heute keinen Zweifel: Die Mehrheit würde sich dafür entscheiden. Nicht als Volk, sondern als Individuen. Dann erübrigt sich auch die Diskussion über die Definition des Staates.

Unter jüdischen Politikern hört man immer mehr Stimmen, die für Begins Vision plädieren. Sie wagen den Anfang eines Prozesses, in dem die Palästinenser Judäas und Samariens schrittweise in der israelischen Gesellschaft integriert werden. Für jeden, der friedlich lebt und es möchte, wartet am Ende des Prozesses die volle Einbürgerung. Diese Vision kommt vom rechten Lager, aber sobald es das linke Lager schaffen würde, sich neu zu erfinden, könnte sie auch dort auf Zustimmung stoßen. Sie ist nicht zu unterschätzen, denn besonders unter jungen Palästinensern werden die Stimmen für sie immer lauter. Die Vision heißt: ein Staat, gleiche Rechte.

Epilog

Ein bekannter jüdischer Witz erzählt von einem scheidungswilligen Ehepaar, das zum Rabbi kommt. Der Rabbi fragt den Ehemann, warum er sich scheiden lassen will. Seine Frau würde fremdgehen, klagt er, den Haushalt nicht machen, jeden Groschen, den er verdient, gleich ausgeben und die Kinder unmöglich erziehen. »Ja, du hast recht«, sagt der Rabbi, »das sind gute Gründe.« Als er der Frau die gleiche Frage stellt, antwortet sie, ihr Mann würde nur trinken, sie schlagen, wegen Faulheit kaum etwas verdienen, nie im Haushalt helfen und die Kinder gar nicht erziehen. »Ja, du hast recht«, sagt der Rabbi, »auch das sind gute Gründe.« – »Und nun?!«, meldet sich der Schwiegervater. »Er hat recht, sie hat recht… Wie sollte das gut ausgehen?« – »Weißt du was?«, antwortet der Rabbi, »du hast auch recht!«

Wenn alle recht haben, bringt uns das trotzdem nicht weiter. Auch in unserem politischen Konflikt haben beide Seiten recht.

Heute bin ich mir sicher, dieser Konflikt wird zu einem Ende kommen. Und am Ende des Konfliktes wartet ein gemeinsames Leben in ein und demselben Land auf uns.

Die biblischen Personen Isaak und Ismael waren zerstrittene Halbbrüder. Als die beiden vor der konkreten, wichtigen Aufgabe standen, ihren Vater beizusetzen, reichten sie sich die Hand und meisterten die Sache zusammen. Ihre Nachkommen, Juden und Araber, haben im Land ihrer Väter nicht weniger, was sie nur gemeinsam meistern können. Wir haben weder eine bessere noch überhaupt eine andere Wahl. Es ist die einzige natürliche Situation und die einzige reelle Option, die beide Völker haben. Je länger wir warten, desto mehr Blut wird vergossen. Die Frage ist nur, wie lange es dauern wird, bis wir Menschen verstehen werden, dass ein Leben miteinander gut ist – viel besser jedenfalls als die Alternativen.

Theodor Herzl schrieb am dritten September 1897 in sein Tagebuch: »In Basel habe ich den Judenstaat gegründet. Wenn ich das heute laut sagte, würde mir ein universelles Gelächter antworten. Vielleicht in fünf Jahren, jedenfalls in fünfzig, wird es jeder einsehen.« Tatsächlich vergingen 51 Jahre vom ersten zionistischen Kongress bis zur Staatsgründung Israels. Ich habe keine Ahnung, wie viele Jahre noch nötig sind, bis ein annehmbares Ein-Staat-Modell selbstverständliche Realität ist und wir vom Konflikt mehr in der Vergangenheitsform sprechen. Aber letzten Endes wird es das Ergebnis eines langen Prozesses mit spürbaren Tiefen und ignorierten Höhen sein.

1902 schrieb Herzl in seinem Roman Altneuland, den er selbst als Utopie betitelte: »Alles Tun der Menschen war vorher Traum und wird später zum Traume.« Herzls Utopie ist heute Realität. Nicht alles, aber vieles, was wir zur Umsetzung des Traums vom friedlichen Leben benötigen, ist in unseren Händen. Nachdem wir von Illusionen nüchtern geworden sind, müssen wir uns entscheiden, was wir wollen. Und dann müssen wir Fakten schaffen. Es ist höchste Zeit!

Wenn es möglich war, den Staat Israel so schnell aufzubauen, kann der fehlende Rest auf alle Fälle noch erreicht werden.

Natürlich gemeinsam. Wie denn sonst?

Anmerkungen

Hebräische Titel wurden durch den Autor sinngemäß übersetzt, ebenso alle Zitate im Buch.

1 Aviv Geffen: Shalom. Aus dem Album »Shumakom«. © Hed Arzi 1995.

2 Palestine Royal Commission: Report. London 1937. S. 125–130. https://unispal.un.org/pdfs/Cmd5479.pdf (Abruf 29.01.2019).

3 Ben-Zvi, Yitzhak: Schear-Jaschub. Yad Yitzhak Ben-Zvi. Jerusalem 1975. S. 410–422.

4 Schim'oni, Yaakov: Die Araber des Landes Israel. Am Oved. Tel Aviv 1947. S. 66.

5 Segev, Dr. Tom: Anemonentage. Das Land Israel im Mandatszeitalter. Keter. Jerusalem 1999. S. 110.

6 Morris, Dr. Benny: Die Chronik des zionistisch-arabischen Konfliktes 1881–2001. Am Oved. Tel Aviv 2003. S. 96–119.

7 Schreiber, Friedrich; Wolffsohn, Michael: Nahost. Geschichte und Struktur des Konflikts. Springer Fachmedien Wiesbaden 1987. S. 66.

8 Tevet, Schabtai: Ben Gurion und die arabische Frage. Yad Yitzhak Ben-Zvi. In: Kathedra. Jerusalem 1987. S. 62–63.

9 Dotan, Schmuel: Der Kampf um das Land Israel. Maarachot; Isr. Verteidigungsministerium. Tel Aviv 1983. Kap. 4, S. 151–153.

10 Klatt, Thomas: Exportierter Antisemitismus. 17.10.2019. https://www.deutschlandfunk.de/ns-und-naher-osten-exportierter-antisemitismus.886.de.html?dram:article_id=461073 (Abruf 30.07.2021).

11 Porat, Yehoschua: Von Unruhen zum Aufstand. Die arabisch-palästinensische Nationalbewegung 1929–1939. Am Oved. Tel Aviv 1978. Band 2: S. 193–194.

12 Niewendick, Martin: Wer war der Mufti von Jerusalem? 23.10.2015. https://www.tagesspiegel.de/politik/nach-rede-von-benjamin-netanjahu-wer-war-der-mufti-von-jerusalem/12485074.html (Abruf 30.07.2021).

13 Ženi Lebl: Hadsch Amin und Berlin. Technoseder. Tel Aviv 1996. S. 21–167, 190–191, 231.
14 Die Charta der Hamas, Übersetzung: Matthias Küntzel und R. R. C. Jungle World, Nr. 48, Dossier, 27. 11. 2002. https://jungle.world/artikel/2002/48/die-charta-der-hamas (Abruf 21. 07. 2021).
15 Generalkonsulat des Staates Israel: UN-Teilungsplan. https://embassies.gov.il/munchen/AboutIsrael/history/Pages/UN-Teilunsplan-(Resolution-181).aspx (Abruf 30. 07. 2021).
16 Gelber, Yoav: Unabhängigkeit und Nakba: Israel, die Palästinenser und die arabischen Staaten. Dvir. Or Yehuda 2004. S. 31.
17 Lapidot, Prof. Yehuda: Deir Yassin – Mythos und Realität. Daat. http://www.daat.ac.il/daat/history/belahav/5d-2.htm (Abruf 22. 12. 2018).
18 Benny Morris: The Historiography of Deir Yassin. In: Journal of Israeli History Bd. 24 Nr. 1 (2007), S. 79–107.
19 Redaktion: Der Plan der Araber zur Eroberung des Landes. HaTzofe. 16. 02. 1948.
20 Bertsch, Matthias: Gegenmodell zur EU: die Arabische Liga. 22. 03. 2020. https://www.deutschlandfunk.de/gruendung-vor-75-jahren-gegenmodell-zur-eu-die-arabische.871.de.html?dram:article_id=473021 (Abruf 30. 07. 2021).
21 Katz, Shmuel: Streitiges Land. Realität und Vorstellung im Land Israel. Karni. Tel Aviv 1972. S. 27–28.
22 Morris, Dr. Benny: Die Zahl der palästinensischen Flüchtlinge. Matach. Ursprünglich aus: The Birth of the Palestinian Refugee Problem, 1947–1949. Cambridge University Press. Cambridge 1988. https://lib.cet.ac.il/pages/item.asp?item=20012 (Abruf 15. 06. 2018).
23 Cohen, Hillel: Gute Araber. Ivrit-Keter. Jerusalem 2006. S. 10.
24 Aparicio, Eitan Bronstein: Ohne Erinnerung keine Zukunft. Die Nakba auf Hebräisch. 14. 09. 2016. https://www.rosalux.org.il/die-nakba-im-israelischen-diskurs/ (Abruf 30. 07. 2021).
25 Wuzak e. V.: Die vergessene Million. Jüdische Gemeinden, die aus den arabischen Ländern herausgerissen wurden. http://www.forgotten-million.co.il/e-arav.html (Abruf 15. 01. 2019).

26 Die vergessenen jüdischen Flüchtlinge. https://embassies.gov.il/berlin/departments/offentlichkeitsarbeit/Publikationendocs/JewishRefugee_Broschuere_A5_2016.pdf (Abruf 30.07.2021).

27 The Suez-Sinai Campaign: Egyptian Fedayeen Attacks. Jewish Virtual Library. https://www.jewishvirtuallibrary.org/egyptian-fedayeen-attacks-summer-1955 (Abruf 13.09.2019).

28 Talmai, Menachem: Ein Treffen mit alten Bekannten. Ma'ariv. 30.11.1956.

29 Asher, Dani: Die Konzeption brechen. Maarechet Habitachon. 2003. S. 23, 82.

30 Carmon, Yigal: Die Dorfvereinigungen – wie entstanden sie und weshalb wurden sie eliminiert? Middle East Media Research Institute, 15.09.2016. http://www.memri.org.il/cgi-webaxy/item?4241 (Abruf 04.08.2018).

31 Semyonov, Prof. Moshe, Levin-Epstein, Prof. Noah: Holzfäller und Wasserschöpfer: Die Araber der Gebiete im israelischen Arbeitsmarkt. Henrietta-Szold-Institut. In: Megamot. Band 30, Heft 4. Jerusalem 1987. S. 402–406.

32 Bertsch, Matthias: Warum ein Verkehrsunfall zur Gründung der Hamas führte. 14.12.2017. https://www.deutschlandfunkkultur.de/vor-30-jahren-warum-ein-verkehrsunfall-zur-gruendung-der.932.de.html?dram:article_id=405986 (Abruf 30.07.2021).

33 Bergman, Ronen: Und die Autorität ist gegeben. Yediot Books. Tel Aviv 2002. S. 80.

34 Karsh, Efraim: Arafat, der Mann und sein Kampf gegen Israel. Maariv. Tel Aviv 2004. S. 23.

35 The Palestine National Council: Political Program Adopted at the 12th Session of the Palestine National Council. Cairo 08.06.1974. In: Permanent Observer Mission of Palestine to the United Nations New York. https://web.archive.org/web/20070520034344/http://www.un.int/palestine/PLO/docone.html (Abruf 30.04.2018).

36 Arafat: Oslo Accords are like Muhammad's temporary peace agreement (1994) https://www.youtube.com/watch?v=37xnaqF-6B4 (Abruf 30.07.2021).

37 Koran, Sura 48.

38 Shyovitz, David: 2000 Camp David Summit: Background & Overview. Jewish Virtual Library Archiv 19.07.2011. https://www.jewishvirtuallibrary.org/background-and-overview-of-2000-camp-david-summit (Abruf 11.05.2018);

The Middle East Media Research Institute: Bandar bin Sultan beschuldigt Arafat des Scheiterns der Friedensverhandlung. 15. 07. 2003. http://www.memri.org.il/cgi-webaxy/item?1528 (Abruf 14. 05. 2018).

39 Eldar, Akiva: Der Friedensprozess in den Augen Saeb Eerekats. Walla News 14. 01. 2006. https://news.walla.co.il/item/842279 (Abruf 27. 04. 2018).

40 Baram, Nir im Film: Das Land hinter den Bergen (2017). https://vimeo.com/222979456 (Abruf 03. 04. 2018).

41 Suha Arafat räumt ein: Mein Mann plante die Al-Aqsa-Intifada. Nana10, 28. 12. 2018. http://10tv.nana10.co.il/Article/?ArticleID=947517 (Abruf 03. 01. 2019).

42 Dachverband Yesha: Hochrangige Regierungsminister auf einer Exkursion in Samarien: »Es gibt keine illegalen Außenposten«. http://www.myesha.org.il/?CategoryID=251&ArticleID=3285 (Abruf 22. 09. 2018).

43 Friedman, Uri: Martin Indyk Explains the Collapse of the Middle East Peace Process. The Atlantic, 03. 07. 2014. https://www.theatlantic.com/international/archive/2014/07/indyk-netanyahu-and-abbas-loathe-each-other/373922/ (Abruf 15. 07. 2018).

44 Yaari, Ehud: Abu Mazen: Israel beging den größten Fehler seiner Geschichte, als es den Oslo-Vertrag unterzeichnete. Channel 2, 09. 07. 2002, YouTube 13. 04. 2017. https://www.youtube.com/watch?v=BcoNfotnfo8 (Abruf 18. 07. 2018).

45 Stone, Prof. Julius: International Law and the Arab-Israel Conflict. Extracts from »Israel and Palestine Assault on the Law of Nations«. Jirlac Publications 2004.

46 Feith, Douglas J.: The War on Israel Never Ends. Wall Street Journal 28. 12. 2016. https://www.wsj.com/articles/the-war-on-israel-never-ends-1482967111 (Abruf 01. 10. 2018).

47 Rostow, Eugene W.: Resolved: are the settlements legal? Israeli West Bank policies. The New Republic 21. 10. 1991. https://www.cfoic.com/learn-more/articles-of-interest/are-the-settlements-legal/ (Abruf 01. 10. 2018).

48 Schwebel, S.: What Weight to Conquest? American Journal of International Law, 64(2), April 1970, S. 344–347.

49 Peace Now: Ländereien. Das Gebiet der Siedlungen im Anteil des Westjordanlandes. http://peacenow.org.il/settlements-watch/matzav/land (Abruf 03.01.2019).

50 Pollock, David: Poll Shows 40 Percent of Jerusalem Arabs Prefer Israel to a Palestinian State. The Washington Institute 02.11.2011. https://www.washingtoninstitute.org/policy-analysis/view/poll-shows-40-percent-of-jerusalem-arabs-prefer-israel-to-a-palestinian-state (Abruf 25.04.2018).

51 Hason, Nir: Sprunghafter Anstieg der Einbürgerungsanträge Ostjerusalemer Bürger, Abgang der Bewilligungen. Haaretz. 12.01.2017. https://www.haaretz.co.il/.premium-13231311 (Abruf 24.04.2018).

52 Yemini, Ben-Dror: Clintons Wahrheit, Netanjahus Fehler. NRG 25.09.2011. https://www.makorrishon.co.il/nrg/online/1/ART2/289/992.html (Abruf 30.07.2021).

53 Morris, Dr. Benny: Ein Staat, zwei Staaten. Am Oved. Tel Aviv 2012. S. 90.

Assaf Zeevi

Lass das Land erzählen
Eine Reise durch das biblische Israel

Assaf Zeevi nimmt uns mit auf eine außergewöhnliche Reise durch das Land der Bibel: Israel. Auf den Spuren biblischer Erzählungen begleiten wir das Volk Israel über Jahrtausende hinweg, von den Erzvätern über die Zeit Jesu bis in die Gegenwart.

Gebunden, 17 x 21 cm, 288 S.,
4-farbige Innengestaltung
Nr. 396.075, ISBN978-3-7751-6075-9

Anatoli Uschomirski
Die Bergpredigt aus jüdischer Sicht
Was Juden und Christen gemeinsam von Jesus lernen können
SCM
Hänssler